TRADITION VERPFLICHTET

Beiträge aus der Sendereihe „Tradition verpflichtet"
der Bayernchronik. Bayerischer Rundfunk, Hörfunk

Karl Jörg Wohlhüter / Kurt Hogl (Hrsg.)

Tradition verpflichtet

Große Familien in Bayern

Redaktion: Günter Weinzierl
Idee und Organisation: Angela Breier

Verlag Friedrich Pustet
Regensburg

Die Deutsche Bibliothek – CIP-Einheitsaufnahme

Tradition verpflichtet : Große Familien in Bayern ; [Beiträge aus der Sendereihe „Tradition verpflichtet" der Bayernchronik, Bayerischer Rundfunk, Hörfunk] / Karl Jörg Wohlhüter/Kurt Hogl (Hrsg.). – Regensburg : Pustet, 1999
   ISBN 3-7917-1631-X

ISBN 3-7917-1631-X
© 1999 by Verlag Friedrich Pustet, Regensburg
Umschlaggestaltung: Martin Veicht. form fünf, Regensburg
Gesamtherstellung: Friedrich Pustet, Regensburg
Printed in Germany 1999

Inhalt

Vorwort

Im Frühjahr 1996 begann das Hörfunkprogramm des Bayerischen Rundfunks in seiner „Bayernchronik" (jeden Samstag von 12 bis 12.55 Uhr in Bayern2Radio) mit der Ausstrahlung einer Sendereihe über herausragende Familien in Bayern. Die Idee dieser Serie war es, Familien zu porträtieren, die in Gesellschaft, Wirtschaft, Wissenschaft, Kunst und Kultur Besonderes geleistet haben und noch leisten und auf eine lange Familientradition zurückblicken können. Dabei sollten nicht nur Adelige, „Großkopferte" oder Prominente zu Wort kommen, sondern auch ganz einfache Menschen, die durch Zivilcourage und Gradlinigkeit ein Beispiel gaben oder mit Geschick, Einfallsreichtum und Fleiß Überdurchschnittliches zuwege brachten. Die Auswahl war zufällig und nicht ganz einfach. Denn wer plaudert schon so ohne weiteres aus dem Nähkästchen. Ganz abgesehen davon, daß solche Menschen ihre Erfolge meist nicht gerne dem Jahrmarkt der Eitelkeiten preisgeben. So bekamen wir auch immer wieder Absagen. Und in anderen Fällen gelang es uns nur teilweise, in die Familiengeschichten einzudringen. Aber vielfach erfuhren wir Neues, Überraschendes und Verblüffendes.

Die Reaktionen der Hörerinnen und Hörer waren derart intensiv, daß wir uns entschlossen, die Radiobeiträge umzuarbeiten und als Buch zu veröffentlichen. Dazu mußten die Originaltöne aus den Interviews abgeschrieben und in die Texte eingearbeitet werden. Aus der Radiosprache sollte ein Buchtext werden – an manchen Stellen dieses Buches wird der Leser immer noch mehr „hören" als lesen. Aber dennoch: Vor Ihnen liegt eine Zusammenstellung interessanter und spannender Einblicke in Familien- und Erfolgsgeschichten, freilich auch in Schicksale und Mißerfolge – jedenfalls in Geschichten, die das Leben wirklich schrieb.

Wir danken allen Familien, die uns Einblick in ihr geschäftliches und privates Leben gewährt und uns mit Dokumenten und Fotos bei unserer Arbeit unterstützt haben.

Günter Weinzierl

Ein Schmelztiegel blauen Blutes

*Das Geschlecht derer von und zu Arco-Zinneberg und Preysing
hat seine Wurzeln in Königs- und Kaiserhäusern*

MARIA RAUSCHER

Die Ortschaft Moos finden wir in einer landschaftlich besonders reiz-
vollen Gegend Niederbayerns, am Südrand des fruchtbaren Gäubodens,
eingebettet in Auwälder, welche die Isar vor ihrer Mündung in die
Donau begleiten, und die vor einigen Jahren zum Naturschutzgebiet
erklärt wurden. Am nahen Horizont erhebt sich die Kulisse der Bayer-
wald-Vorberge. Die stattlichen Gebäude des gräflichen Brauhauses
Arcobräu, ein behäbiges Wirtshaus und kleine schmucke Einfamilien-
häuschen prägen das Dorfbild. Im Mittelpunkt des Dorfes aber liegt, in
einem Park, umgeben von uralten Bäumen, der gräfliche Herrensitz, das
Schloß der Familie von und zu Arco-Zinneberg.

Über eine stattliche Auffahrt gelangt man zum Haupttor des viertür-
migen Schlosses, das nach einem Brand im Jahr 1619 wiederaufgebaut
worden war. Das Rundportal ist gekrönt von zwei Löwen, die das Wappen der Grafen von Preysing halten. Darüber thront in einer rundbogi-
gen Nische eine strahlende Muttergottes, Patrona Bavariae. Über den
Brand und den Wiederaufbau des Schlosses gibt eine Marmortafel Aus-
kunft, die über der Einfahrt im Hof eingelassen ist. Die Inschrift lautet:

*Nach Christi Unsers lieben Herrn und Seligmachers Genadenreicher
Geburth in dem 1619 Jahr den 15. May als ain ainfaltiger Mensch das
Uhrwerck im Schloßthurm allhie aufbrennen wollen, ist umb 7 Uhr
vormittag ain Prunst entstanden und vast der halbe Thail des Schloß
samt der Capelln S. Georgi abgebrunnen. Welches alles von dem Hoch-
wohlgeborenen Herrn Johann Warmund von Preising, Freyherrn auf
Altenpreising, Herrn der Grafschaft Orth am Traunsee, Herrn zu Moß,
Khurczen – und Langen Iserhuen. Zu großen Khöllnpach, Zülling, Har-
burg und Grienpach, der Röm. Kay. Ferinande II. Camerer und Rath,
wie auch der Churfrtl. Drt. Maximiliani Pfaltzgrauen bey Rhein Hert-
zogen in Ober und Nidern Bayrn, des heilgen Röm. Reichs Ertztruchh-
sess und Churfürsten Vizedomb zu Straubing, Cammerer und Rath,
auch Pfleger zu Vilshouen und gemainer Loblichen Landschaft in Bayrn*

11

Verordneter undern landts widerumb reparirt und zwar dieser forder stockh sambt den vier Erckerthiern und besagter S. Georgi capelln von grundt auferpaut, die andern drey Thail umb ainen Gaden erhecht, inwendig erweitert, verbössert und in diese gestalt gebracht, dann auch der Thurn. Im aussern Mayrhof sambt dem Preyhaus allen andern Städln und Stallungen von Neuem erpaut worden. Der Almechtig Giettige Gott welle dasselbig und alle dessen Inhaber Verner vor allem Unlickh Genediglich Behietten.

Actum den 26. Juny Anno 1636.

Das Schloß war über Jahrhunderte Stammsitz derer von Preysing-Lichtenegg-Moos. Mit kostbaren alten Gemälden, Möbeln, Porzellan und hochbetagtem Silbergeschirr spiegelt sich schon in seiner Einrichtung eine reiche und beeindruckende Familiengeschichte. Als Kleinod unter den „Schlössern Bayerns" beschreibt es Franz Prinz zu Sayn-Wittgenstein: „Das Schloß ist reich ausgestattet mit kostbaren Möbeln, die zum Teil aus dem Münchner Preysing-Palais stammen. Darunter befinden sich Stühle nach Entwürfen von François Cuvilliés." Wertvolle Familienporträts an den Wänden, ein Hans Leinberger zugeschriebenes Relief einer Anna Selbdritt um 1520, bemerkenswerte Stuckdecken aus der Zeit des Bauherrn, des Reichsgrafen Johann Warmund von Preysing, beschreibt Sayn-Wittgenstein ausführlich: „So im Turmzimmer des dritten Obergeschosses an der Nordostecke, dessen achtteiliges zeltförmiges Gewölbe im Scheitel einen Engel zeigt mit dem Wappen Preysing, Gumppenberg und Pappenheim. (Reichsgraf Johann Warmund war laut Gotha in erster Ehe mit einer Freiin von Gumppenberg, in zweiter Ehe mit einer Marschallin von Pappenheim und dann mit einer Freiin von Adelzhausen verheiratet.)

Das zweite Obergeschoß des Nordwestturms zeigt eine Stuckdecke aus dem Jahr 1670, angeblich von Carlone, mit Kartuschen und Laubwerk und im Deckenspiegel einem Ölbild mit Landschaft, dessen Inschrift sich vermutlich auf den Schloßbrand bezieht. Im großen Salon des ersten Obergeschosses befinden sich die prachtvollen Bildnisse des ersten Grafen Johann Maximilian von Preysing, der als kurbayerischer Oberstjägermeister und Generalfeldmarschall ein enger Vertrauter Kaiser Karls VII. war. Als Obersthofmeister unter Kurfürst Maximilian Joseph stand er an der Spitze von Staat und Hof. Nach dem Sturz des Feldmarschalls Graf Toerring übernahm Preysing 1752 auch das Außenministerium.

Im Speisezimmer hängt ein großes Gemälde von Vivien, das den Kurfürsten Clemens August von Köln mit den Grafen Johann Maximilian

Schloß Moos unweit von Plattling/Ndb., der Familiensitz der Grafen Arco-Zinneberg, wurde nach einem Brand im Jahre 1619 wieder aufgebaut und beherbergt zahlreiche wertvolle Kunstschätze, darunter auch Geschenke von Kaiser Napoleon.

von Preysing und Joseph Graf von Seinsheim darstellt. Das schöne französische Silber, das dort aufgereiht ist, bekam ein Preysing, der als General die bayerischen Truppen in Rußland befehligte, von Napoleon. Es stammt aus dem Besitz der Bourbonen.

Die Bibliothek enthält eine gefelderte Stuckdecke mit Rahmungen aus Früchten und Rollwerk sowie aus Ovalmedaillons mit allegorischen Figuren. Neben der Bibliothek liegt das sogenannte Kleine Speisezimmer, wegen seines Stuckdekors auch ‚Engelszimmer‘ genannt, dessen Wände mit zartfarbigen Chinoiserien bemalt sind.

Der Ostflügel birgt die Schloßkapelle Sankt Georg, die 1688 geweiht wurde. Aus dieser Zeit stammt das Altarbild des heiligen Georg, das wahrscheinlich der Landshuter Maler Franz Geiger geschaffen hat. Ein anderes Gemälde, die Predigt Johnnes des Täufers, um 1650, wurde nach einem Holzschnitt von Lucas Cranach von 1516 gemalt. Der Tabernakel ist bekrönt von einem lombardischen Vortragskreuz aus dem 10. oder 11. Jahrhundert." Soweit Franz Prinz zu Wittgenstein. –

Diese Kapelle ist sonntags zum Gottesdienst für die Allgemeinheit geöffnet, wenn ein Pater aus dem benachbarten Benediktinerstift Niederalteich die heilige Messe in Moos liest. Gräfin Maria Theresia von und zu Arco-Zinneberg, geborene Gräfin von Preysing-Lichtenegg-Moos hält auch hier sehr auf Tradition, die in Schloß Moos überall gepflegt wird.

Gepflegt werden auch die Erinnerungen, an denen diese Familie verwirrend reich ist. In der eingangs zitierten Schilderung des Schloßbrandes von 1619 war zu erfahren, wie rührig der für den Stammsitz wichtigste Vorfahre, Graf Johann Warmund von Preysing, gewesen ist. Er war einer der Stammväter des Preysing-Geschlechts, der väterlichen Linie von Gräfin Maria Theresia. Durch die Heirat 1940 mit Ludwig Graf von und zu Arco-Zinnberg wurden Teile dieser beiden mächtigen Adelsgeschlechter vereint. An der Ahnengalerie im ersten Stock des Schlosses ist zu erkennen, daß die Familie Arco-Zinneberg in Moos erst im 20. Jahrhundert Einzug gehalten hat.

Mittelpunkt dieser Familiensymbiose ist Maria Theresia Gräfin von und zu Arco-Zinneberg, eine humorvolle alte Dame mit strahlenden Augen, in denen Wittelsbachisches und Preysingsches Blau wetteifern. Sie ist die Tochter einer bayerischen Prinzessin, Mutter von zwei Söhnen, Großmutter einer Schar von Enkelkindern, Schwiegermutter einer Habsburgerin, einer „Kaiserlichen Hoheit", anerkannte Pferdezüchterin und allseits beliebte Frau Gräfin. Diese Beliebtheit rührt nicht zuletzt daher, daß die Gräfin in der Dorfgemeinschaft verwurzelt ist. An jedem dritten Sonntag im Dezember lädt sie in die Schloßkapelle zu einem Adventssingen ein. Dort wird dann gute, unverfälschte Volksmusik geboten, wie sie in der Familie seit jeher gepflegt wurde. Der Kiem Pauli, Wastl Fanderl und Tobi Reiser gingen bei den Arco-Zinnebergs ein und aus.

Doch zurück zur Geschichte des Adelsgeschlechts. Moos war Lehen der Grafen von Bogen im 12. Jahrhundert. Die Grafen hatten keine Nachfahren, so daß der Besitz an die beiden Ritter von Kellnberg fiel. Sie waren Vasallen des Klosters Niederalteich. Die beiden versuchten allerdings, sich vom Kloster abzusetzen und wurden in Hengersberg hingerichtet. Der Besitz wurde dann im 13. Jahrhundert wieder von Niederalteich übernommen, das ihn schließlich den Freiherren von Eichberg zu Lehen gab. Als die Eichberger-Linie ebenfalls ausstarb, fiel das Anwesen an eine Erbtochter, Anna Trainerin von Moos. In die Adelsfamilie kam sie durch die Heirat mit einem Mitglied der Familie Preysing. Eigentlich war sie es, die den Grundstein für den Jahrhunderte währen-

14

den Preysingschen Wohlstand in Moos legte. Über sie existiert eine Abhandlung des Historischen Vereins von Niederbayern. Ein Kommorant-Priester zu Vilshofen namens Franz Seraph Scharrer recherchierte die Vermögensverhältnisse der Erbin penibel und listete sie auf. In Band XXVII, S. 22 heißt es aber nur: *Der Besitz wurde in sehr bedeutsamer Weise durch Erbschaft vermehrt. Am 29. Oktober 1581 starb nämlich Christopf Kraft, Hofmarchsherr zu Grünbach bei Erding. Die zwei einzigen Kinder waren ihm im Tod vorausgegangen. Seine Mutter hatte sich in zweiter Ehe mit Georg Staringer von Kalling vermählt. Beider Tochter Sabina kennen die Leser als Stephan Trainers Hausfrau und als die Mutter der Anna, Hans Albrechts von Preysing Gemahlin.*

Johann Albrecht von Preysing hatte übrigens im Jahr 1568 für diese Heirat die Erlaubnis des bayerischen Herzogs einholen müssen, da die Trainer nicht dem Uradel angehörten, sondern einem erst 1505 geadelten Regensburger Patriziergeschlecht.

Es gibt sehr viele Parallelen in der wechselvollen Geschichte der Familie Preysing-Lichtenegg Moos, die heute in dem Namen Arco-Zinneberg aufgegangen ist. Die wohl einschneidendste, zumindest für Außenstehende, ist, daß 1940 mit der Heirat von Maria Theresia, Gräfin von Preysing-Lichtenegg Moos mit Graf Ludwig von und zu Arco-Zinneberg nach 372 Jahren der Name Preysing in der Genealogie endet. Die Mutter der Gräfin Maria Theresia Arco-Zinneberg, Gundelinde, eine geborene Prinzessin von Bayern, die jüngste Tochter des letzten bayerischen Königs, Ludwigs III., hatte nach dem Ende des Ersten Weltkriegs den niederbayerischen Grafen Georg von Preysing geheiratet. (In Bayern herrschte zu dieser Zeit Revolution, die Monarchie war am Ende. Bayerns erster Ministerpräsident Kurt Eisner war von Anton Graf von Arco Valley erschossen worden. In diesen Wirren verließ Prinzessin Gundelinde 1918 die Residenzhauptstadt und wanderte, so wird erzählt, mit einem vollgepackten schweren Rucksack, durchs Isartal nach Moos, um der Revolution zu entkommen.) Nach dem frühen Tod ihres Mannes Georg im Jahr 1924 – er war erst 37 – übernahm sie die Brauerei und führte sie mit Geschick und unternehmerischem Weitblick. In den Geschlechtern derer von Moos gab es immer tapfere und besondere Frauen!

Neben der Land- und Forstwirtschaft ist die Brauerei auch heute noch ein wichtiges Standbein der gräflichen Familie. Das ehemalige Preysing'sche Bier heißt heute allerdings *Arcobräu*. Unter Reitern hat diese Biermarke einen guten Namen, da die Brauerei jedes Jahr einen begehrten Preis dieses Titels für ein Reitturnier aussetzt, das anläßlich des traditionellen Mooser Pfingstfestes stattfindet und zu dem sich die Reiterelite Bayerns versammelt. Beim Empfang im märchenhaften Schloßpark, zu dem die gräfliche Familie Dorfleute, Angestellte, Freunde und Verwandte einlädt, erklingen dann die großen französischen Jagdhörner einer darauf spezialisierten Bläser-Gruppe. Sie erinnern an die jagdliche Tradition des gräflichen Hauses. Gräfin Maria Theresia ist eine leidenschaftliche „Pferdenärrin" und anerkannte Züchterin. Ihre Pferdeliebhaberei rührt übrigens her von Ungarnaufenthalten in ihrer Kinder- und Jugendzeit bei ihrem Onkel, wo sie die Mutter immer wieder hinbrachte, um sie vor der Mitgliedschaft in Nazi-Organisationen wie dem BDM zu bewahren. Dort hatte sie Zugang zu einem großen Gestüt, wo sie mit der Pferdezucht vertraut wurde und auch das Reiten lernte.

Ihre ganze Leidenschaft gehört den Pferden:
Maria Theresia Gräfin von und zu Arco-Zinneberg
mit ihrer Stute Senima vor dem Schloßportal.

16

Die Pferdepassion habe ich auch geerbt von meinem Großvater, König Ludwig III. Mein Mann Ulrich Philipp hatte sehr großes Verständnis dafür und schenkte mir eine wunderschöne arabische Stute aus Marbach. Das war der Anfang meiner Zucht, erzählt die Gräfin voller Begeisterung. (Nachdem ihr erster Mann, Ludwig, mit 29 Jahren im Zweiten Weltkrieg gefallen war, hatte sie dessen Bruder, Ulrich Philipp Graf von und zu Arco-Zinneberg, geehelicht. Er ist 1980 verstorben.)

Die ersten Beziehungen der Grafen von Arco zu den Herzögen von Bayern dürften in die Mitte des 15. Jahrhunderts zurückreichen. Damals heiratete eine Tochter Herzog Albrechts des Weisen einen Markgrafen von Mantua aus dem Hause Conzaga. Und ein Arco Graf Odalricus wiederum heiratete aus dieser Familie Cecilie Conzaga. Die Enkel und Nachkommen des Grafen Nicolo von Arco finden sich in den Immatrikulationsregistern der Jesuiten-Universität zu Ingolstadt, und von da an reißt die Verbindung zu den Herzögen und Kurfürsten von Bayern nicht mehr ab. Einige Mitglieder der Familie treten als Feldherren während des 30jährigen Krieges hervor. Ende des 17. Jahrhunderts wird die reichsunmittelbare Grafschaft Arco durch die habsburgische Übermacht den österreichischen Erblanden einverleibt!

Im Spanischen Erbfolgekrieg 1703 werden die bis dahin uneinnehmbaren Burgen der Grafschaft Arco im Trentino durch die Franzosen zerstört. Die Ruinen sind bis in unsere Zeit im Familienbesitz verblieben. Seither finden wir Mitglieder der Familie Arco in bayerischen und salzburgischen Diensten, ebenso in Paris, Prag und Rom. Man kann sagen, an allen Brennpunkten Europas.

Der Name Zinneberg taucht erst wesentlich später in der Familiengeschichte auf.

Anfang des vergangenen Jahrhunderts, im Jahr 1804, heiratete die Kurfürstin Maria Leopoldine von Bayern, geborene Erzherzogin von Österreich-Este (die zuvor Gemahlin des Kurfürsten Carl Theodor war), einen Grafen Ludwig Arco. Sie gehörte zur damaligen Gattung jener tüchtigen Frauen, die „eine Partie" waren. Mit einem überaus erfolgreichen wirtschaftlichen Sinn, so heißt es in der Chronik, schuf sie ein großes Vermögen für ihre beiden Söhne Alois und Maximilian. Wenn sie nicht in München in der Maxburg residierte, wohnte sie in Schloß Stepperg, in der Nähe von Neuburg an der Donau. Der zweite Sohn der Churfürstenwitwe von Bayern und des Grafen Ludwig von Arco war Maximilian, im Volksmund bekannt als der „Adlergraf". Seine umfangreiche und weltberühmte Sammlung von Tausenden von Hirschgeweihen, Rehg'wichtln und sonstigen Jagdtrophäen bildeten 1934 den Grundstock für das Deutsche Jagd- und Fischereimuseum in der ehemaligen Augustinerkirche in München. Maximilian ist der Stammvater der Grafen von Arco-Zinneberg.

Die verwirrenden Wechselheiraten in dieser Familie haben ihren vorläufigen Höhepunkt gefunden, als der jetzige Schloßherr auf Moos, Graf Riprand Arco-Zinneberg, der ein Urenkel des letzten Bayernkönigs ist, seine Verlobung bekanntgab mit Marie Beatrice von Habsburg, Erzherzogin von Österreich, Enkelin der Kaiserin Zita und Tochter von Margherita Prinzessin von Savoyen und Robert Erzherzog von Österreich-Este. Wittelsbach und Habsburg sind nun in Moos in Niederbayern vereinigt, wo schon so viele Adelszweige zusammengefunden haben.

Sowohl Graf Riprand wie seine Gemahlin genossen eine hervorragende Erziehung und haben inzwischen in den USA ein Unternehmen aufgebaut, das sich in „Comercial reality" betätigt, was die Entwicklung und Verwaltung von Shopping-Centers, Bürogebäuden und Lagerhäusern bedeutet. Marie Beatrice studierte Wirtschaftswissenschaften und machte ihr Doktorat an der Universität in Innsbruck. Ihre Kenntnisse kamen der neuen Firma sehr zustatten. Das gräfliche Paar leitet schon jetzt drei Büros, eines in Charlotte/North-Carolina mit 25 Angestellten; eines in New York mit sieben Mitarbeitern und dann ein kleineres in Raleigh/North-Carolina mit fünf Beschäftigten. Dazu kommen noch Aktivitäten in Niederbayern, Österreich und Tschechien. Zwischen diesen Orten jetten die Nachkommen der Preysing und Arco-Zinneberg jetzt hin und her – alter Adel und moderne Global-Players! Kristallisationspunkt der Familie aber ist das Schloß in Moos. Auch für die acht Enkelkinder von Gräfin Maria Theresia. *Sie identifizieren sich bereits stark und gern mit ihrer Herkunft,* erzählt Graf Riprand, *obwohl ihnen das Traditionsbewußtsein der Adelsfamilie nie angelernt wurde. Es geschieht von selbst: Wenn ihre Freunde in Amerika während der dort drei Monate dauernden Ferien ins Camp fahren, wollen sie lieber nach Moos, zur Oma, zu den Pferden und ins Schloß mit der schönen Umgebung.*

Diskret, seriös und menschlich

*Seit mehr als 150 Jahren regelt die Münchner
Familie Denk „die letzten Dinge"*

REGINE FENN

Eine undichte Stelle, und die Feier wäre ruiniert, die Familie gestört durch Photografen und Schaulustige. Doch der Kunde hatte sich ausdrücklich eine stille Trauerfeier gewünscht. Einen Abschied im engsten Kreis. Und deshalb geht Karl Denk auf Nummer Sicher. Selbst die unmittelbar betroffenen Mitarbeiter der Trauerhilfe Denk sind nicht darüber informiert, daß es Heinz Rühmann ist, dessen Trauerfeier sie im Oktober 1994 organisieren. Erst als sie in der Villa in Aufhausen am Starnberger See eintreffen, ist alles klar. Als die Presse davon erfährt, ist Heinz Rühmann längst eingeäschert, die Urne auf dem Friedhof in Berg beigesetzt. Wie gewünscht, absolut geheim.

Karl Denk liebt diese Aufträge, die äußerstes Fingerspitzengefühl verlangen, deren Planung Aktenordner füllt oder bei denen umfangreiche Protokoll-Vorschriften minutiös eingehalten werden müssen. Wie zum Beispiel beim Staatsakt für Franz Josef Strauß. Tag und Nacht war das Telefon in der Giesinger Zentrale besetzt, aufnahmebereit für neue Anweisungen aus der Protokollabteilung der Bayerischen Staatskanzlei. Unzählige Fragen mußten geklärt werden: Welche Gebirgsschützen führen den Trauerakt an, wie sieht die Sitzordnung der Staatsgäste beim Requiem aus, in welchem Tempo muß sich der Trauerzug bewegen … 80 Mitarbeiter waren mit der Organisation beschäftigt. Höfisches Protokoll mußte bei der Beerdigung von Herzog Albrecht von Bayern beachtet werden, unzählige weinende Fans galt es bei der Trauerfeier für Roy Black auf dem Friedhof im Zaum zu halten. Karl Denk hat auch das geschafft. Wer allerdings intime Details von ihm hören will, beißt auf Granit: *Ich wüßte viele Dinge, aber ich spreche nicht darüber*, erklärt der 68jährige, *wenn eine Familie persönliche Wünsche hat, schätzt sie es sicher nicht, wenn ich ihre innersten Geheimnisse preisgebe.*

Diskret, seriös und menschlich – so soll er sein, der Bestatter, findet Karl Denk: *Trauernde sind dankbar, wenn man sich sachlich und korrekt verhält.* Doch manchmal hat auch Denk Probleme mit der Sachlichkeit. Da ist das fünfjährige Kind, das an Weihnachten gestorben ist oder die tödlich verunglückte junge Mutter – Fälle, bei denen er schlucken muß, die ihn ratlos zurücklassen und die er am besten bei langen Spaziergängen verarbeitet: *In diese Aufgabe muß man langsam hineinwachsen, dann tut man sich leichter. Den geborenen Bestatter gibt es nicht.* Vielleicht aber doch: Schließlich waren Vater, Großvater und Urgroßvater in der Branche, Tanten und Onkel arbeiteten mit. Schwester, Ehefrau, Tochter und Schwiegersohn sind im Betrieb beschäftigt und auch der Jüngste, der 16jährige Karl-Albert, hat Ambitionen. Wird er nicht darüber informiert, was im Unternehmen los ist, dann ist er gekränkt.

Karl Denk saß bereits 1943 mit 13 Jahren als Beifahrer im Leichenwagen – zu Hause mitzuhelfen, war nichts Besonderes. Die Begegnung mit dem Tod war für ihn schon als Kind selbstverständlich. Allerdings weniger durch den Familienbetrieb als durch den Krieg, betont er: *Wir mußten ja schon als Buben Leichen aus den zerbombten Häusern holen, da hat uns auch keiner gefragt, ob uns das was ausmacht. Wer hätte es auch sonst tun sollen? Da habe ich öfter Tote gesehen als mir lieb war.* Eine gewisse innere Härte sei ihm aus dieser Zeit geblieben, einer Zeit, in der man nicht wußte, ob man den nächsten Tag noch erlebt. Der Krieg riß Karl Denk aus seiner Schulausbildung am Gymnasium, seinen Abschluß machte er dann an der ersten Schule, die in München nach Kriegsende öffnete, einer Handelsschule. 1948 – mit 18 – stieg er in den väterlichen Betrieb ein. Ein klar vorgezeichneter Weg, der aber doch ganz anders hätte sein können. Denn Karl Denk hatte einmal davon geträumt, Maler zu werden und auch einige Semester Kunst studiert. *Da habe ich viele Maler kennengelernt, die mußten alle nebenbei arbeiten, um sich über Wasser zu halten. Bei mir war es gerade umgekehrt, ich habe gearbeitet und nebenbei Kunst studiert,* erzählt Denk. *Wenn Sie jahrelang Hunger hatten – und von 1944 bis 1949 haben wir praktisch nur noch von Kartoffeln gelebt – dann bleiben Sie gerne bei Fleischtöpfen sitzen.* Und die Fleischtöpfe standen nun mal im Betrieb an der Tegernseer Landstraße. Karl Denk ist eben pragmatisch.

Vielleicht hat er das ja vom Firmengründer Stephan Denk geerbt. Der entschied sich nämlich 1844, seine Arbeit als Schreiner beim renommierten königlichen Hoflieferanten Pössenbacher aufzugeben und in der Münchner Au eine Sargtischlerei zu übernehmen. Das war die einzige Chance für ihn, sich selbständig zu machen, denn die Zahl der Schreinerbetriebe in der Stadt war begrenzt, und nur die Schreinerei in der Au mit dem Sargmacherrecht war frei. Die Arbeit als Sargmacher war eigentlich ein sozialer Abstieg für Stephan Denk, der vorher mit seinen kostbaren Intarsien die Schlösser Ludwigs I. ausgestattet hatte. Aber die Freude an der Selbständigkeit überwog. Außerdem schaffte es der Schreinermeister bald, sich mit seinen Särgen bekannt zu machen, weil er nicht nur einfache Fichtensärge bot, sondern auch wertvolle – zum Beispiel mit Intarsien verziert.

Es war Stephans Sohn Albert, der die Sargmacherei Denk zur Sargfabrik ausbaute. Fortschrittlich und voller Energie kaufte er ein Grundstück in Obergiesing, baute ein Sägewerk, legte sich Dampfmaschinen zu und hatte schließlich einen hochmodernen Holzbearbeitungs-Betrieb, für den er auch Auftragsarbeiten von anderen Schreinern annahm. Außerdem schaffte er den ersten Leichenwagen an. Wenn ich schon Särge transportiere, dann kann ich doch gleich noch die Leichen mitnehmen, dachte er sich und legte damit den Grundstock für das Bestattungsunternehmen. Auch per Bahnexpress lieferte er seine Särge aus, knüpfte so nach und nach sein Kundennetz in ganz Bayern und zog zunehmend prominente Kunden an. Denn Albert konnte Kontakte knüpfen – und wie! Bekannt auch als der „schöne Albert" und als leidenschaftlicher Tänzer ließ er kein Fest, keine Gesellschaft aus. Berührungsängste mit einem Sargschreiner und Bestatter gab es damals nicht. Schneidige Figur, imposanter Schnurrbart, ungeheurer Charme – Albert war ein Mann zum Herzeigen und überall gerne gesehen. Das Herz seiner Ehefrau Therese Knoll hatte er im Sturm erobert. Daß er auch nach der Hochzeit am liebsten abends im Giesinger Weinbauer saß mit seinem Schwiegervater und dessen Freund Ludwig Thoma, das wird Therese wohl nicht ganz so gut gefallen haben. Dafür hat Thoma die Sargschreinerei Denk in seiner Geschichte „Das Begräbnis" verewigt. Ob die Episode vom Sargschreiner, der sich weigert, bei einer Beerdigung zu singen und damit die Einlage des Gesangsvereins sprengt, allerdings stimmt, weiß keiner: „Braucha de Protzen mein Sarg net, braucha's mei Stimm' aa net", grantelt der Schreiner. Der Bestattungsmarkt war eben damals schon hart umkämpft.

Mitten im größten Erfolg hatte Albert Denk aber Pech: Als das Geschäft richtig interessant wurde, brach der Erste Weltkrieg aus. Statt edlen Särgen wurden nun Munitionskisten hergestellt. Der Staat bezahlte mit Schuldverschreibungen, die nach dem Krieg völlig wertlos waren. Gleichzeitig saß Albert auf einem Haufen eigener Schulden, denn für all seine Maschinen hatte er viel Geld in Goldmark aufgenommen. Es kam, wie es kommen mußte: Das Sägewerk wurde versteigert, übrig blieben die Sargfabrik und das Bestattungsinstitut. Doch die Familie war stark:

Zeitweise arbeiteten alle sechs Kinder – Walburga, Franz, Therese, Karl Albert, Albertine und Stefan – im Betrieb mit. Die sechs anderen Kinder, die Therese Denk geboren hatte, waren früh gestorben. Albertine kümmerte sich zum Beispiel bis zu ihrer Heirat um die Buchführung, Therese nähte die Sterbewäsche. Die Söhne traten als Teilhaber in das Unternehmen ein.

Drei Brüder unter einem Dach – diese Konstellation lieferte Konfliktstoff, deshalb wurde der Betrieb 1923 aufgeteilt in eine Sargfabrik, die Franz und Stefan führten, und das Bestattungsunternehmen, um das sich Karl Albert kümmerte, der eigentlich zunächst Architekt werden wollte, dann aber doch in die Firma einstieg. *Freiwillig, ohne Druck der Familie, sondern aus der Freude am Handwerk,* betont sein Sohn Karl. Der 27jährige Karl Albert hatte eine Fülle von Ideen: Er konstruierte zum Beispiel aus zwei Militärwagen einen neuen Leichenwagentyp – mit dem er Überführungen aus allen europäischen Ländern übernehmen konnte. Außerdem schrieb er alle Gemeinden und Leichenfrauen Oberbayerns an und konnte so neue Auftraggeber gewinnen, er gründete eine Filiale in Tegernsee, hatte einen Agenten in Oberbayern, arbeitete eng mit den großen Kliniken Bad Wiessee, Ebenhausen, Garmisch-Partenkirchen, Kreuth und Rottach-Egern zusammen.

Beerdigungen von Prominenten wurden die Spezialität des Unternehmens. *Denk galt als Mercedes der Sargmacher,* so Karl Denk. 1930 zum Beispiel bestattete man den Großadmiral Alfred von Tirpitz. Daß ausgerechnet ein Münchner Bestatter den Sarg für den ehemaligen preußischen Marineminister lieferte, war eine kleine Sensation. Der vornehm gestaltete Sarg aus schwarz gebürsteter Eiche hieß fortan *Tirpitz-Sarg* und war für jeden, der etwas auf sich hielt, Pflicht. Eine pompöse Trauerfeier mit wertvollem Sarg, üppigem Blumenschmuck und entsprechender Musik war Statussymbol – die Trauergäste beobachteten genau, wer sich was leistete und wieviel den Hinterbliebenen ihr Toter wert war.

Denk kooperierte mit den Bestattungsvereinen der Stadt und mit der israelitischen Kultusgemeinde – was ihm die Aufschrift „Judenknecht" auf der Hauswand einbrachte. Den Nazis allerdings wollte sich Karl Albert nicht anpassen, zwei linientreue Bestattungsunternehmen wurden deshalb bevorzugt. Doch der Ausbruch des Zweiten Weltkriegs verhinderte weitere Schikanen. Karl Albert war mit 52 Jahren zu alt, um an die Front gerufen zu werden. Er konnte seinen Betrieb weiterführen, der als kriegswichtig eingestuft wurde – die Zahl der benötigten Särge stieg von Tag zu Tag. Als das Material immer knapper wurde, entwickelte Karl Albert den sparsamen „Einheitssarg" mit wenig Holz, Leim und

Der Bestattungsunternehmer Karl Denk versucht,
aus dem traurigen Geschäft mit dem Tod
etwas Menschliches zu machen.

Nägeln. Weil viele Münchner Krankenhäuser ihre Patienten „ausgelagert" hatten, zum Beispiel nach Wessobrunn, Taufkirchen an der Vils oder Schloß Maxlrain, mußten Tote auch von dort wieder in die Stadt gebracht werden. Weite, oft mühsame Fahrten – die ab 1943 von dem damals 13jährigen Karl begleitet wurden. 1944 brannte das Stammhaus des Unternehmens in der Weinbauernstraße aus, die Sargfabrik in der Deisenhofener Straße wurde zerbombt, nur der Betrieb an der Tegernseer Landstraße hatte Glück: Eine Brandbombe fiel in die Kloschüssel und verglühte, ohne Schaden anzurichten.

Ein großer Zufall und das Glück halfen dem Unternehmen nach 1945 wieder in die Gänge. Schon am 20. Juni 1945 organisierte Karl Albert die erste Überführung von München nach Regensburg. Der Tote war der deutsche Cousin eines amerikanischen Sergeanten. Weil die Beerdigung in Regensburg sein sollte, wandte sich der Sergeant an Denk mit der Bitte um Hilfe. Innerhalb eines Tages hatte Karl Albert seinen Führerschein, den Fahrzeugschein, die Lizenz für die Firma und Treibstoff. Auch seine von der US-Armee beschlagnahmten Leichenwagen bekam Denk bald wieder. Seinem Antrag auf Herausgabe wurde überraschenderweise sofort entsprochen. Das Geheimnis: Zuständig für den Antrag war ein amerikanischer Colonel, der vollstes Verständnis für die Nöte des Bestatters hatte, war er doch selbst im Zivilberuf „Funeral Director".

Langsam konnte der Betrieb wieder aufgebaut und erweitert werden – mit Hilfe von Karl Denk, der nach seinem Schulabschluß seinen Vater ganztags unterstützte und den Betrieb später ganz übernahm. Zehn Jahre dauerte es, bis er mit seiner Berufsentscheidung wirklich zufrieden und mit sich im reinen war, gibt Denk zu. Lange hatte er das Gefühl, etwas zu tun, was ihn nicht völlig befriedigt. Erst mit 30 Jahren war er von seinem Beruf überzeugt, *da habe ich endlich gemerkt, daß meine Arbeit ein Dienst für andere ist, die mir dafür sehr dankbar sind. Und mit Überzeugung arbeitet man auch viel leichter.* Daß er von seinem Beruf überzeugt ist, spürt man.

Bestatter in vierter Generation – das prägt. *Bei uns in der Familie wurde immer über den Tod und das Sterben geredet,* sagt Karl Denk. Was nicht heißt, daß die Grundstimmung der Familie düster ist – ganz im Gegenteil. Schließlich sollten auch Beerdigungen nicht nur todtraurig sein, findet Denk und erinnert sich an den Gebirgsschützen, der nach der Trauerfeier von Franz Josef Strauß zu seinen Kameraden sagte: *A schöne Leich' hat er g'habt, der Franz Josef, schön hamma getrauert – aber jetzt gemma feiern.*

Denk engagiert sich für seinen Beruf, er hat sich für eine bessere Ausbildung der Bestatter eingesetzt – *nur so hält man schwarze Schafe draußen* – und für den Erhalt einer Bestattungskultur. Denn verglichen mit früher hat die Familie beim Sterben und Beerdigen in den letzten 30 Jahren nur verloren, klagt Denk. Abschiednehmen vom Toten in aller Ruhe, das ist heute kaum noch möglich. Die Leute sterben nicht mehr zu Hause, sondern im Krankenhaus oder Altenheim und da muß immer alles „zackzack" gehen. Strenger Terminplan auch auf den Friedhöfen, der Pfarrer schaut auf die Uhr, die nächste Beerdigung wartet. Denk träumt vom eigenen „Funeral Home", einem Raum zum Abschiednehmen für die Angehörigen. Ein Düsseldorfer Kollege hat so ein Funeral Home mitten in die Kneipenszene der Altstadt gebaut. Wunderbar, fin-

24

det Denk. Der Tod gehört mitten ins Leben. Doch in Bayern ist das Genehmigungsverfahren höchst kompliziert.

Auch an seinen eigenen Tod denkt er hin und wieder, getreu seinem Werbeslogan „DENK daran – die Zeit vergeht!". *Die Angst, die jeder Mensch vor dem letzten Schritt hat, habe ich auch. Doch ich sage mir, wenns die anderen geschafft haben, werde ich es auch schaffen.*

Den allergrößten Respekt hat Karl Denk vor Menschen, die mit ihm über ihren eigenen Tod und ihre Wünsche für die Bestattung reden können. So wie der Schauspieler Helmut Fischer. Wenige Wochen vor seinem Tod saß der „Monaco Franze" bei Karl Denk auf dem Sofa. *Wegen deinem bißchen Ischias kommst zu mir? – Nein, nein, mir fehlt schon a bisserl mehr,* antwortete Helmut Fischer und erklärte genau, wie er sich seine Beerdigung vorstellt. *Das ist für mich echter Mut,* sagt Karl Denk und streichelt seinen Zwergschnauzer: *Komm, Diavolo, gehen wir spazieren!*

Leute machen Kleider

*In der vierten Generation ist die Aschaffenburger
Familie Desch in der Bekleidungsindustrie tätig*

FRANK HOLLMANN

1874 gründete Johann Desch die erste Kleiderfabrik am Untermain. Das war die Geburtsstunde der Konfektionsbekleidung als Massenware von der Stange. Anders als viele Bekleidungsfabriken, die dann folgten, existiert das Unternehmen Desch heute noch, inzwischen schon in der vierten Generation.

Johann Desch wurde am 27.April 1848 im Aschaffenburger Vorort Glattbach als Sohn eines Landwirts und Dorfschneiders geboren, zu einer Zeit, als in Deutschland die Industrialisierung aufblühte. Aus Dörfern wurden Städte, im Saarland, im Ruhrgebiet und im Rheinland schossen Fabriken, Gruben und Schmelzöfen wie Pilze aus dem Boden und boten Hunderttausenden von Knechten und Handwerksgesellen neue, besser bezahlte Arbeit. Dieser Johann Desch sollte zum Begründer der bayerischen Bekleidungsindustrie werden.

Zunächst lernte er in einer Aschaffenburger Maßschneiderei das Handwerk von Grund auf, ehe er nach Beendigung der Lehre zu Hause als Schneider arbeitete. Dann brach 1866 der Deutsche Bruderkrieg aus. Da wurde Johann Desch von den preußischen Truppen als Militärschneider requiriert und mußte einige Zeit in der Kleiderkammer der Truppen arbeiten. Dort lernte er zum ersten Mal die Massenherstellung von Bekleidung und Uniformen kennen, eine Erfahrung, die ihn nicht mehr losließ. Zudem war ihm klar geworden, daß sehr viele Menschen ähnliche Proportionen haben, gleiche Größe, gleichen Brustumfang, gleiche Unterweite oder Hosenlänge – das war für ihn der Auslöser, an die serienmäßige Herstellung von Bekleidung zu denken. Er begann zu messen, zu rechnen und zu zeichnen. Das Ergebnis: Schnittmuster in Konfektionsgrößen, wie wir sie heute noch kennen. Nach Johann Desch bedeutete Größe 50 beispielsweise, daß der Kunde den doppelten Brustumfang hatte, 100 cm Oberweite also, bei der Unterweite wurden davon 6 cm abgezogen, dann die Ärmel berechnet usw. Außerdem kam er auf die Idee, daß man Schablonen nach gewissen Normmaßen anfertigen

könnte. Daraus stellte er Kleidungsteile her, die er an Gemischtwaren-
händler im Rhein-Main-Gebiet und später auch im Ruhrgebiet und in
Norddeutschland sowie in Elsaß-Lothringen verkaufte. Da diese Teile
wesentlich billiger waren als neue Maßkleidung, stieg die Nachfrage
ungeheuer. Schon in den 70er Jahren des vergangenen Jahrhunderts war
Johann Desch in seinem Metier ein ganz Großer!

Mit seinen Ideen ging er nun
hausieren und stellte sich in der
Aschaffenburger Privatbank Wolfsthal vor: *Gestatten, Johann Desch,
ich hätte da eine Idee.* Er muß ein
überzeugender junger Mann gewesen sein. Der alte Wolfsthal soll
dem gerade mal 20jährigen Johann
auf die Schulter geklopft haben:
Junge, Du gefällst mir. Ohne jede
Sicherheit bekam Johann Desch
einen Blankokredit von 20 000
Goldmark; der Grundstein für die
erste Aschaffenburger Kleiderfabrik konnte gelegt werden. Aus
der kleinen Werkstatt wurde nun
eine Fabrik in der Aschaffenburger
Sandgasse. In seinem neuen Haus
richtete Johann Desch gleichzeitig
auch ein Einzelhandelsgeschäft
für Fertigkleidung ein. Der Über-
gang von der rein handwerklichen
zur industriellen Herstellung war
ohne jegliche Anlaufschwierigkei-
ten bis zu den 90er Jahren des vergangenen Jahrhunderts geschafft.
Das Geschäft boomte und machte
Schule. Immer mehr Schneider

*Johann Desch gründete 1874
die erste Kleiderfabrik am Untermain
und war einer der Wegbereiter der
modernen Konfektionskleidung.*

wagten sich auf Johann Deschs Spuren und gründeten ebenfalls eine
Kleiderfabrik. Der Bedarf war schließlich da, vor allem im Rhein-Main-
Gebiet, in Frankfurt, Offenbach oder Hanau. Tausende verließen ihre
Äcker und ihre Werkstätten und wurden Fabrikarbeiter, die sich fortan
auch mehr leisten konnten, zum Beispiel den ersten richtigen Anzug,
gefertigt in Aschaffenburg. Um das Jahr 1900 gab es allein in Aschaf-

fenburg 10 Kleiderfabriken. Alle entstanden sie nach dem Vorbild der Desch-Firma. Hätte man Johanns Idee damals patentieren können, wären seine Enkel und Urenkel heute sicherlich Millionäre.

Die Kleiderfabrik am Aschaffenburger Hauptbahnhof platzte rasch aus allen Nähten. Im Zweiten Weltkrieg wurde sie ausgebombt und mühsam wiederaufgebaut. Schließlich verlegten Johann Deschs Enkel Heinz und Hermann Desch das Werk in den Vorort Goldbach. Heute wird es von deren Söhnen Hajo und Hubertus Desch geleitet. Beide sind stolz darauf, das Unternehmen führen zu können, das immer noch den Namen seines Gründers, des Urgroßvaters Johann Desch, trägt. Und das in der vierten Generation! Der Tradition verpflichtet, aber nicht an sie gekettet – so lautet das Motto der beiden Cousins. Die Auszeichnung der Aschaffenburger Handelskammer für den Firmengründer – mit feinem Federstrich auf Büttenpapier vor über einem Jahrhundert gezeichnet – hängt auch heute noch am Empfang der Firmenzentrale. Daneben die Gegenwart – vergrößerte Hochglanzfotos aus dem aktuellen Katalog, gestylte Models, gekleidet in „Desch". In der schnellebigen Zeit von

So arbeitete man um die Jahrhundertwende in den Fertigungsräumen der Kleiderfabrik Desch.

heute können die Firmenchefs von der Tradition alleine nicht zehren. Sie stehen im harten Wettbewerb der krisengebeutelten Textilbranche: *Wir müssen durch Leistungen, Qualität, Service und durch unsere Kollektion überzeugen, und die Tradition kann sogar zur Bürde werden. Man muß höllisch aufpassen, daß man nicht das Image eines verstaubten Unternehmens bekommt, denn je stärker, länger und ausgeprägter die Tradition, desto größer ist natürlich auch der Handlungsbedarf in Richtung Neuorientierung und Modernisierung eines Unternehmens,* sagt Hubertus Desch selbstkritisch.

Johann Desch, der Firmengründer, war noch ein Patriarch, der selbstbewußt seine Fabrik regierte und Hunderte von Zulieferanten beschäftigte, die sogenannten Heimschneider. Diese Entwicklung hat Senior-Chef Heinz Desch selbst noch kurz nach dem Zweiten Weltkrieg miterlebt. Ein ganzes Heer von Heimarbeitern, die sich teilweise spezialisiert hatten, arbeitete für die Firma. Es gab Sakko- und Hosenschneider, Westen- und Mantelfertiger. Ganze Dörfer im Spessart, im Maintal und im Odenwald lebten gewissermaßen vom Schneider- und Zulieferhandwerk. Das Prinzip war einfach: Die Heimschneider holten in den Fabriken in Aschaffenburg die zugeschnittenen Einzelteile: Ärmel, Hosenbeine, Rückenpartien und Krägen. Diese wurden dann in der eigenen Stube verarbeitet und danach in großen blauen Säcken zurück in die Fabrik gekarrt. Mit Handwagen oder auf Fahrrädern, mit Pferdefuhrwerken oder, wenn's sein mußte, auch zu Fuß. So wurde vor über 100 Jahren Kleidung produziert. Heute werden die Stoffe an Desch geliefert und dort zu modischer Bekleidung verarbeitet. Entscheidend ist der Schnitt, das Design.

Mode ist heute Massenware. Selbst Desch, nicht gerade einer der Branchenriesen auf dem Markt, stellt täglich rund 1200 Sakkos und 500 Hosen her, aber beileibe nicht mehr nur in Goldbach. Schon wegen der Lohnkosten erfolgt ein Teil der Fertigung im Ausland. Die Produktion sei in Deutschland einfach zu teuer geworden, sagen die Manager, besonders in der lohnintensiven Bekleidungsindustrie. Eine Arbeitsstunde in Deutschland koste über 30 Mark, in anderen Ländern dagegen nicht mal ein Zehntel davon. Als Vorsitzender des Arbeitgeberverbandes der Bekleidungsindustrie bedauert Senior-Chef Heinz Desch allerdings die Tatsache, daß immer weniger Eigenfertigung im Inland erfolgt. Noch vor ein paar Jahren produzierte Desch größtenteils in Kroatien, ehe der jugoslawische Bürgerkrieg das Unternehmen zum Umzug zwang. Inzwischen werden die meisten Anzüge, Sakkos, Hosen und Westen, die dann mit dem Etikett von Desch verkauft werden, von türkischen Schneidern und Bekleidungstechnikern gefertigt. Doch im Gegensatz zu vielen anderen seiner Konkurrenten produziert Desch auch immer noch in Deutschland. Der Produktionsbetrieb wird technisch ständig auf dem neuesten Stand gehalten – was alljährlich hohe Investitionen erfordert. Schließlich will man mit der großen internationalen Konkurrenz aus den Häusern Versace oder Armani Schritt halten.

Auch die beiden Vettern Hajo und Hubertus Desch wissen, daß die meisten Leute bei deutschen Modemachern zunächst an Designer wie Karl Lagerfeld, Wolfgang Joop oder Jil Sander denken. Dennoch: Die Deschs legen Wert auf den eigenen Stil. Das wichtigste sei es, den Geschmacksnerv der Kunden zu treffen, nicht nur die Kollektion, sondern das gesamte Unternehmen samt Personal, Finanzen und Organisation im Auge zu behalten. Design, die Arbeit im Atelier, am Zeichentisch und in der Musterschneiderei, ist nur ein kleiner Teil des Gesamtunternehmens Desch. Was nicht heißen soll, daß Hajo und Hubertus Desch nicht ab und zu auch mal zum Stift greifen, wenn ihnen ein Entwurf gar nicht gefällt. Und dazu muß man natürlich sein Handwerk beherrschen. Hajo und Hubertus Desch sind zwar keine Schneidermeister und können besser mit Computer und Taschenrechner umgehen, aber zwei linke Hände haben sie trotzdem nicht. Schließlich haben beide Vettern das Geschäft von der Pike auf gelernt. In der Textilfabrik, beim Einzelhandel und in der Bekleidungsfachschule. Sowohl Hajo als auch Hubertus haben das Gespür für Mode und den Unternehmergeist von ihren Vätern geerbt. Das ist wohl der entscheidende Grund, warum Desch noch immer in Familienbesitz ist. Trotz aller Unterstützung durch ihre Väter wurde Hajo und Hubertus Desch nichts geschenkt. Als sie die Firma vor einigen Jahren endgültig als geschäftsführende Gesellschafter übernahmen, mußten sie sich selbst freischwimmen. Da mußte auch Lehrgeld bezahlt werden, aber letztlich konnten beide die gesammelten Erfahrungen zum Wohl des Unternehmens einbringen.

Die Väter sehen's mit Stolz, auch wenn sie sich schon lange selbst aus dem Tagesgeschäft zurückgezogen haben. Heinz Desch hat aber immer noch ein Büro im Firmenkomplex. Von hier aus vertritt er die Interessen des Arbeitgeberverbandes der unterfränkischen Bekleidungsindustrie. Und ab und zu bitten ihn sein Sohn und sein Neffe auch mal um Rat.

Vier Generationen lang hat Desch so im Familienbesitz überlebt, während viele andere Bekleidungshersteller aufgeben mußten. Auch am Untermain mußte jedes zweite Werk in den vergangenen Jahren schließen. Dennoch will Heinz Desch nicht schwarzsehen, selbst wenn immer weniger Hersteller direkt hierzulande produzieren. Deutsches Design ist immer noch gefragt. Deutschland ist heute – was die Fertigkleidung anbelangt – nach wie vor eines der führenden der Länder der Welt. Der Export der deutschen Bekleidungsindustrie ist ungebrochen hoch. Bei Desch wird 50% der Produktion exportiert, wobei man sich durch das Zusammenwachsen der Länder Europas weitere Vorteile erhofft. Auch in Amerika, wo früher im großen Umfang Oberbekleidung hergestellt wurde, wird inzwischen sehr viel Konfektionsware aus Deutschland importiert. Das gleiche gilt für den ostasiatischen Raum. Wenn das keine optimistischen Zeichen für die fünfte Generation der Deschs sind!

Da drei der vier Kinder der Desch-Cousins Mädchen sind, stehen die Chancen nicht schlecht, daß Desch in der nächsten Generation von einer Frau geführt wird. Für den Firmengründer Johann wäre dies sicherlich noch undenkbar gewesen. Aber in Sachen Mode haben Frauen ohnehin ein besseres Händchen. Vielleicht hätte dieses Argument auch den Firmengründer überzeugt...

Dellnhausen – eine Wiege der Musikalität

*Die Musikantenfamilie Eberwein hat nicht nur der Volksmusik
neuen Schwung verliehen*

STEFAN SEMOFF

Man muß kein Ahnenforscher sein und erst recht kein Heraldiker, um
aus dem Namen Eberwein ein beziehungsreiches Familienwappen zu
gestalten. Sepp Kiefer, ein grafisch talentierter Vetter der Familie Eberwein, hat die einzelnen Elemente zu einem stimmigen Akkord zusam-
mengesetzt. Da ist zunächst der Eber – er verkörpert Willenskraft
und Gradlinigkeit, dann eine Reihe mit üppigen Trauben. Damit sind
Lebens- und Sinnenfreude gemeint. Und wenn diesem Weinstock ausgerechnet ein Hopfenblatt entspringt, dann bezieht sich das auf die
Verwurzelung der Familie Eberwein in der Hallertau. Das weißblaue
Rautenwappen bringt außerdem noch eine patriotische Note ins Spiel.
Eingerahmt ist das Ganze von dem wohl wichtigsten Symbol der Eberweins – einer Lyra.

Michl Eberwein ist der Begründer und langjährige Leiter der *Dellnhauser Musikanten.* Diese Tanzbodenkapelle hat die Familie Eberwein
in weiten Teilen Bayerns und darüber hinaus bekannt gemacht. Doch
der Weg der Eberweins zu ihrem jetzigen Ansehen, eine der berühmtesten Musikantenfamilie in Bayern zu sein, war nicht automatisch vor-
gezeichnet. Denn das Dorf Dellnhausen bei Abens in der oberen Holle-
dau war alles andere als ein Dorado musikalischer Kreativität. Matthias
Eberwein hatte sich dereinst als Schneider und Kleinbauer dort niedergelassen und es schwer genug gehabt, seine zwölfköpfige Familie durch-
zubringen. 1895 kam Josef Eberwein zur Welt – der spätere Stammvater
der Musikantendynastie Eberwein und legendäre Coupletsänger. Eigentlich hätte er Pfarrer werden sollen. Doch mit dem Tod des älteren Bruders Sebastian zerschlugen sich diese Pläne. Josef mußte das Handwerk
des Vaters erlernen. So eifrig sich Josef Eberwein im elterlichen Schnei-
derbetrieb auch engagierte – seine heimliche Liebe galt der Musik, und
damit war der Schneidergeselle ganz aus der Art geraten. Das Musizieren hatte er verstohlen gelernt, nachts, wenn er zum Schreiner, einem
begnadeten Zitherspieler, nach Sünzhausen geschlichen ist, um an den

Saiten zu zupfen. Dabei war er auch in der Harmonielehre kundig geworden.

Der Musik haftete zu dieser Zeit auf dem Land etwas Ambivalentes an: Einerseits als Unterhaltungsmedium geschätzt, hatte sie doch etwas Teuflisches an sich. Sie konnte die Menschen entfesseln und in eine Art Rausch versetzen. Die meisten guten Musikanten waren im Beruf eher liderliche Gesellen, mit denen die anständigen Leut' nicht viel zu tun haben wollten. So hatte es Josef nicht ganz leicht, seiner Leidenschaft zu frönen. Dennoch verfolgte er seine musikalischen Aktivitäten mit höchster Zielstrebigkeit. Anfang der 30er Jahre gründete er die fünfköpfige *Hallertauer Sängergruppe Dellnhausen,* 1933 war das Quintett bereits mit von der Partie bei der Rundfunkübertragung im Rahmen des Mainburger Preissingens. Nach dem Zweiten Weltkrieg stellte Josef Eberwein eine neue Gesangsbesetzung zusammen: Er selbst, Sohn Michael, Tochter Maria und Fanni Krabichler bildeten das neue Quartett, die Gesangsgruppe Eberwein.

Eifrig war Josef Eberwein auf der Suche nach überliefertem Liedgut. Doch nur in wenigen Fällen ließ sich aus den Texten eine regionale Herkunft der Lieder herleiten. Eberwein dachte sich neue Texte und Melodien aus und vertonte Gedichte. Das bäuerliche Leben der Hallertau bildete den thematischen Schwerpunkt der Eberweinschen Lieder. Doch immer wieder griff der Sänger Eberwein auf die musikalischen Eindrücke seiner Zeit als Schneider-Volontär in München zurück, wo er vom Ausbildungsbetrieb in der Nähe des Nationaltheaters häufig zum „Platzl" und ins Apollotheater hinüberging, um in den damaligen Zentren des populären Unterhaltungsgesangs den neuesten Couplets zu lauschen. Er schrieb zwar die Texte und Noten nicht mit, doch er prägte sich die Weisen genauestens ein, so daß er später immer wieder darauf zurückgreifen konnte – was er reichlich tat! Aber er beschränkte sich nicht aufs Plagiat. Er interpretierte viele Stücke neu, überarbeitete sie und schuf damit neue bäuerliche Volkslieder der feinsten Sorte: Josef Eberwein gab der bayerischen Volksliedpflege neue Impulse!

Einen regen Gedankenaustausch pflegte er mit Joseph Maria Lutz, dem Lyriker, Epiker und Dramatiker aus Pfaffenhofen. In einem Brief schrieb Lutz einmal an den Dellnhauser Liedersammler: *Wie wir verabredet haben, sende ich Ihnen ein paar Dialekt-Gedichte. Sie werden dabei sehen, was ich unter Erneuerung der bayerischen – und zwar nicht der gebirglerischen – Volksdichtung verstehe. Vielleicht läßt sich zu dem einen oder anderen auch eine neue sangbare Melodie finden. Hier könnten wir etwas Neues entwickeln, und zwar etwas, was von*

*Quintettbesetzung der Dellnhauser Musikanten im Gründungsjahr 1948:
(v.l.n.r.) Georg Sommerer, Wendl Eberwein, Sepp Fliegel, Adolf Eberwein,
Michl Eberwein.*

dem üblichen, nicht immer kitschfreien Liedern abweicht und vielleicht mehr als diese eine eigenstämmige Note hat. Diese Worte empfand Josef Eberwein als Verpflichtung und griff die Gestaltungsprinzipien von Lutz auf. Seine Lieder über die Hallertau und ihre bäuerliche
Kultur handelten künftig von Trauer und Liebe, Übergabe und Austrag.

Inzwischen sammelte Michael Eberwein zunehmend musikalische
Eindrücke. Wie sein Vater hatte auch er schon in frühesten Kindertagen
im Schneideranwesen in Dellnhausen die Musik – sozusagen mit der
Muttermilch – aufgesogen. Er saß dabei, wenn die fünf Männer der
Gesangsgruppe des Vaters zum Singen ins Haus kamen mit den schwarzen Samthüten, im Gehrock und den Faltenstiefeln. Er lernte Zither und
Klavier, und sein erstes großes Akkordeon erstand er im Tauschhandel
gegen drei Meter Stoff aus dem väterlichen Lager. Seine ersten Sporen als
Musikant verdiente sich Michl Eberwein als Harmonikaspieler im
Nachbarort. Moderne Schlager waren bei den Dorfjugendbällen natürlich am meisten gefragt, doch der junge Schneider interessierte sich vor
allem für die Zwiefachen. Konkurrenzangst veranlaßte schließlich die

Musikanten, den interessierten „Jungspund" aus der Kapelle zu werfen. *Jetzt erst recht,* dachte sich Michl Eberwein und begann, alle Zwiefachen aus dem Gedächtnis aufzunotieren – im Juni 1948 schlug die Geburtsstunde der *Dellnhauser Musikanten.* Und das in der Umbruchsituation der Nachkriegszeit! Traditionelle und moderne Tanzmusik prallten zu dieser Zeit aufeinander. Zwar hörte man Kontrabaß und Akkordeon als Rhythmusinstrumente zur Melodie von Blech- und Holzbläsern schon in der Unterhaltungsmusik der 20er Jahre. Doch in der traditionellen Volksmusik, vor allem in der Blasmusik, stellte diese Kombination ein Novum dar. Im Zeitraum von 1952 bis 1992 spielten die *Dellnhauser Musikanten* nicht weniger als 192 Titel im Bayerischen Rundfunk ein, 92 nahm allein die Gesangsgruppe Eberwein auf.

Bald nach der Gründung der Truppe schlossen sich professionelle Musiker an, wie der Trompeter Albert Bichlmair, Orchestermitglied am Münchner Gärtnerplatz-Theater. Schon vorher war Hermann Haenicke, Trompeter in der Blaskapelle Otto Ebner, dazugestoßen. Bei den zahlreichen Auftritten kam es zu zahlreichen Begegnungen mit all den Größen der bayerischen Unterhaltungsszene: Wastl Witt, Michl Lang, Liesl Karlstadt, Ludwig Schmidt-Wildy – gehören ebenso zum Freundeskreis der Familie Eberwein wie die Volksmusikanten Wastl Fanderl, Tobi Reiser,

Otto Ebner, Martin Schwab oder der Roider Jackl. Für den Freisinger Parodisten waren die Dellnhauser *„seine"* Hausmusi. Sie bestimmte er auch als Grabmusik für seine Trauerfeier. Begegnungen, die den ganz normalen Auftritts-Wahnsinn einer bald allseits gefragten Tanzbodenmusik zumindest kurzfristig vergessen ließen.

Seit zehn Jahren ist Michael Eberwein junior ständiges Mitglied der Gruppe – mittlerweile übernahm er deren Leitung. Er ist genauso engagiert bei der Sache wie Vater und Großvater. Dieses kontinuierliche Engagement Wochenende für Wochenende machte die Dellnhauser Musikanten-Familie landauf landab bekannt. Dabei verstehen sich die Interpreten nicht nur als elitäre Vertreter der klassischen Volksmusik. Sie intonieren auch reine Gebrauchsmusik bei Beerdigungen und Hochzeiten, sogar Marsch- und Choralmusik haben sie in ihrem Repertoire. Und wenn einmal partout eine moderne Musik verlangt wird, wenn Zwiefacher, Schottisch und Dreher trotz aller spielerischer Brillanz niemanden vom Stuhl reißen, dann schlüpfen sie einfach in ein anderes Gewand und sorgen mit der Tanz- und Showkapelle *M 2* für swingende Rhythmen. Dann wippen sogar schon Michael und Maximilian, die jüngsten Sprößlinge der Familie Eberwein, im Takt: Die Musikalität der beiden Kleinen ist unverkennbar. Man kann darauf warten, bis auch sie die Familientradition fortsetzen.

Sie haben das Glas neu erfunden

Die Familie Eisch in Frauenau

HEIDI WOLF

Es geht gar nicht anders: Bei dem Namen Eisch fällt einem automatisch das Wort Glas ein, kostbares Glas aus dem Bayerischen Wald, zum großen Teil noch handgefertigt. Der Ursprung der Eisch-Hütte, die heute einen so großen Namen hat, geht auf eine winzige Werkstatt zurück. Damit hat sich der Glasgraveur Valentin Eisch 1946 selbständig gemacht. Frau und Kinder halfen mit, und so ist ein Familienbetrieb von Weltruf entstanden. Das Unternehmen hat sich zur führenden Mundglashütte in Deutschland, wenn nicht in ganz Europa, entwickelt. Sie ist das Lebenswerk einer Familie, die vor 50 Jahren den Sprung in die Selbständigkeit gewagt hat. Noch heute wird Tag für Tag in dem 1600 Grad heißen Ofen Glas geschmolzen, in den Werkstätten graviert, geschliffen und gemalt, Glas vor der Lampe geblasen. Gute, alte Handwerkskunst eben.

Aus Arbeitern wurden Unternehmer. Gerade das macht für Erwin Eisch, den Maler, Bildhauer und Mitbegründer der internationalen Studioglasbewegung, einen großen Teil des Erfolges aus. Seine Herkunft aus der Arbeiterschaft hat er nicht vergessen. Sein Vater war 67 Jahre lang Graveur. Die Mutter war die Seele des aufstrebenden Betriebs.

Mit der Familie Eisch begann ein neues Kapitel in der Glasgeschichte des Bayerischen Waldes. Wegen seiner Struktur paßte der kleine Betrieb in die „rote" Gemeinde Frauenau. Die Anfänge waren freilich mehr als bescheiden. Alfons Eisch, der jüngste der drei Eisch-Brüder, erinnert sich noch daran, wie der Großvater seine Graveurmaschine mit Fußantrieb getreten hat. Aus einem Buchenholzklotz stemmte er eigenhändig einen Graveurbock heraus und bearbeitete damit die Gläser. Es waren ärmste Verhältnisse, in denen die Eischs ihre Arbeit begonnen haben. Anton Eisch, Vater des Firmengründers Valentin Eisch, war im Jahr 1906 von Kommerzienrat Isidor Gistl in den Bayerischen Wald geholt worden. Gistl war damals der „Glaskönig" des Bayerwaldes. Er herrschte über ein ganzes Imperium: Neben der Kristallglasfabrik in Frauenau gehörten ihm eine Villa, mehrere große Arbeiterwohnhäuser, ein Wirtshaus, ein

37

Kino und ein Veranstaltungssaal. Bald kamen auch Antons Söhne, Anton junior und Valentin, später auch dessen Sohn Alfons, in die Gistl-Hütte. Als Valentin Eisch 1946 aber die Gistl-Hütte wieder verlassen wollte, um seine eigene Zukunft zu schmieden, hängte ihm Isidor Gistl sogar einen Prozeß an. Valentin Eisch war ein hervorragender Graveur und Entwerfer, und ihn wollte der Kommerzienrat auf keinen Fall verlieren. Den Prozeß gegen den abtrünnigen Mitarbeiter und dessen Sohn Alfons verlor er – da griff Isidor Gistl zu einem anderen Mittel: Er rief die Hüttenbesitzer zu einem Boykott auf. Kein einziger sollte dem Eisch Rohglas liefern!

Zum Glück scherte die Glashütte in Ludwigsthal aus. Erich Eisch, der langjährige Manager des Unternehmens, führt dies darauf zurück, daß die Glashütte in Ludwigsthal aufs Geld angewiesen war. Jeden Freitag waren nämlich die Ludwigsthaler in die Fachschule nach Zwiesel gekommen, wo Erich Eisch bei Professor Springer Glastechnik studierte, und drängten ihn dazu, Vorauszahlungen zu leisten.

In Deggendorf hatte Erich Eisch nach der Wehrmachtszeit das Abitur nachgemacht. Dann stieg er daheim in den Betrieb ein. Die Geschäftsfahrten legte er mit einem Sachs-Motorrad zurück, das den Namen „Beppo" bekam. Es war das erste Firmenfahrzeug.

Mit ihrer Glasveredelungswerkstätte hatten sich „die Eischen", wie die Frauenauer sagen, zwischen zwei mächtige Glashütten gesetzt – Poschinger und Gistl – ein Zwerg zwischen zwei Riesen. Sie pachteten die ehemalige Baracke des Reichsarbeitsdienstes. Dem jungen Unternehmen aber fehlte es an Kapital. Jeder Freitag wurde zu einem kleinen Alptraum. Die Sekretärin, Liane Lomitzky, mußte darauf achten, daß die Wechsel bezahlt werden konnten. *Meistens haben wir dann die Wechsel von den Abnehmern in der Gegend geholt und uns damit geholfen. Und so konnten wir immer am Samstag erleichtert feststellen, daß das Geld wieder gereicht hat zum Auszahlen,* erzählt Erich Eisch heute erleichtert.

Und es ging aufwärts – die ersten Handelsvertreter waren für Eisch unterwegs und holten die Aufträge herein. Die aber konnten oft nicht zügig abgewickelt werden, weil es immer wieder an Rohglas mangelte. Da entschlossen sich die Eischs, selbst einen Ofen zu bauen – einen mit Ölfeuerung, wie er bis dahin nur einmal in Deutschland existierte: bei der Firma Ringel in Maximiliansau bei Karlsruhe. Erich Eisch informierte sich an Ort und Stelle und konnte feststellen, daß die Glasqualität in Ordnung war. Die Eischs entschieden sich daraufhin, mit dem Hersteller dieses Ofens zusammenzuarbeiten. Das war die Firma Jünger in Mannheim. Obwohl die Firmenleitung hoch und heilig versprochen hatte, einen einwandfrei funktionierenden Ofen zu liefern, gab es nichts als Schwierigkeiten. Erst im September 1952 konnte mit dem Ofenbau begonnen werden, nachdem die Regierung von Niederbayern einen Kredit in Höhe von 30 000 Mark zugesagt hatte. Am 10. Oktober fiel dann der erste Schnee und blieb bis Weihnachten liegen. Der Sand war naß, der Ofen feucht. Bei der ersten Schmelze in der Nacht vom 15. auf den 16. Dezember erreichte er nicht die erforderliche Temperatur. Der Ofenbauer resignierte schließlich und gab auf. Er betrank sich im Wirtshaus, kam anschließend auf unsicheren Beinen in die Firma und lallte: *Herr Eisch, ich kann ihnen nicht mehr helfen. Ich fahre jetzt wieder nach Hause.* Da standen die Eischs dann da wie begossene Pudel und mußten schauen, wie sie aus eigener Kraft weiterkamen.

Es wurde ein trauriges Weihnachtsfest für die Familie, für die Eltern, die drei Brüder und die drei Schwestern. Damals hatten sie nicht einmal einen Christbaum.

Dreimal hintereinander machten die Häfen im Schmelzofen auf, das ganze Glas war kaputt. Erst nach einem Umbau wurde es besser: Ab jetzt boomte die Hütte, der Kundenstamm wuchs ständig, die Belegschaft machte Überstunden, arbeitete sogar an den Sonntagen. Da wagten sich die Eischs 1956 an den Bau einer neuen Ofenhalle. Doch das Jahr 1956 wurde zum Schicksalsjahr: Die Hütte konnte Termine nicht einhalten, mußte Lieferungen absagen, konnte keine Rechnungen stellen. Aber die Mitarbeiter mußten bezahlt und die Schulden für den Bau der Ofenhalle beglichen werden. Dazu kamen die Mehrkosten, die der große Betrieb laufend verursachte. Die Außenstände wuchsen auf 150 000 Mark an. Die Bank schaltete in dieser Situation schließlich einen Steuerberater aus München ein, und der drängte auf ein Moratorium mit den Gläubigern. Doch Erich Eisch ließ sich die Geschäfte nicht aus der Hand nehmen und verhandelte selbst mit den Geldgebern: *Ich habe zu meinem Vater gesagt: Du mußt mitfahren, ich bin ja noch so jung, wenn da so ein junger Kerl daherkommt, dem traut man ja gar nicht und wenn du dabei bist , dann hat das doch ein ganz anderes Gewicht*, erinnert er sich. Dann sind sie mit dem Familienauto, einem klapprigen VW-Käfer, losgefahren.

Valentin und Erich Eisch hatten Erfolg – das Annawerk in Oeslau bei Coburg, der zweitgrößte Gläubiger, stimmte ihren Rückzahlungsvorschlägen zu. Den erlösenden Satz des Prokuristen hat Erich Eisch bis heute nicht vergessen. Er lautete: *Wenn wir uns in der Wirtschaft nicht gegenseitig helfen, wenn einer einmal in Not ist, dann verdienen wir es nicht, eine freie Wirtschaft zu haben.* Damit konnten die Eischs wieder weitermachen.

Der Kampf ums Dasein hat die Familie zusammengeschweißt, die Eischens halten zusammen wie Pech und Schwefel. Das ist *ein* Erfolgsgeheimnis. Aber natürlich mußten die Produkte stimmen, wozu vor allem Alfons Eisch, der Graveurmeister, beitrug. Handwerkliches Geschick und Fleiß waren auch seine Stärke. So fanden die Produkte der kleinen Glasschmelze Eisch meistens besseren Anklang als die Massenware der großen Glashütten. Es mußten immer wieder junge Leute angeworben und zu Glasmachern, Malern, Schleifern und Graveuren ausgebildet werden.

Es war ein Glücksfall, daß der Glasgraveur und Musikant Valentin Eisch 1925 die Holzhauerstochter Therese Hirtreiter kennengelernt hatte. Die Waldarbeiter rangierten damals im Bayerischen Wald auf der untersten sozialen Stufe – unter den Glashüttenleuten und den Bauern. Sie verdienten wenig. Aber die Hirtreiters fügten sich nicht einfach in ihr Schicksal, sondern entwickelten Überlebensstrategien, wurden politisch und gewerkschaftlich aktiv. Die junge Therese Hirtreiter war hellwach, hatte eine ungeheure Energie, die ein ganzes Leben lang anhielt. Valentin Eisch war ganz anders. Er ist nie aus Frauenau herausgekommen. Die Angst vor den Nazis hat ihn geradezu gelähmt. Seine Frau dagegen war couragiert und entschlossen. Noch bis zu ihrem 90sten Geburtstag stand Therese Eisch jeden Tag in der Hütte, packte überall mit an, riß die Belegschaft mit – 47 Jahre lang. Therese Eisch, das Hirtreiter Reserl, hatte einen ausgeprägten Geschäftssinn. Schon mit 15 oder 16 Jahren betrieb das Mädchen daheim in der Holzhauerstube in Dörfl, einem Ortsteil von Frauenau, einen schwunghaften Semmel- und Orangenhandel. Die Ware holte sie mit dem Fahrrad aus dem zehn Kilometer entfernten Zwiesel, und die Bauern rissen sie ihr buchstäblich aus den Händen.

Sohn Erwin war schon auf der Welt, Erich unterwegs, als Valentin Eisch und Therese Hirtreiter 1928 heirateten. Erwin Eisch signiert seine Bilder deshalb neuerdings mit dem Zusatz: "geborener Hirtreiter". Eine ledige Mutter in den 30er Jahren im Bayerischen Wald – damit hatte das Hirtreiter Reserl keine Probleme.

Alfons Eisch ist der Familienforscher. Das ist neben der Musik sein großes Hobby. Mit Hingabe spielt er in der Krowentbirlmusi Geige, genauso wie es sein Bruder Erich seit 20 Jahren im Regensburger Kammerorchester tut. Den Eischs lag die Musik immer im Blut – in den alten Akten sind sie als Musikanten erwähnt. Die Spuren der Vorfahren

*Auch noch als alte Dame prüfte Therese Eisch die Qualität
der Glasprodukte mit eigenen Augen. Foto: 1993*

fand Alfons Eisch in Böhmen. Und er stellte fest, daß die Eischs in der früheren Heimat „Alsch", „Elsch" und „Alesch" hießen. Wie die Alesch zu Eisch wurden, dafür hat Alfons Eisch eine einleuchtende Theorie: *Weil wir einfach in unserer Gegend hier das 'L' nicht sprechen. Der Wald ist der 'Woid', heut ist es kalt – 'heit is koit', ich bin schon alt – 'i bin scho oit'. Es ist ja naheliegend, wenn man sagt, ich habe alles ausgetrunken, viel zu kompliziert, das 'L' in alles – 'i han ais ausdrunka'. Und so hat es dann nicht mehr Alesch geheißen, bei uns hier draußen, sondern eben einfach Eisch.*

Der Familienforscher wurde vor allem im Schwarzenbergischen Archiv auf der Burg in Krummau fündig. In Südböhmen ist die Erinnerung an einen berühmten Alesch noch lebendig, der als Grafiker viele Bücher gestaltet hat. Alle Tschechen kennen und verehren den Nikolaus Alesch. Seine Bilder haben einen festen Platz in der ständigen Ausstellung südböhmischer Künstler im schwarzenbergischen Jagdschloß in Hloboka (Frauenberg).

Der Künstler bei den Frauenauer Eischs ist Erwin. Er hat die Kunstakademie in München absolviert und dann der Glasproduktion in der Hütte daheim den Stempel aufgedrückt. Jeder der drei Eisch-Brüder hat

41

sein eigenes Profil, sie sind ganz unterschiedliche Charaktere. Und trotzdem geht es seit 50 Jahren gut. Bis vor einigen Jahren war die Eisch-Hütte eine KG mit Erich als Komplementär und Erwin und Alfons als Kommanditisten. Zusammenhalt trotz aller Spannungen – selbstverständlich ist das nicht. Aber es gibt einen Grundkonsens. Die Geschwister haben Respekt voreinander und nehmen einander ernst. So können auch manche Reibereien dieses Gefühl nicht erschüttern.

Für diese Einigkeit steht auch das Firmenlogo, der kleine Elefant mit den Flügeln. Er repräsentiert eine individuelle Glasproduktion, die sich dem Zeitgeist widersetzt. Wenn andere Glasmacher auf das Dekor verzichteten, weil es weniger Maler oder Graveure gegeben hat, so forcierten die Eischs die kunstvolle Gestaltung ihrer Gläser. Der Trend zum puren Funktionalismus war ihnen seit jeher fremd, und Erwin Eisch hat beinahe ein erotisches Verhältnis zum Werkstoff Glas, dem er absolut weibliche Elemente zuspricht: Man könne es weich werden lassen und so verformen, daß es lebendig werde und man spüre, daß von innen Wärme und Feuer aufkomme, die das zunächst starre Material weich und fließend mache. Erwin Eisch hat seit 1965 einen eigenen kleinen

Die zwei Generationen der Firmengründer: v.l., stehend, Alfons, Erwin und Erich Eisch; v.l., sitzend, Josef, Anton und Valentin Eisch.

42

Ofen in der Hütte, an dem er experimentieren kann. Lange Zeit war er der Paradiesvogel im Betrieb. Eine Bestätigung seiner Arbeit bekam er dann von Harvey Littleton, einem Wegbereiter der amerikanischen Studioglasbewegung.

Die Eischens bezeichnen sich selbst als Clan. Die Oberbayerin Gretl Eisch hat sich vorsichtig dieser festgefügten Gemeinschaft angenähert. Wie Erwin Eisch gehörte sie zur Münchner Künstlergruppe Radama, die 1961 mit ihrer provokativen Boleskrim-Ausstellung Schlagzeilen machte. In der Hütte in Frauenau durfte sie Bronze gießen. 1962 heirateten Erwin und Gretl Eisch, bauten sich einen Teil des alten Hüttengebäudes aus und bekamen fünf Kinder. Für die junge Künstlerin war die Welt in Frauenau in Ordnung. Sie fühlte sich von Anfang an wohl in der Glasmacher-Familie. Die Geborgenheit und Wärme, die Offenheit und Herzlichkeit der Familie Eisch hat sie eingebunden, obwohl sie anfangs das Gefühl hatte, sich beweisen zu müssen und nicht ganz mithalten zu können.

1975 zogen Erwin und Gretl Eisch mit ihren Kindern in die Villa des früheren Glaskönigs Isidor Gistl, dem einstigen großen Rivalen. Das Haus gehörte inzwischen der Eisch-Hütte, die es nach dem Tod der Kommerziensrats-Witwe gekauft hatte. Erwin Eisch hatte lang gezögert, ehe er in den Umzug einwilligte, denn mit dem Gebäude verband sich etwas Unheimliches. Obwohl in der Zwischenzeit viele Familien dort gelebt hatten, der "Geist vom Gistl" war noch da. Noch heute kommt Erwin Eisch das Gruseln, wenn er daran denkt, daß eines Nachts aus unerklärlichen Gründen aus einem Fenster eine Glasscheibe herausfiel. Aber er bewältigte die Situation auf seine Weise: Nach Fotos formte er ein Porträt von Isidor Gistl, das noch heute als Keramikbüste im Wohnzimmer der Villa steht. Außerdem luden die Eischs alle noch lebenden Gistl-Arbeiter in die Villa ein. Es waren etwa 80 Personen, darunter Arbeiter, die überhaupt das erste Mal über diese Türschwelle gegangen sind – mit klopfenden Herzen, wie sie bekannten, weil sie sich früher nicht reingetraut hatten, solange der Kommerzienrat lebte. *Auf diese Weise*, meint Gretl Eisch, *haben wir Frieden geschlossen mit dem Kommerzienrat Gistl und auch mit seiner Hütte.*

Seit einigen Jahren ist jeweils ein Kind der drei Brüder an der KG beteiligt. Die Senioren nahmen sogar eine Betriebsaufspaltung vor, um auch einen so bewährten Mitarbeiter wie den Hüttenmeister Helmut Schneck in eine Betriebs-GmbH aufnehmen zu können. Sein Sohn Andreas ist ebenfalls mit dabei, genauso wie Annemarie Kainz, eine geborene Eisch.

Eberhard Eisch hat in Regensburg Betriebswirtschaft studiert und ist in die Fußstapfen seines Vaters Erich getreten. Als verwöhntes Unternehmersöhnchen hat er sich nie gefühlt; von Beruf Sohn – das gab es bei den Eischs nicht. Das Sprichwort "Zwei Generationen bauen auf, die dritte verjubelt es wieder", läßt Eberhard Eisch nicht gelten. Für ihn steht fest: *Wir werden unser Bestes tun, um das Gegenteil zu beweisen!*

Vom bildungsbesessenen Schreiner zum adeligen Bleistiftfabrikanten

Der Zusammenschluß der Familien Faber und Castell war nicht nur von Glück und Wohlwollen begleitet

REGINE FENN

Es war im Jahr 1761, als der Schreiner Kaspar Faber in Stein bei Nürnberg seine ersten Bleistifte herstellte. Reich und berühmt ist er damit nicht geworden. Erst die vierte Generation seiner Familie hat es geschafft, die Faber-Bleistifte weltweit bekannt zu machen. Van Gogh zeichnete seine Skizzen damit, Bismarck und König Ludwig II. haben Staatsprotokolle mit Faber-Stiften unterschrieben. Für seine Verdienste wurde Lothar Faber zu königlich-bayerischen Zeiten in den Adelsstand erhoben. Heute führt sein Ur-Ur-Enkel Anton Wolfgang Graf von Faber-Castell das Welt-Unternehmen.

Im Schloß Stein hängt ein Gemälde, auf dem ein Herr abgebildet ist, dem man seine Prinzipien auf dem ersten Blick ansieht: Disziplin, Beharrlichkeit, Fleiß. Das weiße Haar korrekt gescheitelt, Hemdbrust und Kragen frisch gestärkt, an der Nasenwurzel eine Falte, die leichte Mißbilligung ausdrückt, die Schultern straff nach hinten gedrückt, den unbestechlichen Blick aus blauen Augen fest auf ein imaginäres Ziel gerichtet. Das war Lothar von Faber (1817–1896), der wiederholt in Briefen an seinen jüngeren Bruder Eberhard die Grundsätze beschwor: fester Wille, zähe Ausdauer, Streben nach wahrem Wissen und wirklicher Bildung. Es komme darauf an, alle und jeden zu überflügeln und immer den ersten Platz zu erringen. Nach diesen Grundsätzen lebte Lothar von Faber, sparsam und diszipliniert, und am liebsten hätte er es gesehen, wenn nicht nur sein Bruder, sondern alle Menschen diesen Prinzipien treu gewesen wären. *So ging ich in Stein grundsätzlich nicht ins Wirtshaus. Ich konnte da nichts lernen,* sagte er einmal. Lieber vertiefte er sich abends zu Hause in seine Lektüre und beschäftigte sich mit seiner Fortbildung. Auf diese Weise brachte er es zu beachtlichem beruflichen Erfolg und materiellem Wohlstand, von dem er allerdings auch andere partizipieren ließ. Er stiftete zum Beispiel das Geld für den Bau der Martin-Luther-Kirche, bekam dafür allerdings die Patronatsrechte. Sein

Reichsrat Freiherr Lothar von Faber (1817–1896) übernahm bereits im Alter von 22 Jahren das Bleistift- imperium und machte Bleistifte zu wertvollen Markenartikeln.

Denkmal vor der Kirche erinnert noch heute daran. Einige hundert Meter weiter, schräg gegenüber, stehen die Fabrikanlagen, die Verwaltungsgebäude sowie das alte und neue Schloß der Fabers. Alles erschaffen mit dem eisernen Willen und Fleiß Lothar von Fabers.

Sein Urgroßvater Kaspar Faber, der Schreiner, hatte 1761 seine Bleistiftwerkstatt in Stein bei Nürnberg eröffnet. Die Bleistiftminen – unreiner, brüchiger böhmischer Graphit – kaufte Kaspar von Bleiweißschneidern, nur den Holzmantel machte er selbst. Es war kein besonders lukratives Geschäft. Kaspars Frau mußte die Stifte mit dem Weidenkorb auf den Markt tragen und dort verkaufen. Wer etwas auf sich hielt, wählte englische Bleistifte, bekannt für die Qualität ihres Graphits.

Trotzdem entschied sich auch Kaspars Sohn Anton Wilhelm für den Beruf des Bleistiftmachers. Die Initialen A.W. trägt die Firma noch heute in ihrem Namenszug. Immerhin brachte es Anton Wilhelm zu dem kleinen Vermögen von 24 000 Gulden, das er seinem Sohn Georg Leonhard vererbte. Dieser vergrößerte den Betrieb, aber nicht den Erfolg. Allerdings hatte er auch Pech und erlebte schlechte Zeiten für die Bleistiftmacher: Erst kam die französische Revolution, dann Napoleon mit seiner Kontinentalsperre, die den Rohstoff Graphit verteuerte, dazu die Konkurrenz aus England und Frankreich, wo die Mechanisierung bereits wesentlich weiter fortgeschritten war. Georg Leonhard Faber gab beinahe auf. Er tröstete sich und seine Frau damit, daß man ja immer noch auf die Landwirtschaft zurückgreifen könne.

Doch da war ja auch noch Lothar, sein Sohn – eines von 15 Kindern. Auf ihn setzte Georg all seine Hoffnung und schickte ihn nach einer kaufmännischen Lehre in die Welt. In Paris und London lernte Lothar, wie Handel und Fabrikation funktionieren können. Dort informierte er sich über die neueste Technik der Bleistiftherstellung. 1839 – er war gerade 22 Jahre alt – mußte Lothar nach Stein zurückkehren. Sein Vater war tot, die Firma am Boden, Lothar frustriert. Sein Urteil über den Vater fiel ziemlich vernichtend aus: *Das Wissen und die Bildung des Vaters bestanden aus einem Minimum. Die Konkurrenz anderwärts war unvergleichlich intelligenter als er. Er sah und fühlte sich von ihr erdrückt.*

Das sollte Lothar nicht passieren, schließlich hatte er schon in Paris überlegt, welche Mittel er zu ergreifen hätte, um erstmals mit seinen Fabrikaten *die ganze Welt zu beherrschen.* Eine unabdingbare Voraussetzung dafür war es, eine bessere Qualität der Bleistifte zu erreichen. Doch davon mußten erst einmal auch die Arbeiter überzeugt werden. *Geht nicht, hat's noch nie gegeben, wird sowieso nichts*, hieß es zunächst überall in der Fabrik, wo Lothar mit seinen Verbesserungsvorschlägen und Ideen vorsprach. Strenge Arbeitszeiten mit festen Pausen waren noch unbekannt. Roh und verwildert seien die Arbeiter in Stein zu dieser Zeit gewesen. So beschreibt es jedenfalls ein Bericht des Nürnberger Landgerichts. Da es mit der Qualität zunächst nicht so klappte, versuchte es Lothar vorerst mit der Tradition und ließ auf die edlen Bleistiftetuis den Zusatz *Gegründet 1761* drucken. Im Nachhinein gesehen dürfte dies sein bester Schachzug im Konkurrenzkampf gewesen sein. Er machte praktisch aus einem Bleistift einen sehr wertvollen Markenartikel. Es war zur damaligen Zeit ganz neu, daß man Bleistifte mit dem Firmennamen versieht, noch dazu in Gold eingeprägt!

Daneben verbesserte Lothar auch die Fabrikation und konnte dann seine Bleistifte in verschiedenen Härtegraden beliebig reproduzieren, normiert nach Länge und Stärke der Stifte. Dazu kam auch ein bißchen Glück: Das schwarze Gold, der Graphit, war in England knapp geworden. Geologen suchten nach neuen Quellen und fanden eine Mine in Sibirien. Lothar sicherte sich 1862 handstreichartig die alleinigen Abbaurechte. Das war ein Schritt in die Welt, der kennzeichnend für Lothar Fabers Denken ist. Er strebte die Expansion an. Mit seinem A.W. Faber-Stift will er die ganze Welt überzeugen, und das ganz persönlich. Er ließ sich aus feinstem Holz einen wertvollen Musterkoffer anfertigen. In die vielen mit rotem Samt ausgeschlagenen Fächer legte er seine Stifte und machte sich – mit aufwendigst gestalteten Katalogen im Gepäck – auf die Reise, wie sein Ur-Ur-Enkel Anton Wolfgang Graf von Faber-Castell begeistert erzählt: *Was ich besonders bewunderswert an ihm fand, war die Art, wie er sich persönlich für die Vermarktung engagiert hat. Selbst als Firmenchef hat er sich nicht gescheut, mit seinem*

Musterkoffer Kunden zu besuchen. Mit dieser vorwärtsstürmenden Art hatte Lothar großen Erfolg. Er konnte nicht nur seine Blei- und Buntstiftproduktion ins Unermeßliche steigern, sondern gründete auch noch eine Bank. Die Nürnberger Versicherungsgruppe geht letztlich auf seine Initiative zurück. So mehrte sich sein Reichtum, es entstanden prachtvolle Villen und Schlösser, er konnte weitflächige Ländereien erwerben.

Die Erfolgreichen der Zeit benutzten Fabers Stifte. Vincent van Gogh zeigte sich in einem Brief an einen Freund ganz hingerissen von der Zeicheneigenschaft, Wilhelm Busch verfaßte sogar ein Gedicht darauf, und Max Liebermann hielt Fabers Stifte für die besten. Bismarck hatte stets einen Faberbleistift bei sich – weil er sich so hervorragend zum Pfeifenstopfen eignete – wie er zugab, aber auch zum Kauen. Ein Original mit Bismarcks Gebißabdrücken liegt heute noch im Faberarchiv.

1880 zählte der Bleistiftbetrieb schon fast 1000 Mitarbeiter, zusätzlich wurden Heimarbeiter beschäftigt. Für den Ort Stein wurde Faber lebenswichtig: das Unternehmen gab den meisten Familien Arbeit und Brot. Als Arbeitgeber war sich Lothar dieser Verantwortung wohl bewußt. Hundertprozentig, wie er war, sah er auch noch andere Pflichten. Er wollte sich um seine Leute wirklich kümmern, denn er wußte, zufriedene Arbeiter haben weniger Lust auf Streik, Aufstand und Unruhen. Also baute er ihnen Häuser und Betriebswohnungen, richtete einen Kindergarten und eine Bibliothek ein und schuf sogar eine eigene Rentenversicherung für seine Mitarbeiter. Das Firmenarchiv, das von Renate Hilsenbeck liebevoll gepflegt wird, dokumentiert diese unternehmerischen Großtaten lückenlos.

Sein soziales Engagement war so vorbildlich, daß Lothar Faber die Ehrenbürgerrechte von Nürnberg und Stein bekam. Er wurde außerdem zum „Erblichen Reichsrat der Krone Bayerns" ernannt und 1862 geadelt. Lothar von Faber hatte es geschafft: Vom Handwerker war er zum Industrieadeligen aufgestiegen. Seine Triumphe schienen ihn allerdings nicht glücklich zu machen. Mit dem Alter kam die Verbitterung. Seinen jüngeren Brüdern Johann und Eberhard, die er beide ins Geschäft aufgenommen hatte, machte er immer wieder heftige Vorwürfe. Sie seien undankbar, da sie sich beide aus dem Unternehmen lösen wollten; nachlässig, weil sie immer wieder ins Wirtshaus gehen oder Urlaub machen würden. Wesentlich härter als die vermeintliche Undankbarkeit der Brüder traf Lothar der Verlust seines einzigen Sohnes Wilhelm, der völlig unerwartet im Alter von 42 Jahren an Herzversagen verstarb. Lothars Hoffnung auf einen männlichen Erben waren dahin. Da Wilhelms Söhne an Kinderkrankheiten gestorben waren, ging das Erbe nach Lothars Tod an Wilhelms Tochter Ottilie. Sie war eine ausgesprochene Schönheit: zierlich, mit dunklen großen Augen, braunen Locken und einem sehr vollen Mund. Daß eine Frau die Firma leiten könnte, war für Lothar absolut nicht vorstellbar. Frauen seien für solche unternehmerischen Aufgaben nicht von Gott und der Natur bestimmt, hatte er stets betont. Doch er mußte Ottilie zur Nachfolgerin bestimmen, sollte der Name Faber erhalten bleiben. Das tat er zähneknirschend.

Zwei Jahre nach seinem Tod heiratete Ottilie in alten bayerischen Adel ein, in das Grafengeschlecht Castell. Ihr Mann Alexander Graf zu Castell-Rüdenhausen, Rittmeister der bayerischen Kavallerie, sattelte um und wechselte vom Berufsoffizier zum Bleistiftfabrikanten. Prinzregent Luitpold erlaubte der Familie fortan, den Doppelnamen Faber-Castell zu tragen. Alexanders adelige Familie in Unterfranken war allerdings wenig begeistert von der Verbindung. Man rümpfte die Nase über die neuen bürgerlichen Verwandten. Zudem empfanden es die Castells als Prasserei, daß Alexander seiner neuen Frau ein prunkvolles Schloß in Stein bauen ließ. In weniger als drei Jahren war das Schloß, ausgestattet mit Carrara-Marmor, Jugendstilmosaiken sowie Intarsienarbeiten mit den edelsten Hölzern, bezugsfertig. Drei Millionen Goldmark soll allein die Ausstattung der

Ottilie und Alexander Gräfin und Graf von Faber-Castell 1898 auf Hochzeitsreise. Dem Rittmeister der bayerischen Kavallerie und der Erbin der Bleistiftfabrik war jedoch kein dauerhaftes Glück beschieden.

Räume gekostet haben. Ein ganzes Heer von Dienstboten war zur Bewirtschaftung des Schlosses und Betreuung der Herrschaft notwendig: Kammerdiener, Jungfern, ein Koch, Küchenhelferinnen, Zimmermädchen, eine Hausdame, ein Kastellan, Kutscher, Gärtner, Kinderschwestern und Gouvernanten. Häufig waren im Schloß Gäste einquartiert, und die Familie gab gerne Feste und Empfänge. Bei dieser Hofhaltung war es selbstverständlich nicht möglich, die Firma nach den strengen

Grundsätzen Lothars von Faber zu führen. Ganz anders als dieser kümmerte sich Alexander nicht selbst um jedes Detail im Betrieb. Er hatte seine Direktoren, die ihm täglich in seinem Arbeitszimmer im Schloß Bericht erstatten mußten. Trotzdem hatte auch Alexander großen Erfolg: Er kreierte den grünen *Castell 9000*, bis heute der Klassiker unter den Faber-Castell-Bleistiften.

In seiner Ehe mit Ottilie hatte Alexander allerdings kein allzu großes Glück. Die fünf Kinder, die sie in sechs Jahren zur Welt brachte, drei Mädchen, zwei Buben, von denen einer starb, konnten die Ehe nicht kitten, als sich Ottilie in einen anderen Mann verliebte. Und das vor aller Augen! Es handelte sich noch dazu um einen Freund Alexanders, den Major Philipp Freiherrr von Brand. Alle redeten darüber, eine Trennung war unausweichlich. Ottilie wurde schuldig geschieden. Es war ein Eklat. Daß ausgerechnet eine Frau die Scheidung beantragte, war für Ottilies Zeit äußerst ungewöhnlich. Sie – die Enkelin Lothar von Fabers und Erbin der Firma – mußte das Schloß in Stein verlassen. Die Kinder blieben zurück und mußten ein Jahr lang Trauer tragen; ihre Mutter durften sie zunächst nur heimlich sehen. Ottilie heiratete ihren Liebhaber, Philipp Freiherr von Brand, und lebte mit ihm auf seinem Schloß bei Sulzbach-Rosenberg. Erst nach einigen Jahren kam sie wieder öfter nach Stein. Das Verhältnis zu Alexander blieb allerdings äußerst gespannt.

1927 gab Alexander – schwer krank – die Leitung der Firma an seinen ältesten Sohn Roland ab, der allerdings das Pech hatte, von den Nationalsozialisten einen Direktor vor die Nase gesetzt zu bekommen. Roland von Faber-Castell blieb zwar Eigentümer, doch das Sagen hatten die Nazis. Während des Zweiten Weltkrieges wurde das Steiner Schloß wegen seiner exponierten Lage zur Flakstation. Kaum war der Krieg vorbei, zogen englische, amerikanische und russische Kampftruppen ins Schloß. Während der Nürnberger Prozesse wurde es zum Pressecamp umgestaltet. Bis 1953 blieb es von den Amerikanern

In achter Generation ist Anton Wolfgang Graf von Faber-Castell Chef des traditionsreichen Schreibgeräte-Unternehmens.

besetzt. Die Familie Faber-Castell hielt sich auf ihrem Landsitz in Dürrenhembach auf, wo heute auch Anton Wolfgang Graf von Faber-Castell mit seiner Frau Mary und den Kindern lebt. 1976 übernahm er den Betrieb von seinem Vater Roland, in achter Generation. Zunächst war er von dieser Aufgabe gar nicht sonderlich begeistert, denn er war in New York im Bankgeschäft engagiert. Zudem war die Zukunft der Firma mit neun Geschwistern zu klären. Außerdem hatte der Betrieb auch einige Krisen zu bewältigen. Der Taschenrechner verdrängte den Rechenstab, was ein Standbein der Firma war. Das technische Zeichnen wurde weitgehend vom Computer übernommen – Faber-Castell mußte sich neu orientieren.

Heute setzt man in Stein vor allem auf Künstlerbedarf, Edelschreibgeräte und Kosmetikstifte. In Sao Carlos in Brasilien betreibt Faber-Castell die größte Blei- und Buntstiftfabrik der Welt. Darüber hinaus produziert man in Australien, Indien, Indonesien, Malaysia, Kolumbien, Peru und neuerdings auch in Costa Rica. Doch die zwei Standorte in Deutschland – das Stammwerk in Stein bei Nürnberg und das Werk in Geroldsgrün bei Hof – sollen auf jeden Fall erhalten bleiben. Die Produktion wurde allerdings rationalisiert, die Belegschaft reduziert. Doch für die meisten der Mitarbeiter ist der Betrieb immer noch die große Familie und der Graf das Familienoberhaupt.

Mit dem Dieselroß das Allgäu aufgezäumt

Die lange Tradition der Familie Fendt:
Von Turmuhrmachern zu Traktorenherstellern

ANDREA ZINNECKER

Der Name Fendt gilt als Synonym für das Allgäu. Sicher wäre die Allgäuer Grünlandwirtschaft ohne die Pionierleistungen der Familie Fendt auf dem Gebiet der Landmaschinentechnik noch lange Zeit eine mühselige Angelegenheit geblieben – obwohl die Fendts weitaus mehr waren und sind als nur Traktorenhersteller. Immerhin kann diese Marktoberdorfer Familie auf eine über 350jährige handwerkliche Tradition zurückblicken. Die Fendts waren Schlosser und Schmiede, Bleizugmacher und Turmuhren-Konstrukteure, Geigenbauer, Goldschmiede und Fabrikanten. Die Geschichte der Familie Fendt ist keine Allgäuer Industriellen-Saga, vielmehr eine aus den Nöten der Zeit heraus geborene Entwicklung vom Mächeler zum bodenständigen Manager, ein geradezu exemplarisches Beispiel innovativer Querdenkerei! Und kaum eine andere Familie verkörpert das Allgäuer Mächelertum in derart klassischem Sinne. Als „Mächeler" bezeichnet man im Allgäu jemanden, der etwas ersinnt und dann in die Tat umsetzt. Einen Erfinder gewissermaßen, der mehr ist als nur ein Theoretiker.

Obwohl die Familie Fendt genaugenommen gar nicht aus dem Allgäu stammt, sondern aus dem Pfaffenwinkel beziehungsweise aus dem Graswangtal im Ammergebirge zugewandert ist, gilt sie als einheimisch. Anfang des 14. Jahrhunderts wurde in der Klosterchronik von Ettal zum ersten Mal ein Fendt erwähnt – ein Jäger. Er half Kaiser Ludwig dem Baiern im Jahr 1329, einen günstigen Platz für den Bau des Klosters Ettal zu finden. Das war zu einer Zeit, als Dantes Buch „Über die Monarchie" wegen antikirchlicher Äußerungen öffentlich verbrannt wurde und in den Pyrenäen die Verfolgung der Katharer begann. Zu dieser Zeit beginnen auch die Gürtlergesellen den ersten Streik in deutschen Landen. Wie es dazu kam, daß zwischen Peiting und Weilheim ein kleiner Ort den Namen Fendt trägt und in Oberammergau noch heute eine Fendtgasse existiert, ist nicht genau bekannt.

Drei Jahrhunderte später würfelte auch hier der Dreißigjährige Krieg

Land und Leute durcheinander. Sylvest und Eva Fendt flohen – vermutlich vor der Pest – von Peiting in das rund 40 Kilometer entfernte Oberdorf, erwarben hier 1639 das Bürgerrecht und wurden zu den Stammeltern der Marktoberdorfer Fendt. Sylvest Fendt baute sich eine bescheidene, aber stabile Existenz als Schlosser und Bleizugmacher auf. Dieses Handwerk hatte er schon im Pfaffenwinkel ausgeübt. Angesichts der Dichte von Kirchen, Klöstern und Kapellen fehlte es ihm nicht an Arbeit – um die Gotteshäuser mit buntverglasten Fenstern schmücken zu können, waren die Bleizugmacher doch unentbehrlich. Die kleinen Butzenscheiben mußten in die Bleizüge gegossen werden. Sieben Generationen später gründete Dominikus Fendt in Oberdorf eine kleine Manufaktur für die Fabrikation von Bleizügen. Damals, um 1790, gab es in dem hochstiftischen Marktflecken nicht nur die kurfürstliche Sommerresidenz des Augsburger Bischofs mit einer prächtigen Lindenallee, sondern auch sieben Bier- und Weinwirtschaften sowie viele Handwerker.

Johann Michael Fendt, ein Halbbruder von Dominikus, erweiterte die handwerkliche Familientradition des Bleiziehens durch den Bau von Turmuhren. Einer seiner Söhne verdingte sich später als Schreinermeister in Paris. Ein anderer Fendt hatte in Füssen den Beruf des Geigenbauers erlernt, war nach Paris gezogen und dort als Francois Plazidus Fendt zu einem der berühmtesten Geigenbaumeister des 18. Jahrhunderts avanciert. Die anderen Familienmitglieder blieben den Turmuhren und Bleizügen treu. Ein Peter Paul Fendt unterhielt ab 1834 eine laufende Produktion von Turmuhren. Der Name Fendt wurde zum Markenzeichen für Kirchturmuhren in ganz Bayerisch-Schwaben und Tirol. Darauf sind zu Recht auch die jüngsten Nachkommen der weitverzweigten Familie Fendt stolz. Corinna Fendt erinnert sich daran, wie sie während ihres Architektur-Studiums im Zuge einer baufachlichen Untersuchung von Sankt Mang in Füssen im Kirchturm auf halber Höhe eine alte Turmuhr entdeckte, die schön hergerichtet und restauriert, mit Gold verziert, ein Schild trägt, auf dem steht, daß sie von dem Turmuhrmacher Fendt stammt. Hinter diese Tradition, so meint Corinna Fendt, sollte die Familie nicht zurückfallen.

1896 wurde eine sechs Meter hohe Turmuhr aus dem Hause Fendt mit vier Zifferblättern auf der Bayerischen Landes-, Industrie-, Gewerbe- und Kunstausstellung in Nürnberg mit einer silbernen Staatsmedaille ausgezeichnet. Allein zwischen 1898 und 1940 fertigte Clemens Fendt über 100 Turmuhren an. Drei von ihnen schlugen sogar den Menschen im fernen Südafrika die Stunde. Im Firmenkatalog wurden Uhren für Bahnhöfe, Schul- und Rathäuser, Schlösser, Fabriken, öffentliche wie private Gebäude angepriesen, Uhren, die mit einem Aufzug mindestens 30 Stunden liefen. Aber nicht nur Turmuhren, sondern auch die Fendtschen Bleizüge wurden um die Jahrhundertwende in alle Welt exportiert: nach Nord- und Südamerika, nach Japan und Australien. 1891 hatte Theo Fendt nämlich den sogenannten Bügelverschluß erfunden, eine kleine Revolution im Bleizug-Maschinenbau. Trotz dieser Aufwärtsentwicklung löste sich ein Jahr später die Firma der Gebrüder Fendt in Einzelfirmen mit getrennten Werkstätten auf. Franz Xaver Fendt stellte die Bleizüge nicht mehr, wie bisher üblich, mit einer einfachen Schraubenspannung her, sondern mit doppelter Schneckenspannung und erhielt dafür 1897 ein Patent des Kaiserlichen Patentamts in Berlin.

Ein Jahr später übernahm Johann Georg Fendt den väterlichen Betrieb. Nach dem Ersten Weltkrieg galt sein Interesse nicht mehr nur dem Bau von Bleizügen, sondern auch der Landwirtschaft. War er doch selbst Landwirt im Nebenerwerb. Johann Georg Fendt setzte auf die neue Technik der Verbrennungsmotoren. Zusammen mit seinem Sohn Hermann baute er 1928 den ersten motorisierten Benzingrasmäher mit 4 PS. Das war ein Paukenschlag für die Landwirtschaft: Mähen mit Motorkraft, statt, wie bisher üblich, mit der Hand! Die Bauern waren vor Begeisterung völlig aus dem Häuschen.

Der Benzingrasmäher war nur der Anfang. 1929 folgte dann der erste europäische Diesel-Kleinschlepper, das Dieselroß, Mark- und Meilenstein in der Landmaschinenbranche wie in der Familiengeschichte. Heute ist dieser Oldtimer der ersten Stunde im Museum des Unternehmens zu bewundern. Mit Vier-Takt-Motor, gefederter Vorderachse, 740 Kilo Leergewicht, 6 PS und 8 Stundenkilometer Höchstgeschwindigkeit begann 1930 die Serienproduktion des Traktors. Im ersten Jahr wurden lediglich drei Schlepper hergestellt, überwiegend in Handarbeit mit fünf Beschäftigten. 1935 konnte dann schon der 100ste Schlepper ausgeliefert werden. Dieses Fahrzeug lief bereits 15 Stundenkilometer schnell, hatte ein unabhängiges Mähwerk und eine Zapfwelle, über die man mit Motorkraft über eine Gelenkwelle ein Gerät antreiben konnte, eine der wichtigsten Errungenschaften im Schlepperbau. Auch in der Landwirtschaft ließ sich damit der Mechanisierungsboom nicht mehr aufhalten, was sich auch auf die Produktion der Fendts auswirkte.

Wenn die Brüder Hermann und Xaver Fendt an den ölverschmierten Traktoren herumbauten, dann wurde es eng auf dem väterlichen Hof. Die Drehbänke standen im Heustadel, ein Anbau am Kuhstall diente als Werkstatt. Den beiden Brüdern wurde rasch klar, daß es so nicht mehr

Hermann Fendt mit dem ersten Dieselroß im Hof der
väterlichen Werkstatt.

weiter gehen konnte. Sie wagten schließlich den mutigen Schritt und errichteten auf einer Wiese der Großmutter die Firma *Xaver Fendt & Co.* mit den Komplimentären Xaver Fendt und Hermann Fendt sowie der Großmutter als Kommanditistin. Der Grundstein zur weltweit bekannten Traktorenfabrik war damit gelegt.

Bereits 1937 lief das 16 PS starke und luftbereifte *Dieselroß F 18* vom Band, europaweit der erste Schlepper mit einer fahrunabhängigen Motorzapfwelle. Schon im Jahr darauf verließ der 1000ste Schlepper das Werk. 1939 entschied sich auch der Vater des späteren Bundeslandwirtschaftsministers Ignaz Kiechle für ein Fendt-Dieselroß.

Aus einem Fünf-Mann-Betrieb wurde in der Folgezeit ein weltweit renommiertes und exportstarkes Unternehmen mit über 3000 Beschäftigten. Seit 1985 sind die Fendt-Traktoren-Werke ununterbrochen Marktführer in Deutschland. Der 500000ste Traktor rollte 1996 von Band. Wenig später wurde die Firma Fendt von den Erben an den amerikanischen Landmaschinenkonzern Agco verkauft. Damit ging zwar die Tradition von Fendt als letztes großes deutsches Familienunternehmen endgültig zu Ende, nicht aber die technologische Kompetenz. So steht

55

heute nicht nur der weltweit patentierte Geräteträger der 60er Jahre im Deutschen Museum in München, sondern auch das jüngste High-Tech-Produkt, der *Fendt Favorit Vario* mit einer Weltneuheit – dem stufenlosen Getriebe.

Vom ersten Dieselroß mit 6 PS bis zu diesem 260 PS starken Riesen war es ein weiter und zuweilen auch steiniger Weg. Dazwischen aber liegen viele Jahrzehnte voller Glanz und Erfolge, die den drei Fendt-Brüdern zuzuschreiben sind. Zum einen Hermann Fendt, dem Mächeler und Konstrukteur par excellence. Er war ein Allgäuer Schlitzohr und Original, bei dem sich innovatives und zuweilen unbequemes Querdenken mit kluger Weitsicht und gewitzter Sturheit in nahezu genialer Weise verband. Wegbereiter des Erfolgs war aber auch Xaver Fendt, der als ausgebildeter Mechanikermeister und Urtyp des schwäbischen Unternehmers die Fäden der Produktion zusammenhielt, und schließlich Paul Fendt, der erst später als Kommanditist in die Firma einstieg und als ehemaliger Leutnant der Luftwaffe und unerschrockener Flieger das Unternehmen vor allem auch im Ausland zu repräsentieren wußte. Drei Brüder mit Charisma – und doch so unterschiedlich wie Wasser, Erde und Feuer!

Hermann Fendt hatte 1971 von der Universität Braunschweig die Ehrendoktorwürde verliehen bekommen und war in der Kommunalpolitik sehr engagiert. Von seiner zuweilen recht kuriosen Kreativität gibt es unzählige Beispiele und Anekdoten. So ließ er unter anderem einen beidseitig benutzbaren Wurmkasten für Angler konstruieren. Und bei den Traktoren kümmerte er sich bis ins hohe Alter um jedes noch so kleine Detail. Sogar 80jährig kam er noch mit dem Fahrrad in die Firma gefahren! Chefallüren kannte er nicht. Deswegen genoß er rundum Respekt, nicht nur bei seinen Mitarbeitern, sondern auch draußen auf dem Land bei den Bauern

Sein *eigenes Rezept* hatte auch Xaver Fendt. Introvertierter als sein Bruder Hermann, zog er die Fäden lieber still im Hintergrund, förderte deswegen aber nicht weniger tatkräftig das Marktoberdorfer Vereins-, Sport- und Schulwesen. Zudem war er ein excellenter Sportschütze und begeisterter Eishockeyfan. Seine Frau Therese verschrieb sich ganz dem sozialen Engagement. Sie unterstützte viele Klöster in der Region und kümmerte sich um bedürftige Kinder. An Weihnachten nahm sie notleidende Mütter samt ihren Kindern mit zum Einkaufen in die Stadt und stattete ganze Familien mit warmer Kleidung aus. Als ein Mitarbeiter der Firma auf der Landwirtschaftsausstellung in München bei strömenden Regen einem Interessenten einen Schlepper erklärte und ihm dabei

Ein Triumvirat des Erfolgs:
Die drei Brüder Paul, Hermann und Xaver Fendt (v.l.n.r.)
steuerten das Traktor-Unternehmen in eine
erfolgreiche Zukunft.

das Wasser in den Kragen lief, nahm sie ihn mit und kaufte ihm spontan einen breitkrempigen Hut. Georg Burkhart trägt ihn noch heute.

Auch der Familienzweig der Bleizugfabrikanten Clemens Fendt widmete sich dem Landmaschinenbau und entwickelte Anfang der 30er Jahre einen Traktor, einen kettenlosen Universal-Bauernschlepper namens *Mammut* mit maximal 22 PS. Die Gigantomanie des Dritten Reichs ließ ihm jedoch infolge Materialmangels keine Überlebenschancen und so spezialisierte sich die Firma Clemens Fendt später auf dem Bau von landwirtschaftlichen Anhängern.

Hermann und Xaver Fendt hatten während des Krieges notgedrungen auch Schlepper mit Holzvergaser hergestellt. Nach Kriegsende wurde dann ein Allrad-Schlepper entwickelt, aber kaum abgesetzt. In Deutschland gab es inzwischen über 30 Traktorenhersteller und einen harten Wettbewerb. Mit dem sensationellen Geräteträger von 1953 war Fendt der Konkurrenz dann wieder einmal eine Nasenlänge voraus. Bei den Traktoren kam später die Farmer-Favorit-Reihe dazu, dann die Turbomatik, die Komfortkabine, und auch Spezialtraktoren für den Obst-, Wein- und Hopfenanbau wurden konzipiert.

1954 hatte man die Kemptener Maschinenfabrik gegründet, um Gabelstapler zu produzieren; kurz zuvor ein hochmodernes Zweigwerk in Brasilien eröffnet und 1970 in Asbach-Bäumenheim mit der Produktion von Caravans und Pistenraupen begonnen. Fendt war auf Expansionskurs.

Heute ist auch die topmoderne Entwicklungs- und Versuchsabteilung des Marktoberdorfer Unternehmens ein Aushängeschild. Zwar unter amerikanischer Flagge, aber dennoch nicht vom Namen Fendt zu trennen. Und noch ein kleines Kuriosum: Das erste Dieselroß war keineswegs ein reinrassiges Allgäuer Zugpferd. Denn der stahlharte Sitz war in den USA angefertigt worden, getreu dem Fendtschen Motto: *Immer nur das Beste...*

„Wo man hinkommt, trifft man einen Fitz!"

*Die Münchner Schauspielerfamilie offenbart
eine seltene Vielfalt an Talenten*

CONNY GLOGGER

Alle haben sie sich der Unterhaltung verschrieben: Schauspielerei, Stückeschreiben, Gesang und Kabarett sind die Metiers der Münchner Künstlerfamilie Fitz. Jeder geht beruflich seine eigenen Wege. Nur einmal fanden sie sich – fast – alle zusammen: In den 50er Jahren gründeten sie das erfolgreiche Kabarett- und Unterhaltungstrio *Fitzett.* Walter Fitz, seine Frau Molly und sein Bruder Gerd, damals noch der Wastl, gingen gemeinsam auf die Bühne. In dieser Familie kann jeder sein eigenes Ziel verfolgen und tut es auch. Es bedurfte schon einer eigenen Fernsehsendung, um dem Publikum fünf Mitglieder des Fitz-Clans auf einen Schlag zu präsentieren: 1990 inszenierte Rüdiger Nüchtern den Film *So wie wir sind,* in dem Walter, Gerd, Veronika, Lisa und Michael Fitz gemeinsam auftraten.

Ahnvater der singenden und spielenden Dynastie ist HANS FITZ. Er, der für den Chronisten der Münchner Kammerspiele der Vorkriegsära zur „Elite bayrisch-volkstümlicher Darsteller" zählte, stammte wie so manch berühmter Bayer nicht aus weiß-blauen Gefilden. Hans Fitz wurde 1891 in Neustadt an der Orla, im ehemaligen Sachsen-Weimar, geboren. Nach München kam er erst ein paar Jahre später. Aber hier ging er zur Schule und begann mit dem Studium der Architektur. Doch nur, weil es seine Eltern so wollten. Heimlich nahm er Schauspielunterricht. Die ersten Berufserfahrungen in diesem Metier sammelte der Kriegsteilnehmer dann unfreiwillig, aber in gehobener Position. Hans Fitz wurde Direktor eines Gefangenentheaters auf einer Insel im Atlantischen Ozean.

Nach seiner Heimkehr begann er noch einmal ganz unten. Er ging zur Pfälzischen Landesbühne und tingelte mit dieser Wandertruppe durch die Dörfer, solange, bis er Krach mit der Intendanz bekam. Hans Fitz, inzwischen stolzer Familienvater, kündigte mitten in der Spielzeit und machte sich selbständig. Er gründete ein – wie er es nannte – *Humorgeschäft.* Das bedeutete, daß er seine Frau Ilse und die stetig wachsende

Kinderschar als Lautenschläger und Vortragskünstler ernährte, indem er durch die Lande zog und Gedichte oder Balladen zum Besten gab. Die unsteten Wanderjahre endeten 1934, als der Autor Hans Fitz Münchens Renommiertheater mit seinem dramatischen Erstling vor dem finanziellen Zusammenbruch rettete. Zum Stückeschreiben war er durch Zufall gekommen. Aber schon eines seiner ersten Werke, *Josef Filser*, wurde an den Kammerspielen herausgebracht und kam auf über 50 ausverkaufte Vorstellungen. Der Autor spielte selbst mit. Weil der „Josef Filser" dermaßen eingeschlagen hatte, engagierte man den Verfasser für mehrere Sonntagsmatineen unter dem Motto „Hans Fitz singt mit seinen Kindern" und gab ihm den Auftrag für ein neues Stück. Er lieferte *1 A in Oberbayern*, einen Schwank, der später auch verfilmt wurde. Es folgten weitere Stücke, Märchenspiele, Romane und eine Reihe von Drehbüchern. Außerdem stand der „dichtende Komödiant" selbst immer wieder vor der Kamera und auch auf den „Brettern, die die Welt bedeuten". Und das nicht nur in München, sondern auch in Berlin an der Schaubühne am Halleschen Ufer. Hans Fitz, der 1972 starb, wollte als Darsteller kein lautes Einverständnis, keine schenkelklopfende Bestätigung. Er schätzte am meisten, wenn das Publikum das tat, was er am liebsten selbst machte: *Nach innen lachen.*

Das Musizieren und Theaterspielen liegt den Angehörigen der Familie Fitz im Blut. Nicht alle betrieben es professionell und Zeit ihres Lebens. Die Töchter von Hans Fitz, Helga und Ilse, zogen sich relativ bald ins Privatleben zurück. Ganz in die Fußstapfen ihres Vaters traten jedoch die Kinder Walter, Gerd und Veronika. WALTER FITZ, der Älteste, wurde 1921 in Kaiserslautern geboren. Vielleicht zog er deshalb, solange er lebte, den Pfälzer Wein dem bayerischen Bier vor. Walter war wie sein Vater ein Multitalent, das sich in verschiedenen Metiers erprobte. Er nahm früh Schauspielunterricht, den er aber wegen des Kriegsbeginns abbrechen mußte. Er wurde eingezogen, diente als Erster Offizier auf einem U-Boot und geriet in Gefangenschaft. Im Camp Wainwrigt in Kanada versuchten ein paar junge Marinesoldaten unter Walters Leitung, die gedrückte Stimmung mit musikalisch humoristischen Beiträgen zu heben. Das hierbei Gelernte setzte er nach seiner Rückkehr professionell um. Gemeinsam mit seiner Frau Molly, einer gebürtigen Ungarin, und seinem Bruder Gerd, gründete er das *Fitzett*, das 1960 sein zehnjähriges Bestehen feiern konnte. Walter Fitz textete bzw. komponierte mehr als 400 Schlager, von denen allerdings keiner ein rechter Hit werden wollte, auch wenn sich Gerd Fitz als Interpret enorm anstrengte.

Walter Fitz war auch pädagogisch tätig. Zusammen mit Fred Bertelmann gründete er eine „Profi-Show- und Bühnenschule". Auch dieses Unternehmen wurde kein durchschlagender Erfolg, obwohl Tochter Lisa dort Gitarrenunterricht gab. Wirklich berühmt wurde Walter Fitz dann allerdings als „Alter Ego" des Landesvaters Franz Josef Strauß beim alljährlichen Salvatoranstich auf dem Nockherberg. So genau konnte das CSU-Mitglied Fitz die vorsilbendehnende, zungen-R-rollende, abgehackte Redeweise seines schulterzuckenden Vorsitzenden imitieren, daß boshafte Parteifreunde behaupteten, er sei besser als das Original.

Über diesem publikumswirksamen „Spektakel" vergaß man leicht, daß Walter Fitz auch ein ernstzunehmender Schauspieler war. Er wirkte in etlichen Kinofilmen und Fernsehspielen mit, ging als „Portner" in Kurt Wilhelms Inszenierung vom *Brandner Kaspar* auf Deutschlandtournee und war öfter bei den Luisenburgfestspielen in Wunsiedel zu bewundern. Den Radiohörern ist der 1992 Verstorbene bestimmt noch als Bäckermeister Loibl bekannt, dem einen oder anderen vielleicht auch als Richard Jäger in Heinz Meisings Hörspiel *Promotionsfeier.* Hier spielte Walter Fitz einen einfachen Straßenbahnfahrer, der nur dafür gelebt hat, seinem Sohn einen akademischen Abschluß als Doktor jur. zu ermöglichen. Als es dann soweit ist, muß er feststellen, daß sich der feine Herr seiner schämt und sich von ihm distanziert. Diese tragische Rolle interpretierte Walter Fitz mit erstaunlichem Tiefgang.

Gerd Fitz, Walters treuester Mitstreiter, ist neun Jahre jünger als sein Bruder. Mit sechzehn stand er bereits auf der Bühne des Münchner Volkstheaters, zusammen mit seinem Vater, der die Titelrolle im *Hofrat Geiger* spielte. Gerd hatte nur einen einzigen Satz zu sprechen, oder besser gesagt, zu singen. Sein eigentliches Berufsziel wäre es gewesen, Opernsänger zu werden. Er studierte an der Musikakademie einige Semester Baß, Klavier und Gitarre und nahm Gesangsstunden bei dem Tenor Lorenz Fehenberger. An der Begabung fehlte es nicht, wie man aus Aufnahmen der *Maske in Blau* hören kann. Wie sich im Lauf der Zeit herausstellte, tendierte sein Temperament doch eher zur leichten Muse. Die nächsten zehn Jahre sang er dann im *Fitzett* und landete einige Schlagererfolge als Solist. 1959 wurde er als „Wastl I. von Sing-Sing" Faschingsprinz in München, später dann Hofmarschall der Narrhalla. Gerd Fitz schloß sich der Gesangsgruppe *Isarspatzen* an, betrieb eine Konzertagentur, betätigte sich als Conférencier und sang Musicals. Nach seiner Heirat 1966 war er nur mehr gelegentlich auf den Theaterbühnen zu sehen. Er arbeitete für den Betrieb seiner Frau, der auf den Entwurf und die Herstellung von Blumengebinden spezialisiert ist. Doch

*Starke Besetzung durch Mitglieder der Familie Fitz
in der erfolgreichen BR-Fernsehserie „Löwengrube".
Die Polizisten Grüner (Gerd Fitz, links) und
Grandauer (Jörg Hube) bei ihren Ermittlungen
im Hause Soleder mit Traudl (Christine Neubauer)
und ihrem Vater (Walter Fitz, rechts).*

der Rückzug ins Privatleben dauerte nicht lange. Auf dem Nockherberg mochte man auf seine parodistischen Fähigkeiten nicht verzichten. Wie Walter als Strauß, so war Gerd als Oberbürgermeister Vogel oder Außenminister Genscher unschlagbar.

Dann kam noch der späte, aber wohlverdiente Ruhm durch Willy Puruckers TV-Serie *Die Löwengrube.* Hier verkörperte Gerd Fitz den Kommissar Grüner, der als junger Spund in den Polizeidienst eintritt und in der 21. Folge mit 78 Jahren stirbt. Gerd Fitz möge uns noch lange erhalten bleiben. Schließlich warten schon die nächsten Rollen auf ihn.

Das Jüngste der acht Kinder von Hans und Ilse ist die 1936 in München geborene VERONIKA. Wie alle Fitz-Sprößlinge machte sie schon früh mit dem Theater Bekanntschaft. Die Karriere begann auf der von ihrer Mutter geleiteten Kinderbühne. Als Achtjährige durfte sie in einem vom Vater geschriebenen Märchenstück König Drosselbarts Schleppe tragen. Nach dem Krieg lernte sie das Handwerk dann richtig. Sie besuchte die Otto-Falckenberg-Schule in München und startete ihre Karriere an den Münchner Kammerspielen, an denen sie später – von 1970 bis 1977 – festes Ensemblemitglied war. Veronika Fitz spielte unter der Regie von Dieter Dorn und Rudolf Noelte und trat in Stücken von Sternheim, Horváth, Wedekind, Ibsen, Molière und Martin Sperr auf. Sie war an fast allen großen, deutschsprachigen Häusern zu sehen: am Bayerischen Staatsschauspiel, an der Freien Volksbühne Berlin, am Wiener Burgtheater, am Düsseldorfer Schauspielhaus und an der Schaubühne am Halleschen Ufer. Sie wirkte auch in einer Reihe von Filmen mit, unter anderem in der *Geierwally* und im *Wirtshaus im Spessart.* Überregional und einem Massenpublikum bekannt wurde sie jedoch durch das Fernsehen, durch Produktionen wie *Anton Sittinger, Zeit zum Aufstehen* oder *Mensch Meier,* durch Serien wie *Der Millionenbauer, Franz Xaver Brunnmayr, Unsere schönsten Jahre,* vor allem aber durch ihre großartig gespielte Hausmeisterin Martha Haslbeck. Veronika ist unter allen Mitgliedern der Familie die „seriöseste" Schauspielerin. Aber sie wäre keine geborene Fitz, wüßte sie nicht mit der Mundart genauso souverän umzu-

Veronika Fitz, bekannt u. a. als „die Hausmeisterin" Martha Haslbeck in der BR-Fernsehserie, machte schon auf der Kinderbühne Karriere und war Ensemblemitglied der Münchner Kammerspiele.

gehen wie mit der Hochsprache. Und daß sie das auch gerne macht, bewies sie in ihrer Auseinandersetzung mit Walter Sedlmayr, im *Streit mit schönen Worten,* dessen Text von Karl Valentin stammt.

Der jüngste Fitz, der zur Zeit dabei ist, die Fernsehkarriereleiter hinaufzuklettern, heißt MICHAEL. Dabei hatte der Sohn von Gerd Fitz mit der Schauspielerei ursprünglich überhaupt nichts am Hut. Mit achtzehn verließ er die Schule und ging nach England. Nach seiner Rückkehr machte er das Fachabitur und verdingte sich als Praktikant beim Finanzamt. Aber ein Fitz eignet sich anscheinend nicht zum Beamten! Michael wurde in einer Kneipe angesprochen, ob er nicht in einem Fernsehfilm mitspielen wolle. Das Angebot war ernst gemeint, und so kam der junge Fitz zu seiner ersten Rolle. Später spielte er dann in der ZDF-Serie

Hatte ursprünglich mit der Schauspielerei nichts am Hut: Michael Fitz, der jüngste Sproß der Künstlerfamilie, der jetzt dabei ist, die Karriereleiter hinaufzuklettern.

Beate S. und stand mit Vater Gerd in einem *Komödienstadl* vor der Kamera. Bekannt wurde er als Bäckersohn Klausi im *Schwammerlkönig.* Der große Blonde mit den blauen Augen ist die Idealbesetzung für Sonnyboys. Das sind nicht immer Michaels Traumrollen. Aber als er endlich einmal in einem *Tatort* einen Schurken spielen durfte, bekam er waschkorbweise Post von empörten Fans. Also bemühte er sich, sein Image wieder aufzupolieren. Zum Beispiel als Werftbesitzer und Bootsbauer Christoph Dengler in der ARD-Serie *Aus heiterem Himmel.* Michael Fitz hat neben der Schauspielerei, wie alle Fitz's, noch eine zweite Passion: die Musik. Wie schon Großvater, Vater und Onkel, komponiert, textet und produziert er Songs. Die familiäre Herkunft läßt sich eben nicht verleugnen!

Wer in der Familie wie mit wem verwandt ist, ist eigentlich leicht zu behalten. LISA FITZ zum Beispiel ist die Enkelin von Hans und Ilse, die Nichte von Helga, Gerd und Veronika, die Cousine von Michael, die Tante von Emanuel, die Mutter von Nepomuk und die Tochter von Walter und Molly. Und sie ist das Enfant terrible der Familie. Dabei fing die 1951 in Zürich geborene so brav und vielversprechend an. Im Alter von vier Jahren stand sie zum ersten Mal auf der Bühne – bei Großmutter Ilse im Kindertheater in der Maximilianstraße. Mit fünf wußte sie schon, was sie werden wollte: Kasperl. Mit sieben begann sie mit den Ballettstunden, mit zehn lernte sie Gitarrespielen, mit sechzehn verließ sie das Gymnasium, nahm Schauspielunterricht und studierte Gesang. 1969 gründete sie mit Mona Freiberg das Duett *Mona und Lisa.* Ein Jahr später brachte sie ihre erste Platte heraus. Unter dem Namen Lisa Bauer, weil sie sich keine Vorteile durch das Markenzeichen „Fitz" verschaffen

64

wollte. Der Durchbruch gelang ihr 1972 ohne Pseudonym mit einem selbstgeschriebenen und getexteten Song. Weil die Einundzwanzigjährige im gleichen Jahr als Moderatorin der *Bayerischen Hitparade* im Fernsehen traumhafte Einschaltquten erzielte, wurde es plötzlich hektisch in ihrem Leben. Die „sympathische Bayernmaid", wie sie in „TV Hören und Sehen" genannt wurde, bekam Rollenangebote über Rollenangebote. In den folgenden Jahren sang und blödelte sie bei Michael Schanze, in der *Haifischbar* und im *Liedercircus,* war in Serien wie *Der Huber mit der Tuba* zu sehen und trat in *Bio's Bahnhof* auf.

Das „Enfant terrible" der Familie: Lisa Fitz, die „heilige Hur", Kabarettistin, Musikerin und Schauspielerin.

Lisa Fitz bewies ihr schauspielerisches Talent aber auch in anspruchsvollen Produktionen. Sie spielte in *Goldfüchse* eine anrüchige Varietetänzerin, verführte in *Der Wittiber* von Ludwig Thoma einen Bauern, stand mit Franz Xaver Kroetz vor der Kamera und auf der Bühne, präsentierte ihr erstes abendfüllendes Soloprogramm, gab in Ingolstadt die *Rumplhanni,* bei der Eröffungspremiere des Münchner Volkstheaters in Schönherrs *Glaube und Heimat* die „Rottin" und trat an den Münchner Kammerspielen auf. Dazwischen, 1980, heiratete sie außerdem den Münchner Rockmusiker Ali Halmatoglu. Auf Schmähbriefe reagierte sie mit dem Lied *Mein Mann ist Perser.* Mit ihm zusammen erarbeitete sie in den folgenden Jahren die kabarettistischen Soloprogramme *Die heilige Hur, Ein Perser kommt selten allein* und die fetzige Rockshow *Ladyboss.* Zwiespältig aufgenommen wurde das Programm *Geld macht geil.* 1994 ging die inzwischen laut „Spiegel" zur „erfolgreichsten deutschen Kabarettistin" Avancierte mit dem Programm *Heil* auf Tournee, in dem sie die Therapie-Szene aufs Korn nahm. Anschließend und zwischendurch hat Lisa Fitz auch noch ein Buch geschrieben mit dem Titel: *Flügel wachsen nach.* Bei der Vielscitigkeit ihres familienbedingten Talents dürfte das noch nicht das letzte gewesen sein, was von Lisa Fitz zu lesen ist.

Maxl Graf hat einmal in gespielter Verzweiflung aufgestöhnt: *Wo man hinkommt, trifft man einen Fitz!* Hoffen wir, daß es noch lange so bleibt!

Die Lebkuchenlust ist ihnen nicht vergangen

*Wie Haeberlein-Metzger in Nürnberg die Wirren
der Zeit überstanden*

REGINE FENN

Weit über Nürnberg hinaus sind die Haeberlein-Lebkuchen ein Begriff. Genauso berühmt wie das Produkt ist auch die gleichnamige Familie aus Nürnberg. Vor über 600 Jahren wurde die Lebkuchenherstellung in der ehemaligen Reichsstadt erstmals urkundlich erwähnt. Aus der gleichen Zeit stammt das schriftliche Zeugnis einer Lebküchnerei in der „Äußeren Laufer Gasse" in Nürnberg. Dort liegt die Keimzelle des Unternehmens und der Familie Haeberlein. Auch wenn das berühmte Weihnachtsgebäck unter dem Namen *Haeberlein-Metzger* längst nicht mehr im Familienbetrieb hergestellt wird – es lebt doch der große Name noch. Mehr als zwei Millionen Lebkuchen laufen täglich bei „Schöller" in Nürnberg während der Saison auf kilometerlangen Fließbändern durch Streichmaschinen, Trockenräume, Backöfen und Glasurapparaturen, bevor sie schließlich in die verschiedenen Verpackungen wandern. Darunter sind auch Lebkuchen von Haeberlein-Metzger. Seit 1976 gehört Haeberlein-Metzger, lange Zeit Nürnbergs größte Lebkuchenfabrik, zum Schöller-Konzern. Nur der Name und das Rezept für die besondere Gewürzmischung sind noch übrig von den Vereinigten Nürnberger Lebkuchen- und Schokoladefabriken Heinrich Haeberlein – F. G. Metzger AG. *Es ist sehr, sehr schwer mit einem Saisonartikel,* klagt Utz Ulrich, ehemaliger Geschäftsführer der Firma und Urenkel der letzten Namensträgerin Madlon Haeberlein. Denn von Januar bis September lasse sich praktisch kein Lebkuchen verkaufen, und nur ein großer Konzern mit anderweitiger Auslastung könne eine solche Durststrecke verkraften. Im Eiscreme-Hersteller Schöller war ein solches Unternehmen gefunden. Das Angebot war, so Utz Ulrich, derart unwiderstehlich, daß die Familie einwilligte. *Wenn ich ein Leben lang die Firma führe und hart arbeite, dann werden wir nicht im entferntesten das Geld verdienen, das wir bei diesem Verkauf erhalten,* erklärte er seiner Verwandtschaft, die sofort in den Handel einwilligte, da Bargeld gerne gesehen war.

Das erste schriftliche Zeugnis über die Lebkuchenherstellung in

Nürnberg ist 600 Jahre alt. 1395 vermerkte der Deutschherren-Orden in seinem Zinsbuch für das Nürnberger Elisabethen-Spital ein Fastnachts-huhn als Pacht für ein Lebzelterhaus in der Schmidgassen, der heutigen Ludwigstraße. Der Weg Nürnbergs zur Lebkuchenmetropole war vor-gezeichnet: Die Stadt lag am Schnittpunkt der alten Handels- und Salzstraßen, auf denen die Gewürze aus dem Orient nach Europa trans-portiert wurden. Vor den Toren der Stadt lag die Honigquelle Reichs-wald. Kaiser Karl IV. hatte den Zeidlern, den Bienenzüchtern und Honigsammlern im Reichswald, eine ganze Reihe von Privilegien zuge-sichert: Sie durften eine eigene Tracht und Armbrust tragen, stellten eine kaiserliche Leibwache, verfügten über Amtsgüter und eine eigene Gerichtsbarkeit und hatten unter anderem in den Nürnberger Lebküch-nern beste Kunden. Einer davon hieß Junkmann und lebte 1492 in der Äußeren Laufer Gasse. Seit 30 Jahren wurden hier Lebkuchen gebacken, verrät ein Kirchenbuch, das damit den ersten schriftlichen Nachweis über die Niederlassung der Firma Haeberlein liefert. Lebküchner konnte damals nur werden, wer über eine erhebliche Summe baren Geldes ver-fügte, einen eigenen Herd und ein eigenes Haus besaß. Das hatte natür-lich ein normaler Lebküchnergeselle nicht. Was tat er? Er wartete, bis endlich der Lebküchner starb und heiratete dann die Witwe. Das war auch im Interesse der Stadt Nürnberg, die wollte, daß die Witwen ver-sorgt waren. Die Witwen waren im Regelfall wesentlich älter als der Geselle, starben daher meist vor ihm, und dann heiratete er ein zweites Mal nach dem Herzen, das bedeutete, er heiratete eine wesentlich jün-gere Frau, und dann begann das Spiel wieder von vorne! Das ging von Mitte des 14. Jahrhunderts so bis zum Ausbruch der Gewerbefreiheit in Bayern.

Das Geschäft in der Laufer Gasse wechselte oft den Besitzer, was in städtischen Akten und Kirchenbüchern lückenlos dokumentiert ist. 1846 trat der erste Haeberlein auf den Plan. Die Firma war inzwischen in die Winklerstraße umgezogen und ins Schokoladengeschäft eingestie-gen. Heinrich Haeberlein war äußerst geschäftstüchtig und wurde zum königlich-bayerischen Hoflieferanten ernannt. Zum Magistratsrat ge-wählt, plante er schließlich einen Neubau der Firma, denn ohne moder-ne Produktion wäre er schon damals nicht konkurrenzfähig gewesen, wie Haeberlein erkannte. Die neue Fabrik an der Flaschenhofstraße mußte allerdings seine Frau vollenden, denn er selbst starb 1867 – und wieder sind es angeheiratete Männer, über die das Unternehmen weiter-läuft. Da in der Familie über mehrere Generationen nur Töchter geboren wurden, waren jeweils die Schwiegersöhne für die Firmenleitung vorge-

sehen. Utz Ulrich vermutet: *Irgend-*
wo ist in den Lebkuchen etwas drin,
was der Entstehung von Söhnen hin-
derlich ist. Man hätte das erst ein-
mal genau nachprüfen sollen, viel-
leicht wäre man mit diesem Rezept
viel reicher geworden. Es gab nach
meinem Ur-Ur-Großvater Heinrich
Haeberlein fast 70 Jahre nur Töchter
in der Familie, so daß das Unterneh-
men von Haeberlein über meine
Mutter, die eine geborene Staudt ist,
auf mich überging.

Madlon Haeberlein hatte Erdmann
Staudt geheiratet, und dies war die
richtige Wahl, wie sich herausstellte:
Er war ehrgeizig, fleißig und sparsam. Sein Mittagschläfchen pflegte
er stets erst am Spätnachmittag zu
halten, dann, wenn es draußen schon
dunkel wurde – um das Einschalten
des Gaslichtes noch um eine Stunde
zu verzögern. Die Ehefrau war vom
gleichen Schlag. Jede Woche stand
sie mindestens einmal um fünf Uhr
früh auf und besuchte die Verkaufs-

Utz Ulrich, Urenkel der letzten
Haeberlein-Erbin, war bis zum
Verkauf des Unternehmens an
Schöller Geschäftsführer von
Haeberlein-Metzger.

stellen in der Stadt. *Sie ist in die Läden rein, hat geschaut, wie es die*
Verkäuferinnen machen, wenn viel Betrieb war, hat sie selber mit
eingepackt, sie war ungeheuer geschickt. Sie hatte ein Talent, sich an
Dialekte sofort anzugleichen. Mit einem Schwaben redete sie so
schwäbisch, daß der gemeint hat, sie sei auch eine Schwäbin, erzählt
ihre Ur-Enkelin.

Die Konkurrenz schlief nicht. Unweit der Produktionsstätte der Haeberleins hatte sich, in der Regensburger Straße, ein weiterer Lebkuchenbäcker niedergelassen: die Firma Friedrich Gotthelf Metzger. Allmählich
entwickelte sich ein harter Konkurrenzkampf zwischen den beiden
Unternehmen. Man stritt um die Titel des königlichen Hoflieferanten
ebenso wie um die Medaillen bei den Landesgewerbeausstellungen. Wer
nachweisen konnte, daß Prinzregent Luitpold tatsächlich seine Lebkuchen gegessen hat, hatte die Nase schon wieder vorne. Die Firma Metz-

ger hatte zudem durch die Schokoladenfertigung einen Vorsprung. Sie war die drittälteste Schokoladenfabrik Deutschlands. Mit der Gestaltung der Verpackung beauftragte sie schon damals bedeutende Künstler. Die beiden Betriebe expandierten und knüpften Handelsbeziehungen in viele Länder. So sehr man sich bekämpfte, so sehr arbeitete man doch auch zusammen, wenn es darum ging, die Interessen der Lebkuchenhersteller gegenüber anderen Süßwarenproduzenten zu verteidigen. 1891 schlossen sich die Nürnberger Lebkuchenfabriken zu einem Verband zusammen. Es wurden Preise abgesprochen, um niemandem einen ungerechten Vorsprung zu gestatten. Es wurden die Lebkuchengrößen und -gewichte festgelegt und die Inhaltsstoffe bestimmt, die immer klassisch blieben: Mehl, Nüsse, Honig, Eier und eine besondere Gewürzmischung. Der ganz große Aufschwung für die Haeberleins kam zu Beginn des 20. Jahrhunderts. Auf seinen weiten Reisen hatte Großvater Haeberlein bei zahlreichen Betriebsbesichtigungen in anderen Konditoreifabriken, vor allem in Frankreich, wichtige Anregungen gesammelt und viele Ideen mitgebracht. Manche technische Finesse ließ er einfach nachbauen. Zur damaligen Zeit beschäftigte Haeberlein 300 bis 400 Arbeiter und Angestellte während der Hauptsaison – vor Weihnachten kamen noch ein paar Hunderte dazu – meistens Bauern aus dem Umland. Mit dem Ersten Weltkrieg kam die Krise. Es gab keine Rohstoffe und damit auch keine Lebkuchen mehr. Von 1917 an wurden die Nürnberger Lebkuchenfirmen, die immerhin 1000 Arbeiterfamilien ernährten, nicht mehr mit Mehl beliefert. Die Backöfen blieben kalt.

Als die Krise immer dramatischer wurde, befaßte sich der Kriegsausschuß der deutschen Industrie mit der Zukunft und den Aufgaben der deutschen Keksfabrikanten. Das Ergebnis der Beratungen war, daß die Lebkuchenbäcker künftig Einheitszwieback herstellen sollten, ein preisgünstiges und nahrhaftes Dauergebäck für die Soldaten an der Front und für ihre Familien zu Hause. Das war schmerzlich, aber wenigstens eine Perspektive für die bayerischen Lebkuchenfabrikanten. Doch dann kam ein schwerer Schlag: Der Ausschuß entschied sich für den deutschen Einheitskeks – und den konnten die Lebkuchenfabriken nicht herstellen, weil die richtigen Maschinen dafür fehlten. Bayern war ausgebootet, der Verband der deutschen Keksfabrikanten mit Sitz in Celle konnte triumphieren.

Voller Sorge schrieb Erdmann Staudt an die Stadt Nürnberg und pries das Einheitsplätzchen an, das – im Gegensatz zum Einheitskeks – noch für die Nürnberger Lebkuchenfabrikanten herstellbar gewesen wäre. Er bat auch um Mehllieferungen, die allerdings nur spärlich eintrafen. Die

Firma mußte zwischen 1917 und 1919 immer wieder geschlossen werden. Lebkuchen waren für den Krieg nicht wichtig und mit ihren Zutaten nicht gerade leicht herzustellen. Noch schwerer tat sich die Firma Metzger, und so beschloß man, gemeinsam eine Aktiengesellschaft zu gründen. 1921 fand die Fusion statt. Der neue Firmenname lautete: *Heinrich Haeberlein F. G. Metzger, Vereinigte Nürnberger Lebkuchen-Keks- und Schokoladenfabriken, mit dem Sitz in Nürnberg, Aktiengesellschaft.*

Die Produktionshallen der Lebkuchenfabrik
Haeberlein & Metzger in den 50er Jahren.

Trotz des Zusammenschlusses waren die nächsten Jahre für das Unternehmen hart. Weltwirtschaftskrise, Inflation und Ersatzstoffe statt der benötigten Qualitätsprodukte zwangen die Firma immer wieder zur Improvisation. Erst 1923 kamen wieder die nach altbewährten Friedensrezepten hergestellten Haeberlein-Metzger-Süßigkeiten in die Läden. Der Aufschwung stellte sich langsam wieder ein. In der Haeberleinfabrik an der Flaschenhofstraße wurden nur noch Lebkuchen produziert, die

Metzgerfabrik an der Regensburger Straße bekam einen Neubau für die Schokoladenabteilung und eine eigene Waffel- und Feingebäckabteilung. Die Haeberlein-Metzger-Werke wurden wieder zu einem der wichtigsten Arbeitgeber in Nürnberg mit mehr als 1000 Beschäftigten.

Erdmann Staudt widmete sich mit Hingabe der künstlerischen Gestaltung seiner Produkte. Er setzte Preise für das schönste Einwickelpapier von Lebkuchen aus. Auch gesellschaftlich engagierte er sich, zum Beispiel als Gründungsmitglied des Rotary-Clubs. Seine Frau wurde zur feinen Dame, die Sprachen pflegte, Spanisch lernte, und bestens Englisch, Französisch und Italienisch sprach. Die beiden verkörperten in den Jahren zwischen den Kriegen das Großbürgertum. Alte Kontakte und Geschäftsbeziehungen wurden wieder aufgefrischt, neue geknüpft – bis nach New York, wo Haeberlein-Metzger einen eigenen Laden auf der Fifth Avenue eröffnete. Das Motto lautete von da an: Exportieren, exportieren, exportieren!

Und wenn schon die alten Germanen Honigkuchen – vorzugsweise zur Wintersonnenwende – liebten, dann mußten doch auch die neuen braunen Machthaber Gefallen am Lebkuchen finden! Tatsächlich kam die Firma im Dritten Reich gut über die Runden. Reichsmarschall Hermann Göring bestellte Lebkuchen in großen Mengen, bezahlte sie aber nie. Dafür bot er der Firma ein politisches Schutzschild, so daß die Haeberlein-Metzgers leidlich die Kriegszeit überstanden, ohne daß jemand aus der Familie in die Partei hätte gehen müssen.

Das Geschäft lief wie geschmiert – diesmal auch im Krieg, denn die Soldaten bekamen die braunen Printen als Feldverpflegung ins Marschgepäck. Tag und Nacht wurde gearbeitet. Da man für einen echten Lebkuchen kein Fett braucht, gab es auch keine Versorgungsengpässe. Die Backbleche wurden bis fünf Tage vor der Kapitulation in die Öfen geschoben. Haeberlein-Metzger war der letzte Betrieb, der im zusammenbrechenden Deutschen Reich noch produzierte. Die Staudts hatten unglaubliches Glück: Der größte Teil des Unternehmens blieb von Bomben verschont, und insgesamt stand die Produktion nach der Kapitulation nur vierzehn Tage still. Gleich nach Kriegsende lief der Betrieb wieder an. In der Fabrik an der Regensburger Straße konnte man noch arbeiten, und Erdmanns Sohn Adolph Staudt war wild entschlossen, auch die andere Fabrik wieder aufzubauen. Zunächst buk man mit Kartoffelschalen und Mais. Als für die eigene Weihnachtsfeier Lebkuchen mit Erdnüssen gebacken wurden, hörte jedoch der Spaß für Adolph Staudt auf – er tobte, obwohl andere die Erdnuß-Lebkuchen gar nicht schlecht fanden.

72

Mit Beginn der „Wohlstandsjahre" nach dem Krieg, konnte auch die Familie Haeberlein ihren Betrieb wieder auslasten – allerdings mit zunehmenden Schwierigkeiten. Zuerst gab es Probleme mit den Nüssen, Gebißträger beschwerten sich über die Härte, dann kam die Schlankheitswelle und schließlich warnten die Zahnärzte vor Karies, und eine Kampagne gegen Süßes allgemein setzte dem Umsatz der Lebkuchenfabrik zu. Das Ende ist bekannt: Theo Schöller kam mit seinem unwiderstehlichen Angebot, und seitdem backen die Haeberleins ihre Lebkuchen für den Hausgebrauch selbst – die Lebkuchenlust ist ihnen nicht vergangen!

Die weltweiten „Saitensprünge"
einer Gitarrenbauer-Familie

Die Ahnengalerie Hauser aus Reisbach verrät
Virtuosität und Wagemut

NATASCHA ZÖDI

Auch ein guter Musiker schafft auf einem schlechten Instrument nur Mittelmaß. So schwören viele Virtuosen auf klangvolle Markennamen. Unter den Gitarristen ist die Hauser-Gitarre das Maß aller Dinge. Das edle Stück kommt aus einem kleinen Familienbetrieb in Reisbach in Niederbayern. Nur 15 Konzert-Gitarren pro Jahr verlassen die Werkstatt der Hausers, die das schwierige Handwerk bereits in dritter Generation ausüben, und das mit Enthusiasmus, denn schließlich zählt die Gitarre zu den beliebtesten Solo- und Ensemble-Instrumenten.

Über Jahrhunderte hinweg war sie zur Nebenrolle verdonnert, spielte ein Schattendasein neben den eleganten Cembali. Der Volksmund hatte ein paar geringschätzende Spitznamen für sie übrig: Klampfe oder auch Zupfgeige wurde die Gitarre genannt – sie war als Begleitinstrument das Aschenputtel der Musik. Erst im 19. Jahrhundert tauchten ein paar Prinzen auf, die dem Aschenputtel den richtigen Schuh verpaßten. So gelang der Klampfe mit neuen Feinheiten in der Konstruktion und mit neuen Kompositionen der fulminante Durchbruch.

Ihre Klänge verzauberten die Bewohner der Biedermeier-Wohnzimmer, die Besucher der Konzertsäle im ausgehenden 20. Jahrhundert, und sie wurde fortan respekt- und würdevoll Gitarre genannt. Ab Mitte des 19. Jahrhunderts stand das Instrument am Beginn seines musikalischen Siegeszuges in Frankreich, Spanien, Italien, Österreich und Deutschland.

Maßgebend für die Entwicklung der Gitarre waren der 1882 geborene Münchner Instrumentenbauer Hermann Hauser sowie der Gitarrenspieler, Komponist und Lehrer Heinrich Scherrer, der 1865 auf die Welt kam. Scherrer stammte aus Eckernförde an der Ostsee, studierte aber in München bei Rudolf Tehlmäz Flöte, Musiktheorie, Klavier und Musikgeschichte. Er war Flötist im Hoforchester, aber die Gitarre war eigentlich seine Leidenschaft. Er schrieb Musikstücke für Gitarre und kam darüber mit einem jungen Instrumentenbauer in Kontakt. Das war Hermann Hauser. Hauser war so angetan von Scherrers Begeisterung für das Instrument, daß er ihm dann auch eine Gitarre gebaut hat. Es war das Model *Cherva*, das heute noch im Münchner Instrumentenmuseum der ganze Stolz seines Direktors Günter Joppig ist. An diesem Stück ist deutlich die gute Zusammenarbeit der beiden zu erkennen, eine Symbiose aus Handwerk und Kunst. Nutznießer davon war kein geringerer als Andrés Segovia, der bis heute berühmteste Gitarrist dieses Jahrhunderts. Er spielte ab 1937 auf einer Hermann-Hauser-Gitarre, was weltweit eine enorme Nachfrage nach dem Instrument auslöste. Diese Entwicklung hat bis heute nicht nachgelassen.

Seit Mitte des 18. Jahrhunderts hat sich der Stammbaum der Hausers in Bayern verzweigt und ist seit Mitte des 19. Jahrhunderts mit dem Instrumentenbau verbunden. Die Familie und ihr traditionsreiches Handwerk sind heute im niederbayerischen Reisbach, Landkreis Dingolfing, anzutreffen. Im Wohnzimmer der Hausers hängt ein Bild jenes Herrn an der Wand, der richtungsweisend für Generationen wurde und die Familie täglich an ihre Tradition erinnert: Es ist Josef Hauser, der Urgroßvater des heutigen Hermann Hauser, der, gemäß der Besteigung des familiären Gitarrenthrones, Hermann Hauser der Dritte genannt wird.

Begonnen hat alles in einer Wirtsstube um 1850 in München-Bogenhausen. Das Gasthaus lag an der Salzstraße und hatte

Einer der weltbesten Gitarristen, der Spanier Andrés Segovia (1893-1987), feierte seine größten musikalischen Triumphe auf einer Hauser-Gitarre.

großen Zulauf. Es kamen auch viele Wandermusikanten vorbei, um ihren Durst zu löschen. Da konnte dann der Wirtssohn Josef Hauser nicht mehr still sitzen und wollte am liebsten mitmusizieren. Eines Tages kam ein Handwerksbursch vorbei, der im Rucksack eine Zither mit sich führte und wunderschön spielen konnte. Josef war dermaßen entzückt von dem perlenden Spiel des Burschen, daß er ihm anbot, er könne so lange bei freier Wahl bester Mahlzeiten kostenlos im Gasthaus wohnen, bis er ihm das Zitherspiel gelernt habe. So erwachte schließlich die Musikalität des Buben. Er wurde ein leidlicher Zitherspieler, und er wählte den Beruf des Instrumentenbauers. Darin brachte er es in seiner Laufbahn bis zum königlich-bayerischen und königlich-sächsischen Hoflieferanten. Es gilt als wahrscheinlich, daß der Vater der österreichischen Kaiserin Sisi, Herzog Max in Bayern, seine „Amalien-Polka" auf einer Hauser-Zither komponiert hat!

Im Alter von 50 Jahren verlor Josef Hauser durch eine Infektion seinen linken Arm. Von da an war es mit dem Instrumentenbau für ihn vorbei. Doch jetzt kam ihm zugute, daß er nicht nur handwerklich geschickt war, sondern auch ein feines Gehör für Noten hatte. Sein neuer Broterwerb wurde das Komponieren von Volksweisen für die Zither. Er gründete einen Verlag, um seine Noten zu veröffentlichen und brachte sie so unters Volk und auch an manchen Prominenten. Zum Beispiel erfreute sich Graf Zeppelin äußerst gern an seinen Weisen.

Josef Hauser war auch literarisch kreativ. Er schrieb zahlreiche Zweiakter fürs Theater, die er ebenfalls über seinen Verlag veröffentlichte. In diese Stücke baute er selbstverständlich eigene Kompositionen ein. Auf diese Weise brachte er es zu einer zweiten Karriere als Komponist und Autor, die der ersten als Kunsthandwerker in nichts nachstand. Geschick und Geschäftssinn verbanden sich bei ihm aufs trefflichste!

Auch sein Sohn Hermann mußte natürlich Gitarrenbauer werden. Als er mit der Ausbildung fertig war, ließ der Vater den Sohn nicht etwa gleich im elterlichen Betrieb arbeiten, sondern „verkaufte" ihn buchstäblich an die Konkurrenz, wo er fünf Jahre als leitender Angestellter im Instrumentenbau arbeiten mußte. Nachdem er diese Zeit hinter sich gebracht hatte, meldete Hermann Hauser sofort im Jahr 1906 sein eigenes Geschäft in München an. Dadurch erhielt Hauser der Erste die Bürgerwürde der Stadt. (Damals war es noch so, daß man erst durch die Anmeldung eines Gewerbes *Bürger* der Stadt München wurde.)

Zuerst beschäftigte er sich mit dem Reparieren von Instrumenten, vor allem auch mit historischen Exemplaren, die er restaurierte, bis er dann selbst anfing, eigene Gitarren zu bauen. Dies geschah dann schon bald unter der Beratung und Regie von Prof. Heinrich Scherrer, der zum Spiritus Rector des Hauserschen Gitarrenbaus wurde. So entstand auch das berühmte *Scherrer-Modell*. Diese Gitarre bedeutete eine Revolution im Gitarrenbau. Ein historisches Stück aus der Hand von Hauser dem Ersten hängt an der Wand des kleinen Familienmuseums in Reisbach.

Die kleine Werkstatt in der Bayerstraße in München platzte allmählich aus allen Nähten. Doch als der Instrumentenbauer Amberger in der Müllerstraße starb, konnte Hermann Hauser von der Witwe dessen Anwesen erwerben. Damit gelang es ihm auch, den Zitherbau auszuweiten und viele der alten Kunden der Ambergers zu übernehmen. Vorherrschend blieb allerdings das Gitarrengeschäft. Maßgebend für diese Entwicklung war die „Gitarristische Vereinigung" in München, die ihre Fühler in die ganze Welt ausgestreckt hatte. Vor allem die Scherrer-Gitarre war sehr gefragt. München entwickelte sich zum Zentrum für klassische Gitarre, woran natürlich der große Andrés Segovia einen maßgeblichen Anteil hatte.

1929 war das erste Instrument für Segovia fertig geworden, der fortan die Gitarrenbauerfamilie Hauser bis zum Ende seines Lebens zu seinem „Hoflieferanten" erklärt hatte. Segovia war es auch, der dem Instrument zur weltweiten Geltung als Solo-Instrument verhalf. Er wird noch heute als virtuosester Interpret gewertet, als der Vater der klassischen emanzipierten Gitarre. So hieß es zum Beispiel in einer Konzertkritik der „Süddeutschen Zeitung" vom 9. November 1960: *Segovia, der spanische Meister, spielt übrigens ein prachtvolles Instrument aus der Werkstatt von Hermann Hauser in Reisbach im niederbayerischen Kreis Dingolfing. Wie immer staunt man über den Reichtum an Klangfarben, deren die Gitarre in der Hand dieses Künstlers mächtig ist. Aber mehr als all dies ist es eine besondere Art musikalischer Poesie, welche das eigentliche Erlebnis eines „Segovia-Konzerts" ausmacht.*

Nur wenigen Instrumentenbauern wird das Kompliment zuteil, in Konzertkritiken erwähnt zu werden! Damit blieben die Hausers Mitglieder eines exklusiven Kreises. Aber schon die Bekanntschaft mit dem Weltstar Segovia war ja eine Auszeichnung.

Das Geschäft in der Müllerstraße 8 ging bis zum Zweiten Weltkrieg gut. Man hatte die Kundenkartei mit Adressen aus der ganzen Welt erweitern können. Doch durch die Kriegswirren wurde die Gitarrenbauerfamilie vom Weltmarkt abgeschnitten. Die Hausers mußten sich auf Reparaturen von Instrumenten beschränken, und schließlich wurde ihr Haus in München auch noch von Bomben schwer beschädigt.

Hermann Hauser der Zweite mußte seiner Familie jetzt erst einmal wieder ein richtiges Dach über dem Kopf besorgen. Zudem gingen die Geschäfte weiter schlecht, und ihn plagte auch noch ein fürchterliches Asthma. Die Krankheit führte er auf die schlechte Stadtluft zurück, so daß er sich entschloß, das Domizil in der Stadt mit einem Anwesen auf dem Land zu vertauschen. Diese Entscheidung wurde maßgeblich durch seinen alten Zitherfreund Anderl Glas, Chef der damaligen Autofirma

Glas („Goggomobil"), beeinflußt. Ihm schilderte er seine mißliche Lage, worauf der Glas Anderl ihm spontan von einer Familie in Niederbayern erzählte, die unbedingt nach München in die Stadt ziehen wolle. Der Kontakt war rasch hergestellt, und so kam es 1946 zu einem Haustausch. Allerdings war die erste Zeit auf dem Land für die Hausers nicht besonders rosig. Die Kunden suchten Hermann Hauser natürlich immer noch in München. Durch Zufall kamen amerikanische Besatzungsoffiziere auf die neue Adresse der Hausers, schickten Kunden hin und wurden sogar selbst zu Abnehmern. Sie bestellten für Freunde und Verwandte in den USA Gitarren. So kam das Geschäft der Hausers langsam wieder in Schwung.

Heute gilt der 1958 geborene Hermann Hauser der Dritte als ein Meister seines Handwerks. Auch er ist schon als kleiner Bub der Faszination des Instrumentenbaus verfallen. Allerdings mußte er das Handwerk erst

Jedes Detail an einer Gitarre muß exakt gearbeitet sein:
Hermann Hauser der Dritte prüft genau nach,
ob alles an dem teuren Stück im Lot ist.

in mühsamen Lehrjahren erlernen. In den Schoß ist ihm nichts gefallen. Oft war der Vater mit seiner Arbeit unzufrieden, und dann durfte er von vorne anfangen. Gleichwohl brachte er es auf der Geigenbauerschule in Mittenwald zum Innung-, Landes- und Bundessieger! Das hat den Vater dann wieder versöhnt.

Wie seine Vorfahren legt Hermann Hauser der Dritte beim Bau einer klassischen Gitarre größten Wert auf gutes Holz und eine ganz bestimmte Trocknungsart. Diese beiden Faktoren bestimmen die Eigenfrequenz und die Tonlänge. Das Holz sollte mindestens 15 Jahre als Tonholz natürlich getrocknet sein, weil nur der natürliche Zellverfall dafür sorgt, daß das Holz kein Wasser mehr speichern kann, was den Klang verändern würde. In einzelnen Fällen ist das Holz bis zu 100 Jahre natürlich abgelagert worden. Diese 100 Jahre alten Hölzer haben den Zweiten Weltkrieg sowie den Umzug der Hausers von München nach Reisbach wohlbehalten überstanden und sind stille Zeugen von drei Generationen Hauser-Gitarrenbau geworden. Die Holzarten stammen vorwiegend aus dem Tegernseer Raum, dem Bayerischen Wald und den Dolomiten. Am Aufbau der Jahresringe kann man nachvollziehen, wo welches Holz gewachsen ist. Wichtig und entscheidend für die Verwendung eines Stück Holzes ist die Art des Klanges, den man damit erzielen will. Zeit ist generell ein wichtiger Faktor im Instrumentenbau. Der Bau einer klassischen Konzertgitarre dauert mindestens ein Jahr. Mit ihren drei Angestellten können in der Hauserschen Werkstatt höchstens 15 bis 21 Konzertgitarren pro Jahr angefertigt werden. Die Lieferzeit für ein so edles Stück beträgt bis zu fünf Jahre!

Bau und Geschichte der klassischen Konzertgitarre aus Reisbach in Niederbayern haben vor allem in den Vereinigten Staaten einen breiten Interessentenkreis gefunden. Hermann Hauser der Dritte wurde im Oktober 1997 von der Gitarristischen Vereinigung Amerikas eingeladen, um über die „Hauser-Dynastie" zu berichten. Unter der Sonne Kaliforniens weihte er in San Diego von der Kanzel der St.-Josephs-Kirche herab über 500 Leute in die Geheimnisse des Gitarrenbaus ein. Aber Hermann Hauser ist nicht nur Ratgeber für andere, er sucht auch nach wie vor den Rat von Experten. Wie einst Andrés Segovia so ist heute Pepe Romero der prominente Gitarrist, der die Laufbahn von Hermann Hauser den Dritten begleitet. Der Spanier ist oft zu Gast in Reisbach und diskutiert mit seinem Gitarrenbauer über Feinheiten in der Gitarrenkonstruktion und natürlich über die Welt des Gitarrenspiels an sich. Pepe Romero ist der älteste Sohn der in aller Welt gefeierten Gitarristenfamilie „Los Romeros." Schon sein Vater war Kunde bei den Hausers Eins und Zwei.

Pepe Romero ist – wie Hermann Hauser – mit der Gitarre aufgewachsen. Mit sieben Jahren gab er bereits sein erstes Konzert, mit zwölf war er Gitarrenlehrer und mit fünfzehn nahm er seine erste Platte auf. Er entlockt der Gitarre die klassischen spanischen Klänge und gilt als Wunderkind des Flamenco.

Eine weitere, prominente Spielerin der Hauser-Gitarre ist Caterina Valente, von der im Hauserschen-Familienmuseum eine Großaufnahme hängt. Hermann Hauser der Dritte war drei Jahre alt, als Caterina Valente 1960 in die Kundenkartei aufgenommen wurde. Kurz vor ihrem 50jährigen Bühnenjubiläum hatte sie ihre Hauser-Gitarre zum Lackieren gebracht. Mit dem restaurierten Instrument trat sie dann auch bei einer Festgala im Fernsehen auf. Die wenigsten wissen, wie gut Caterina Valente Gitarre spielen kann, meint Hermann Hauser.

Seit Anfang September 1998 gilt übrigens eine Hauser-Gitarre mit mittlerweile historischem Wert als verschollen. Es handelt sich um eine Gitarre aus dem Jahr 1931, die von dem berühmten Andrés Segovia gespielt wurde und heute auf etwa 90 000 Dollar geschätzt wird. Das Instrument hatte seinen Platz in einer Vitrine im Haus des Sammlers Louis Benny gefunden. Zu den Bewunderern dieser Hauser-Gitarre gehörte auch ein Freund Bennys, der ihn nach jahrelangem Verhandeln endlich zum Verkauf des Stückes überreden konnte. Der Handel war bereits perfekt, als dem Gitarrenverehrer kurz nach der Übergabe das Auto mitsamt der kostbaren Gitarre vor dem Haus von Louis Benny gestohlen wurde. Irgendwo auf der Welt gibt es seither eine als „vermißt" gemeldete Hauser-Gitarre!

Der Primus, der nie ein Streber war

*Nicht nur Roman Herzog hat in Landshut
seine Spuren hinterlassen*

CHRISTOPH THOMA

Nicht erst seit Roman Herzog deutscher Bundespräsident ist, zählt die Familie Herzog zu den bekannten und angesehenen Familien in Bayern. Sein Vater Theodor, Museumsleiter und Stadtarchivar, hat wichtige Mosaiksteine für die niederbayerische Geschichtsschreibung geliefert. Bruder Theo genießt als Atomphysiker Achtung und Ansehen. Roman Herzog selbst hat als Bundespräsident dem Amt neuen Glanz und sich selbst großen Respekt verschafft.

Am 23. Mai 1994 wählte die Bundesversammlung im Berliner Reichstag den neuen Bundespräsidenten. Der Unionskandidat Roman Herzog setzte sich schließlich im dritten Wahlgang mit 696 zu 605 Stimmen gegen Johannes Rau von der SPD durch. Seine Vereidigung wurde in der niederbayerischen Bezirkshauptstadt Landshut mit besonders großer Aufmerksamkeit verfolgt: Zum ersten Mal in der Geschichte Deutschlands war ein Bayer zum höchsten Staatsamt gelangt, ein Landshuter noch dazu! In seiner Antrittsrede nahm Roman Herzog, der zuletzt Präsident des Bundesverfassungsgerichts war, zu Begriffen wie Nationalstolz und Vaterland Stellung. Er zitierte Tucholsky, der 1929 geschrieben hat: *In allen Gegensätzen steht – unerschütterlich, ohne Fahne, ohne Leierkasten, ohne Sentimentalität und ohne gezücktes Schwert – die stille Liebe zu unserer Heimat.*

Roman Herzogs Heimat ist die Regensburger Straße 26 in Landshut, die Wohnung von Vater Karl-Theodor Herzog und seiner Frau Helene, geborene Schulze. Hier kam er am 5. April 1934 zur Welt. Auch Christiane Herzog, die heutige First-Lady der Bundesrepublik, wurde in Landshut geboren, als Tochter des evangelischen Stadtdekans Paul Krauß. Roman Herzog, den jungen Studenten, lernte sie auf dem „Altstadtbummel" kennen.

Wie viele Zeitgenossen seiner Generation mußte Roman Herzog Kriegsende, Zusammenbruch und Wiederaufbau miterleben. Er war gerade vier Jahre alt, als Hitlers Wehrmacht in Österreich einmarschierte.

Der von Nazideutschland entfesselte Zweite Weltkrieg tobte noch immer, als Roman Herzog von der Volksschule auf das Humanistische Gymnasium wechselte, die Schule eines Ludwig Thoma, eines Wilhelm Dieß, eines Hans Carossa. Nach 1945 mußte der hochbegabte Einserschüler nicht nur seinen Klassenkameraden Nachhilfe geben, sondern auch dem eigenen Vater: Theo Herzog, der bisherige Buchhalter in der Schnupftabakfabrik Weiß, wurde 1946 zum ersten hauptamtlichen Museumsleiter Landshuts bestellt und bewarb sich auch als Stadtarchivar. Für diese Stelle war jedoch das kleine Latinum vorgeschrieben. „Hauslehrer" Roman, gerade 13 geworden, verdiente sich so – mit großem Ernst – seine erste Armbanduhr!

Theo Herzogs *Landshuter Urkundenbuch* oder die *Stadtchronik* sind heute noch viel zitierte Standardwerte. Als Theo Herzog 1980 im Alter von 75 Jahren stirbt, ist sein Nachfolger als Museumsleiter, Georg Spitzlberger, längst im Amt. Spitzlberger bescheinigt Theo Herzog eine ausgesprochene Liebe zu seiner Stadt und zur historischen Wissenschaft: *Er hat zum Beispiel als Erster die Untersuchungen über den Untergrund der Martinskirche dokumentiert. Leider hat er es nicht mehr erlebt, daß dann da auch einmal gegraben wurde und seine Ansichten bestätigt worden sind.*

Der Bruder Roman Herzogs, der 1939 geborene Physiker Dr. Theo Herzog, vor seiner Pensionierung Strahlenschutzexperte am Kernkraft-

Familienfoto von 1943: Helene und Theo Herzog mit ihren Söhnen Theo jun. (l) und Roman Herzog.

werk „Isar 1", erinnert sich noch gut daran, wie der Vater nächtelang am Schreibtisch saß, um beispielsweise das 430-Seiten-Werk *Landshut im 19. Jahrhundert* abzuschließen. *Wer sich etwa in der Zeit um 1800 der Stadt Landshut nähert,* so heißt es dort, *der würde feststellen, daß ihre Konturen damals noch die ganz gleichen waren, wie sie uns von den Stichen des 16. – 18. Jahrhunderts her bekannt sind. Über das Häusermeer mit seinen überwiegend spätgotischen Giebeln erhoben sich neben der Burg Trausnitz nur die Kirchtürme. Noch standen auch jene Kirchen, die der Säkularisation zum Opfer fallen sollten.* – Die liebevolle Beschreibung läßt erahnen, daß der spätberufene Archivar ganz in seinem neuen Amt aufging. Er hatte eben das Glück, im Unglück der Nachkriegszeit sein Hobby, seine Freude an der Historie und Kunstgeschichte, zu seinem Beruf machen zu können.

Auch Roman Herzog bewundert an seinem Vater den enormen Hunger nach Bildung und die ausgeprägte Zielstrebigkeit: *Mein Vater hat sich natürlich nie vorgestellt, daß ich mal Bundespräsident oder Präsident des Bundesverfassungsgerichts werden würde, aber er ist selber der klassische Fall eines sozialen Aufsteigers gewesen mit der nötigen Leistungsbereitschaft. Das habe ich unmittelbar miterlebt – er ist ja erst nach dem Zweiten Weltkrieg, also zu einer Zeit, als ich schon zwölf, vierzehn Jahre alt war, in die Historie eingestiegen. Er hat seine Archivausbildung gemacht, enorme wissenschaftliche Leistungen erbracht, und das hat mich eigentlich am meisten geprägt, abgesehen davon, daß ich viel mit ihm historisch zusammen gearbeitet habe. Das war eigentlich das Entscheidende, nicht daß er mir gesagt hätte, ich müßte etwas Besonderes leisten, um aufzusteigen. Das kam ganz von selbst, aus der Freude daran, wirklich hart zu arbeiten und dann auch zu einem Ziel zu kommen – das habe ich von ihm gelernt.*

Dazu gehört auch das wenig Anpasserische, das Roman Herzog befähigt hat, dem Amt des Bundespräsidenten das Profil zu bewahren, das ihm sein Vorgänger, Richard von Weizsäcker, gegeben hat. Roman Herzog, der Kässpätzle und Sauerkrautsalat zu seinen Leibgerichten zählt, der ein Glas Wein nicht verachtet und gerne ein Zigarillo raucht, wenn er über einer schwierigen Rede brütet, redet niemandem nach dem Mund und bezieht mit Ecken und Kanten politische Positionen. Schon sein Vater hat gelegentlich nach dem Motto gehandelt: *Was ist ein Schienbein! Ein Schienbein ist ein Gegenstand, gegen den ich unbedingt treten muß!*

Das Elternhaus prägt Roman und Theo Herzog nachhaltig. Dort bekommen sie früh Kontakt zu archivalischen Kostbarkeiten, wertvol-

Bundespräsident Roman Herzog

len, in Schweinsleder gebundenen Büchern und zur Musik. In dieser musischen Atmosphäre kamen freilich Zucht und Ordnung nicht zu kurz. Beide Söhne wußten, wo sie zu Hause sind, aber auch wann sie zu Hause zu sein hatten, wie Theo Herzog jun. scherzhaft bemerkt. Diese strenge Erziehung ließ gleichwohl Spielraum für eine vielfältige Entwicklung der beiden Buben, die völlig verschiedene Typen sind. Intellektuelle sind sie beide, aber die Schwerpunkte liegen anders. Während in Theo mehr das Musische reift, wendet sich Roman den Verstandesdingen zu. Er, der ältere von beiden, wird zum Vorbild, was für Theo nicht immer leicht zu ertragen war: *Manchmal waren meine Noten nicht so gut wie die meines Bruders, da hat es schon ab und zu geheißen, ich soll mir halt mal ein Beispiel an ihm nehmen. Da lag die Meßlatte, die er vorgegeben hat, manchmal ganz schön hoch.* Dabei ist dem Einser-Juristen, Hochschullehrer, Innen- und Kultusminister von Baden-Württemberg, in der Schule der Stoff nur so zugeflogen. Er hat's einfach gleich kapiert, was die Lehrer erklärt haben.

Nur in einer Disziplin zeigte Roman Herzog wenig Eifer: im Sport. Sportsgeist im Sinne von Fairneß und Ehrlichkeit pflegt der heutige Bundespräsident indes schon: *Sie können von mir erwarten, daß ich die ungeschminkte Wahrheit sage. Wahrheit und Offenheit praktizieren, das werde ich beibehalten. Sie können sagen, das ist meine Masche, aber ich werde sie praktizieren. Darauf können Sie sich verlassen, und wenn dann am Ende einer sagt, das ist ein typisch, niederbayerischer Schädel, dann werde ich das mit der gebührenden Bescheidenheit zu verkraften wissen,* sagt er mit fast trotziger Miene.

Diese Wahrhaftigkeit ist im politischen Alltag nicht immer leicht durchzuhalten. Aber Roman Herzog hat sein altes Rezept auch als Bundespräsident beibehalten: *Ich kann erstens hart arbeiten; ich kann mich auch schnell entscheiden; ich überlege, wenn ich eine Entscheidung treffe: „Kannst du sie durchhalten?" Wenn ich sie nicht durchhalten kann, treffe ich sie gleich gar nicht. Wenn ich sie aber getroffen habe, dann bleibe ich dabei, und es erspart einem, wenn man gute Nerven hat, sehr viel Arbeit und im übrigen auch sehr viel Ärger.* Das kommt auch dem Privatleben zugute, das sich Roman Herzog, trotz aller Verpflichtungen, nicht nehmen läßt und dann auch entspannt genießt. Mehrmals im Jahr hat er dann mit seinem Bruder ein gemeinsames Ziel: die Berge, die Seen, Fiaker, „Jedermann", Mozart und Nockerl zum Kaffee in Salzburg. Die Stadt ist eine Liebe von beiden, die sie von den Eltern geerbt haben. Aber das Herz gehört natürlich der Heimatstadt Landshut! Zuletzt bei den „Hofmusiktagen" –, da setzte sich der Bundespräsident unangemeldet spät abends einfach an den Tisch einer Weinstube, mitten unter seine Landshuter. Und er ließ die Honoratioren vergebens auf sein gepanzertes Auto warten, spazierte lieber gut gelaunt zu Fuß zum Rathaus.

Als Roman Herzog seiner Heimatstadt 1994 den offiziellen Antrittsbesuch als Bundespräsident machte, schrieb er ins Goldene Buch: *Zuhause in Landshut. Ich bin unendlich froh und dankbar!* – Draußen vor dem Rathaus warteten Tausende von Bürgerinnen und Bürgern auf den ersten Mann des Staates. Verlegen, erkennbar gerührt, nahm er den Applaus entgegen. Landshut – so schien es bei seiner Rede – ist nach 500 Jahren erneut Herzogstadt!

Mit Babynahrung groß geworden

Die Pfaffenhofener Unternehmerfamilie Hipp schaffte es,
ein Weltunternehmen als Familienbetrieb zu erhalten

WERNER BADER

Mitte des vergangenen Jahrhunderts spielte sich in Pfaffenhofen an der Ilm ein kleines Drama ab: Die Gemahlin des Wachsziehers und Lebzelters Josef Hipp gebar Zwillinge, konnte sie aber nicht stillen. Da Josef Hipp als zweites von elf Kindern mit ansehen hatte müssen, daß alle nachgeborenen neun Geschwister noch im Kleinkindalter starben, weil sie nicht ausreichend ernährt werden konnten, geriet er in Panik. Schließlich besann er sich auf das, was ihm vertraut war: Er buk Lebzelten – freilich ohne Zucker, den durfte nur der Zuckerbäcker verwenden, sondern mit Honig –, trocknete, bähte und zerschlug sie auf einem Stein. Die Brösel strich er durch ein Sieb. Mit Wasser angefeuchtet, gab er dieses Mehl den Säuglingen, und sie entwickelten sich prächtig. Die sechs Kinder, die den Erstgeborenen folgten, ernährten die Hipps auf dieselbe Weise. Alle wurden mit dem Zwiebackmehl kräftig und stramm.

In Pfaffenhofen sprach es sich rasch herum, daß bei der Familie Hipp Kindernahrung zu bekommen sei, die Wunderdinge bewirke. Josef Hipp mußte immer häufiger Lebzelten backen und zerstoßen, um die Nachfrage nach Zwiebackmehl befriedigen zu können. Auf diese Weise ist das heutige *Baby-Hipp* entstanden und der Grundstein für das heutige Baby- und Kindernahrungs-Imperium gelegt worden – was Urvater Hipp damals freilich noch nicht ahnen konnte.

Wenn die Bänder der Produktionshalle des Werkes in der Münchner Straße in Pfaffenhofen heutzutage auf Hochtouren laufen, dann schieben sich Tag für Tag, aufgereiht wie Soldaten in einer Kolonne, 1,5 Millionen Gläschen über die Förderbänder. Binnen weniger Stunden entstehen aus Lastwagenladungen voll Obst und Gemüse fertige Kindermenüs im Glas, die schon am nächsten Tag in den Regalen der Verbrauchermärkte stehen. Trotz dieses sagenhaften Ausstoßes ist der Branchenriese in Sachen Babynahrung mit einem Jahresumsatz von 330 Millionen Mark ein Familienunternehmen geblieben. Wenn Firmeninhaber Claus Hipp den

Besucher durch die weiten Produktionshallen führt, dann ist es, als ob ein Lehrer durch die Schulklassen geht – er kennt fast jeden der 700 Mitarbeiter persönlich. Immer wieder nimmt er sich Zeit für ein kurzes Gespräch und man merkt: Hier geht nicht nur ein Chef durch sein Unternehmen, sondern eine Persönlichkeit, die auch als Mensch Vertrauen und Autorität ausstrahlt.

Diese persönliche Note fällt auch in den Betriebsräumen auf: Überall an den Wänden hängen Kruzifixe und Ölbilder, die der Vater und der Großvater gemalt haben. Die Familie war und ist nicht nur sehr religiös, sondern auch kunstsinnig, die Pflege der Tradition versteht sich von selbst. Noch heute steht im Firmengebäude an gut sichtbarer Stelle der Reibstein, mit dem Urvater Hipp seine Lebzelten zerrieb. Die Wurzeln des Betriebes hat und will man nicht vergessen.

Nach dem Tod des Josef Hipp im Jahr 1926 übernahm der damals erst 21jährige Georg Hipp die Leitung des väterlichen Betriebes – zu jener Zeit noch im Haus am Hauptplatz in Pfaffenhofen, das von einer großen Marienstatue über dem Eingang geziert wird und heute eine Konditorei, ein Café und eine Wachszieherei beherbergt, die vom Vetter Hans des Claus Hipp betrieben werden.

Mit Georg Hipp begann die industrielle Produktion des Zwiebackmehls. Er baute zwei – für damalige Verhältnisse hochmoderne – Backöfen ein und konnte damit die Jahresproduktion auf 200 000 Pakete steigern. Erfindergeist und unternehmerische Zähigkeit führten dann zur Gründung des heutigen Hipp-Werkes, dessen eigentliche Geburtsstunde der 1. Juli 1932 ist. Vorausschauend und zur Überraschung seiner Eltern, verzich-

Mit dieser Reklametafel warb das Café Hipp in Pfaffenhofen um Kundschaft.

tete Georg Hipp auf seinen Erbteil an dem Konditoreibetrieb am Hauptplatz und erhielt im Gegenzug das alleinige Recht zur Produktion des Zwiebackmehls. Er hatte Großes vor. Dabei ging es ihm nicht allein um die Steigerung der Herstellungszahlen – er wollte Menschen Arbeit und

Brot geben. *Unter hundert Mitarbeitern höre ich nicht auf*, soll er mehrmals gesagt haben.

Wenn Hans Hipp heute über seinen Onkel, den Firmengründer Georg Hipp spricht, dann ist seinen Worten viel Respekt vor einer starken Unternehmerpersönlichkeit anzumerken. Ohne diese Persönlichkeit, so könnte man vermuten, wäre es wohl nie zum Durchbruch des einst winzigen Familienunternehmens gekommen. So machte sich Georg Hipp schon Gedanken über die Werbung, die damals – wie sein Unternehmen – noch in den Kinderschuhen steckte. Die ersten Versuche erscheinen zwar aus heutiger Sicht ein bißchen zaghaft. Das einprägsame Kindergesicht mit den ausgestreckten Armen wurde dann aber für Jahrzehnte das Markenzeichen des Baby-Nahrungsherstellers.

Die ersten Jahre des Unternehmens an der Münchner Straße gestalteten sich freilich schwierig, nicht zuletzt wegen der politischen Verhältnisse. Bei den Hipps hält man mehr von der christlichen Lehre, als von der Propaganda der Nationalsozialisten. Man geht offen auf Distanz und fällt bei den neuen Machthabern in Ungnade. In der Pfaffenhofener Zeitung läßt die NSDAP im Jahr 1933 mitteilen, daß allen Parteigenossen der Besuch des Café Hipp verboten sei. Georg Hipp wird offen angefeindet und verlegt deshalb die Verwaltung des Werkes nach München. Dort wird bei einem Luftangriff 1943 das gesamte Firmengebäude zerstört. Man zieht wieder nach Pfaffenhofen um. Nach Kriegsende liegt die Produktion darnieder, und Georg Hipp beginnt mit der Produktion von Buttermilch-Grieß als Babynahrung. Doch die Zeiten werden immer schwieriger. Fast scheint es, als sollte Hipp die schwere Wirtschaftskrise in der Nachkriegszeit nicht überleben.

Im November 1949 notierte Georg Hipp in sein Tagebuch: *Heute, am 23ten Todestag meines seligen Vaters bin ich in Gedanken fest damit beschäftigt, einem Teil meiner Männer im Betrieb zu kündigen. Aufgrund der sehr schlechten Geschäftslage hätte ich das schon vor Monaten tun müssen. Stattdessen habe ich mit fremden Geldern gebaut, um meine Leute zu beschäftigen. Inzwischen steigen unsere Schulden immer weiter, und ich kann es im Interesse des Gesamtunternehmens nicht verantworten, tatenlos zuzusehen. Ich bin gezwungen, unter allen Umständen den Betrieb kleiner zu machen, in der Hoffnung, den Großteil der Leute, dem ich nun kündigen muß, wieder zu beschäftigen.*

Wenige Tage, nachdem Georg Hipp diese Sätze geschrieben hatte, kam für das Unternehmen völlig überraschend die Wende. Hipp erhielt von der amerikanischen Militärregierung den Auftrag, Milchpulver, Kakao und Zucker für die Schulspeisung zu mischen. Das Auftragsvolumen von 190 Tonnen sicherte die Weiterbeschäftigung der Belegschaft. Mit dem allmählich einsetzenden Wirtschaftswunder in den 50er Jahren begann der steile Aufstieg des Hipp-Werkes. Den endgültigen Durchbruch auf dem Weg zum Unternehmen von europäischem Rang leitete Georg Hipp Mitte der 50er Jahre ein, als er beschloß, Konserven aller Art für Säuglinge herzustellen. In der Waschküche seines Wohnhauses auf dem Werksgelände begann die Herstellung von Baby-Fertignahrung in Dosen. Bereits 1958 brachten es die 30 Beschäftigten in der Produktion von Obst- und Gemüsekonserven auf eine Tagesleistung von 56 000 Dosen. Parallel dazu startete Georg Hipp in der Schweiz die Herstellung von Bircher-Müsli mit Rohstoffen aus rein organisch-biologischem Anbau. Zu dieser Zeit war das ein bemerkenswerter Schritt. Aber auch hier sollte sich herausstellen, daß Georg Hipp in seiner Planung um Jahrzehnte vorausdenken konnte. Zwar wurden die Hipps wegen ihrer Orientierung auf Bio-Produkte stark angefeindet, sie rechtfertigten diese Einstellung indessen mit dem Hinweis, daß für die Produktion von Baby- und Kindernahrung nur völlig rückstandsfreies Obst und Gemüse in Frage kommen. Heute hat sich diese Idee beinahe weltweit durchgesetzt. Claus Hipp, der schon als Jura-Student in der Firma mitarbeitete und auf dem Bauernhof der Familie für die Einführung des biologischen Anbaus verantwortlich war, mußte damals hart durchgreifen und dem Verwalter kündigen, als dieser sich weigerte, den Anbau umzustellen.

Als Vater Georg Hipp im Dezember 1967 völlig überraschend im Alter von 62 Jahren starb, übernahmen Claus und seine Brüder Georg und Paulus die Leitung der Firma. Sie errichteten neue Werke in Österreich und Ungarn. Die Zahl der Mitarbeiter in Pfaffenhofen stieg zwischenzeitlich auf gut 1200. Den ökologischen Grundsätzen des Vaters blieben die Hipps bis auf den heutigen Tag treu, nicht nur bei den Rohstoffen, sondern auch in der Produktion. So ist es ihnen gelungen, bei der Herstellung ihrer Produkte bis zu 40 Prozent Wasser zu sparen. Auch beim Energieverbrauch, bei der Verpackung und beim Einsatz von Hilfsstoffen sind die Zahlen stark rückläufig. Diese Einstellung setzte sich auch bei den Mitarbeitern durch, von denen nicht selten Vorschläge für sparsameren Einsatz von Ressourcen kommen.

Die hohen Ökostandards in der Produktion können sich sehen lassen. Im Pfaffenhofener Werk der Hipp KG werden 96 Prozent der im Produktionsprozeß entstehenden Abfälle wiederverwertet. Seit 1992 senkte Hipp die Restmüllmenge um knapp 45 Prozent. Wegen dieses Engagements wurde die Firma Hipp bereits 1995 nach der EG-Öko-Audit-Verordnung zertifiziert. Gesellschafter Claus Hipp wurde mit der bayeri-

*Firmenchef Claus Hipp (r.) und Cousin Hans vor
dem Reibstein, mit dem Firmengründer Josef Hipp
Mitte des vergangenen Jahrhunderts Lebkuchen zermahlte,
um seine Kinder ernähren zu können.*

schen Umweltmedaille ausgezeichnet und 1997 zum „Ökomanager des
Jahres" ernannt. Letztendlich tragen diese Auszeichnungen und das
Engagement für die Umwelt zur Aufwertung und Glaubwürdigkeit der
Produkte bei. *Wie kaum in einem anderen Bereich sind die Verbraucher
bei Babynahrung besonders sensibel, und glaubhafte Anstrengungen
werden honoriert,* meint Claus Hipp. In den Fernsehwerbespots verbürgt
er sich sogar persönlich für seine Produkte. Mindestens genausoviel
Geld wie für Werbung gibt man bei Hipp für Qualtätssicherung aus.
Rund 10 Prozent der Mitarbeiter sind ausschließlich damit beschäftigt.
Ein Glas Babynahrung durchläuft – bis es verkauft wird – 265 verschiedene Kontrollen. Das hat freilich seinen Preis. Die jungen Mütter müssen etwa 10 Prozent mehr als bei der Konkurrenz für Bio-Baby-Nahrung
aus Pfaffenhofen ausgeben. Ein Preis, den nicht jeder zahlen will und
kann. Hipp bekam das zuletzt 1993 zu spüren. Ein bekannter Drogerie-
Discounter verweigerte eine Preiserhöhung und nahm prompt die Hipp-
Gläschen aus dem Sortiment. Die Folge: Der Marktanteil von Hipp sank
vorübergehend von 50 auf 42 Prozent. Hipp mußte Kurzarbeit einführen.
Doch das Unternehmen hielt an seinem teuren Qualitätsstandard fest.
Als man sich mit dem Drogerie-Discounter 1995 dann doch auf eine

90

Preiserhöhung einigte, kletterte der Marktanteil schnell wieder auf knapp über 50 Prozent. Die Belegschaft, die in dieser Phase von über 1000 auf 750 abgebaut wurde, hat sich auf diesem Niveau stabilisiert.

Was nun die Mitarbeiter betrifft, so scheint für viele zu gelten: Einmal bei Hipp, immer bei Hipp! Nicht wenige sind es, deren Vater oder Großvater schon hier sein Geld verdiente, was dem Begriff „Familienbetrieb" eine zusätzliche Dimension verleiht. Beim wichtigsten Arbeitgeber in der Kreisstadt Pfaffenhofen zeigen sich die Mitarbeiter mit den Produktionsbedingungen und dem Betriebsklima zufrieden, obwohl mittlerweile bei Hipp sogar die Samstagsarbeit eingeführt wurde. Die Produktion ist voll ausgelastet. Allzuviele Steigerungsmöglichkeiten gibt es für den Hersteller von Babynahrung allerdings nicht. Dazu fehlt es hierzulande schlichtweg an Nachwuchs, der die leckeren Gläschen essen soll. Claus Hipp denkt jetzt daran, die bisher magere Exportquote von 5 Prozent im Ausland zu steigern. Ansonsten setzt er auf eine behutsame Erweiterung des Sortiments.

So, wie es aussieht, wird die Firma auch in Zukunft von Mitgliedern der Familie gelenkt werden. Einen seiner Söhne hat Claus Hipp bereits zum Kommanditisten gemacht. Er kümmert sich um den Bereich „Bio-Rohstoffe", der andere Sohn studiert noch. Auch die drei Töchter seien im Betrieb willkommen, meint Claus Hipp, den man sich schwer im Ruhestand vorstellen kann. Durch seine Wahl zum Vorsitzenden der Industrie- und Handelskammer für München und Oberbayern hat er überdies eine neue Aufgabe bekommen. Aber dennoch will er sich allmählich etwas zurücknehmen. Vielleicht wird er eines Tages noch mehr malen als bisher oder sich verstärkt als Oboist im Münchner Beamten-Orchester engagieren. Eines ist vom überzeugten Mittelständler Claus Hipp mit Sicherheit nicht zu erwarten: Ein Abrücken vom zuletzt viel geschmähten Standort Deutschland wird es bei ihm nicht geben.

Burgvogt und Bildhauer, Mesner und Maler

Die Pfrontner Künstlerfamilien Hitzelberger und Stapf

ANDREA ZINNECKER

Fast unscheinbar schmiegt sich die kleine Wallfahrtskirche Maria Rain in die gefällige Landschaft des Wertachtals bei Nesselwang im Ostallgäu. An einer Ulme soll hier einst ein Ritter ein wundertätiges Marienbild angenagelt haben, um ein Gelübde zu erfüllen.

Weder das breite Satteldach noch der behäbige niedrige Turm lassen ahnen, welche kunsthistorischen Kostbarkeiten das Gotteshaus in seinem Inneren verbirgt. Das fensterlose Mittelschiff schmücken prächtige Altäre. Der figurenreiche Hochaltar mit seinem Maßwerk-Baldachin ist ein gelungenes Konglomerat dreier verschiedener Stilepochen und gipfelt im vergoldeten Rocailledekor, wie auch die Kanzel, deren vergoldete Schnitzreliefs die Gleichnisse Jesu zeigen. Getragen wird die Kanzel vom „schönsten Engel des Allgäus" – einer lichterfüllten Rokoko-Schöpfung par excellence. Und neben vielen anderen Künstlernamen taucht vor allem einer immer wieder auf: Josef Stapf aus Pfronten.

Nur wenige Kilometer von Maria Rain entfernt thront die Pfarrkirche Sankt Nikolaus hoch über den 13 Ortsteilen der weitverstreuten Gemeinde Pfronten. Der schlanke gelbe Turm ist das Pfrontner Wahrzeichen schlechthin und eines der meistfotografierten Allgäuer Motive. Vor allem wegen seiner eleganten und eigenwilligen Haube, die dem umgedrehten Kelch einer Enzianblüte gleicht. Im Kircheninneren herrscht kühler Klassizismus vor. Einen Hauch von beschwingtem Rokoko vermitteln allerdings die weißgoldgefaßten Altarfiguren von Johann Sigmund Hitzelberger. Ein Meisterwerk der sogenannten *Pfrontner Schule!* Sie ist Synonym für pathetischen Spätbarock und temperamentvolles Rokoko, für kunstvoll marmorierte Altäre und anmutig geschwungene Figuren, untrennbar verbunden mit Namen wie Heel und Geisenhof, Babel und Keller, Eheim und Erd, Hitzelberger und Stapf. Sie alle waren Bildhauer und Baumeister, Stukkateure, Tafelmaler und Vergolder. Die Wurzeln der Pfrontner Schule liegen im Augsburger Barock. Doch wie kam es, daß sich in diesem kleinen Bauerndorf abseits der großen Welt, ehemals eine Urpfarrei im Herzogtum Schwaben, eine derart eigenständige Kunstrichtung etablieren konnte? Daß Pfronten im 17. und 18. Jahrhundert schlichtweg zu *dem* Künstlerdorf des Allgäus wurde?

Es lag wohl an einer einzigartigen Kombination von Bauernschläue und genialem Können, das viele Pfrontner Kunsthandwerker im 18. Jahrhundert auszeichnete. Die Wurzeln dafür liegen vielleicht in der Tatsache, daß die Pfrontner Bauern immer frei und selbständig waren. Möglicherweise konnte sich aus dieser Unabhängigkeit ein besonders phantasievoller künstlerischer Typus entwickeln, den man zum Beispiel in den Familien Hitzelberger und Stapf immer wieder antrifft.

Ursprünglich stammen die HITZELSBERGER aus Augsburg. 1540 wurden sie in Pfronten ansässig, genauer gesagt auf dem Falkenstein über Pfronten, jenem markanten, 1268 Meter hohen Felsen aus Wettersteinkalk, der heute Deutschlands höchste Burgruine trägt. Das sind Reste einer Burg, die schon im Jahr 1059 vom Augsburger Bischof Heinrich II. errichtet worden war, als dieser von der Kaiserinwitwe Agnes den Forst- und Wildbann im sogenannten Keltensteingau bekommen hatte. Und zuletzt war es König Ludwig II., der hier seinen wohl kühnsten Architekturtraum – eine gotische Gralsburg – realisieren wollte. Doch sie blieb Utopie. Eine Utopie, von der auch der Falkenstein-Sepp gern erzählte, jener kauzige Einsiedler, der mit seinen Ziegen, Hühnern und Hunden in einer kleinen Hütte unterhalb des Falkensteins lebte, sich von Kartoffeln, Kohlrabi und Geißenmilch ernährte, Ziehharmonika spielte, jodelte und vielen Schmugglern den Weg wies. Der Falkenstein-Sepp war quasi der letzte „Nachfahre" der einstigen Burgvögte.

Michl Hitzelberger trat 1540 auf dem Falkenstein sein Amt als fürstbischöflicher Burgvogt an. Gegen Ende des 16. Jahrhunderts zog die Familie dann hinab ins Tal und übernahm in Pfronten den Mesnerdienst. Das war damals ein harter Job. In der Pestzeit des 30jährigen Krieges mußte ein Mesner sogar die Toten begraben, wegen der Ansteckungsgefahr eine gefürchtete Aufgabe. In der Familie wurde dennoch das Gelübde abgelegt, daß

Madonna mit Kind,
ein Werk von Hans Hitzelberger.

jeder männliche Nachkomme den Beruf des Mesners ergreifen sollte. Der letzte Mesner in dieser über 400jährigen Tradition war Hans Hitzelberger. Wenn andere am Sonntag zu einer Bergtour aufgebrochen sind, dann mußte er zum sonntäglichen Gottesdienst. Trotz aller Freude an seinem Beruf sagte er zu seinem Sohn Johannes: *Mesner wirst Du nicht!*

Hans Hitzelberger war allerdings nicht nur Mesner, sondern auch Bildhauer und Schnitzer. Er wurde in Oberammergau und an der Münchner Kunst-Akademie ausgebildet und hat seinen Namen unverwechselbar in die Annalen der Allgäuer Kunstgeschichte eingeritzt. Seinen Nachlaß, aber auch den der anderen kunstschaffenden Familienmitglieder, hüten heute Mutter Hildegard und Sohn Johannes Hitzelberger. Sie verwalten einen Kunstschatz, der bis ins 18. Jahrhundert zurückreicht.

Egal, ob wir irgendwo im Urlaub waren, zum Beispiel in Tirol oder im Österreichischen, hat mein Papa immer wieder eine Figur von meinem Ur-Ur-Ur-Opa erkannt oder einen Altar entdeckt, der von ihm entworfen worden ist, erzählt Johannes Hitzelberger. Er darf ruhig stolz sein auf seine Vorfahren, zumal er selbst, 1967 geboren, eine künstlerische Ader besitzt. Allerdings nicht als Bildhauer, Maler oder Schnitzer, sondern als Moderator und künstlerischer Sprecher beim Bayerischen Rundfunk. Ursprünglich hatte er allerdings Gymnasiallehrer werden wollen. Zur Sprache kommt bei ihm als Passion noch die Volksmusik hinzu. Längst hat sich die *Stubenmusik Hitzelberger* über die Grenzen Pfrontens hinaus einen Namen gemacht. Die Seele des Quartetts ist Hildegard Hitzelberger. Sie spielt die Zither, die sie ursprünglich gar nicht

Johannes Hitzelberger bei seiner beruflichen Tätigkeit als Sprecher beim BR.

94

spielen wollte. Als Liebhaberin klassischer Musik träumte sie eigentlich von einem Klavier. Doch ihr Vater meinte, das *Geklimper* könne er angesichts des Lärms der fünf Kinder nicht aushalten, zudem fehlte es an Platz. *Du kriegst jetzt eine Zither,* sagte er, und Hildegard hatte, was sie eigentlich gar nicht wollte. Doch heute ist sie froh und glücklich, dieses Instrument spielen zu können, mit dem sie schon so viele schöne Stunden erlebte und zahlreiche Freunde gewann. Mit Sohn Johannes ist sie sich einig, daß die echte Volksmusik erhalten und bewahrt werden muß. Das würden nur Musikanten fertigbringen, die mit dem Herzen und dem Gefühl bei der Sache sind und die Menschen ansprechen, meinen die beiden.

Lieber lebensnahes „Aufspiel'n beim Wirt" mit all seinen lauten und leisen Facetten als leerer ästhetischer Folklorismus, lautet ihre Devise. Das musikalische Talent erbte Johannes von seiner Mutter, einer Musiklehrerin. Doch Hildegard Hitzelberger hat nicht nur ein gutes Ohr für Noten, sondern auch ein gutes Auge für Dinge, die im Lauf der Zeit schnell verlorengehen, so zum Beispiel für die alte Pfrontner Tracht. Seit Jahren setzt sie sich für die Trachtenpflege ein und entwarf für die verlorengegangene Pfrontner Tracht eine nachempfundene erneuerte Tracht. Dazu klapperte sie ein halbes Jahr lang alle Bauernhöfe der Umgebung ab und ließ sich die alten Trachten zeigen. Das Bewahren der Tradition ist eben auch nur mit viel Mühen und Detail-Genauigkeit zu erreichen!

Die Pfrontner Stubenmusi in Aktion: Hinten in der Mitte Johannes Hitzelberger, vorne rechts Hildegard Hitzelberger.

Im Hause Hitzelberger hängen aber auch zwei wunderschöne alte Instrumente – eine Gitarre und eine Zither, die von Johann Sigmund Hitzelberger stammen. Er hat sich im 19. Jahrhundert als Instrumentenmacher und Intarsienschreiner betätigt. Für seine Instrumente wurde ihm 1852 vom Komitee der Augsburger Industrieausstellung ein Diplom erster Klasse zuerkannt.

Der wohl berühmteste aller Hitzelberger ist Maximilian Hitzelberger. Das Künstlerblut brachte allerdings seine Mutter, Ursula Stapf, in die Mesnertradition der Hitzelbergers ein. Für 17 Kronen und 1 Heller begann Maximilian bei Bammer in Augsburg eine Bildhauerlehre. Phantasievolle Rokokofiguren wurden sein Markenzeichen. Sie finden sich in unzähligen Kirchen und Kapellen in und um Pfronten herum sowie im Außerfern und in Tirol. In ihrer sinnlichen Anmut besonders schön: die kniende Immaculata auf der Mondsichel in der Kapelle von Innergschwend im Tannheimer Tal. Außerdem schuf Maximilian Hitzelberger das Modell für den prunkvollen Hochaltar in der Pfrontner Pfarrkirche Sankt Nikolaus mit seinen volutenförmig geschwungenen Gesimsen. Die goldgefaßten Figuren des Hochaltars werden dagegen seinem Sohn Johann Sigmund Hitzelberger zugeschrieben, der auch die ausdrucksstarken Schnitzreliefs an den Beichtstühlen der Pfarrkirche geschaffen haben soll.

Neben der klassischen Pfrontner Linie der Hitzelbergers gibt es auch noch einen Familienzweig in Kempten, dem keine Bildhauer und Schnitzer entsprangen, sondern Ärzte und Musiker. Begründet wurde diese Linie von Franz Xaver Hitzelberger, einem Sohn des Johann Sigmund Hitzelberger, des Instrumentenmachers. Franz Xaver war Sanitätsrat und der erste motorisierte Mediziner im Allgäu, erinnert sich seine Tochter Johanna Hitzelberger, genannt „Tante Hannele". Wenn der Doktor mit seinem Auto durch die Bergdörfer des Oberallgäu knatterte, habe es geheißen, der Teufel komme daher. Im Winter mußte der Herr Sanitätsrat auf seinen „Clement-Vaillard" oft verzichten und stattdessen Schneeschuhe anschnallen, wenn er Patienten auf entlegenen Allgäuer Bauernhöfen besuchen wollte. Nebenbei hatte er eine große Leidenschaft für die Jagd und ging nicht selten zusammen mit Prinzregent Luitpold auf die Pirsch. Dabei vergaß er manchmal sogar seinen Dienst.

In seiner späteren Laufbahn baute Franz Xaver Hitzelberger das erste röntgenologische Institut in Kempten auf und festigte seinen hervorragenden Ruf als Mediziner mit einer guten Portion Bauernschläue. Als er einmal einen Patienten mit einem Magenleiden in einem Sonthofener Gasthaus dabei beobachtete, wie dieser – trotz verordneter, strenger

Diät – eine Schweinshaxe mit Knödel verspeiste, rächte er sich auf seine Weise: Als der Sünder wenig später in der Praxis erschien, nahm der Sanitätsrat ein Rohr – damals gab es noch keine Magenspiegelung – und erklärte dem Patienten, er müsse in seinen Magen hineinschauen. *Da sind ja Knödel und schweres Fleisch drin,* rief der Doktor und verdonnerte den Patienten zu einer noch strengeren Diät. Dieser berichtete später im Wartezimmer den anderen Patienten völlig verdattert: *Dr Doktor siagt in Maga na!*

Johanna Hitzelberger, die Tochter des Arztes, wurde Klavierlehrerin und begründete mit anderen die Musikschule in Kempten. Einer ihrer Brüder, Alfons, war als Bratscher Mitglied im berühmten Münchner Berber-Quartett. Lore Wagner, die Tochter von Johanna Hitzelberger, heiratete wiederum einen Mediziner, dessen eigentliche Passion der Oper gehört. Unter Mithilfe seiner Frau hat Heinz Wagner *Das Große Handbuch der Oper* geschrieben, quasi die „Bibel" aller Opernfans.

Die Hitzelbergers sind eine Künstlerfamilie mit vielen Facetten, wie auch die Familie STAPF, die zweite bedeutende Künstlerfamilie in Pfronten, die mit den Hitzelbergers seit dem vergangenen Jahrhundert aufs engste verbunden ist. Seit 1497 lassen sich die Stapfs urkundlich nachweisen – als begüterte Chirurgen, Landärzte und Bader, als Gerichtsmänner, Pfarrhauptleute und Amtmänner sowie als Maler und Bildhauer. Der erste berühmte Künstler hieß Bonaventura Stapf. Er erwarb das Haus Nr. 414 *Beim Dürer.* Von Bonaventura Stapf stammt das Deckenfresko in der Pfrontner Leonhardskapelle sowie die Kanzelfassung in der Füssener Basilika Sankt Mang. Das Diözesanmuseum in Brixen bewahrt drei seiner monumentalen Tafelbilder auf. Sein Sohn Bartholomäus Stapf studierte an der Kunstakademie in Wien und wurde ein bekannter Freskant. In der nächsten Generation verdiente sich Franz Sales Stapf künstlerische Meriten in Rom, wo er 1767 den begehrten Preis der Akademie San Luca erhielt.

Der Hauptaltar der Pfarrkirche von Gossensaß am Brenner, gestaltet von Josef Stapf.

Auf dem Heimweg nach Pfronten mußte er die goldene Medaille allerdings „versilbern", um die Reisekosten zu decken.

Bedeutender als die Maler aus der Familie Stapf sind allerdings zwei
Bildhauer des 18. Jahrhunderts: Mang Anton und Joseph Stapf. Ihre
Werke finden sich im gesamten süddeutschen und Tiroler Raum. Mang
Anton Stapf – als Amtmann übrigens der höchste fürstbischöfliche
Beamte in Pfronten – arbeitete unter anderem in der Klosterkirche von
Obermarchtal. Auch seine Sandsteinfiguren und Holzplastiken im ober-
schwäbischen Schloß Wolfegg sind qualitätsvolle Zeugnisse des Rokoko.

Um 1800 starb die männliche Linie der Stapfs aus. Doch aus dem
nahen Dörfchen Seeg heiratete ein Matthias Eberle in die Familie ein
und führte die künstlerische Tradition fort. Aus den Eberles gingen
Kirchenmaler und Kunstschreiner, Stukkateure und Glasmaler hervor.
Berühmtestes Familienmitglied war Syrius Eberle, Professor an der
Münchner Kunstakademie und Mitglied der Künstlerkolonie in Dachau.
Sein Neffe Otto Eberle berichtet, daß der Onkel für König Ludwig II. eine
Kutsche und einen Prunkschlitten konstruiert und angefertigt hat, die
beide im Deutschen Museum in München ausgestellt sind. Auch die
Steinfiguren, die früher die Münchner Ludwigsbrücke zierten, wurden
von Syrius Eberle geschaffen, ebenso der „Bierhimmel" im Löwenbräu-
keller.

Otto Eberle bewohnt das alte Stapf-Haus in Pfronten. Im Hausgiebel
thront noch immer die Figur des heiligen Josef, in der Stube sorgt der
wundervolle schwarzgekachelte Rokoko-Ofen für behagliche Wärme –
und aus der Hand von Joseph Stapf stammt auch die rund 250 Jahre alte
Stubentür. In diesem Haus hat sich Otto Eberle seine Werkstatt für Glas-
malerei eingerichtet. Seine Spezialität sind kunstvolle avantgardistische
Glasdecken für renommierte Hotels in aller Welt. In seiner Werkstatt
könnten ebensogut die Glasmaler des Mittelalters arbeiten, denn hier
dominiert die Handarbeit, und die Techniken haben sich kaum verändert. 13 Jahre lang war Otto Eberle Landesinnungsmeister des bayerischen Glaserhandwerks. Nebenbei ist er Ski- und Bergführer, und das
riesige Grizzly-Fell im Korridor stammt aus Alaska – selbstgeschossen,
versteht sich. Wer noch mehr über die Stapfs wissen möchte: In den USA
gibt es ein privates Familienarchiv aller Namensträger Stapf. Am besten
nachfragen bei *Mr. John Stapf, P.O. Box 2005, Harrisburg, USA.*

Als Kunst tatsächlich von Können kam

*Die beiden Malerbrüder Franz und Hugo Högner
prägten Landshut*

CHRISTOPH THOMA

Zu den großen Namen und bekannten Familien Landshuts gehören die Högners. Allen voran die beiden Maler Franz und Hugo Högner. Der eine war sozusagen das künstlerische Gewissen der Landshuter Hochzeit von 1475, der andere erwarb sich einen Ruf als hervorragender Goldschmied. Man nennt sie noch heute die „Malerbrüder."

Je naturalistischer die Malerei ist, desto phantasievoller muß sie sein, denn die Phantasie des Malers liegt nicht in der Vorstellung von der Idee, sondern in der Vorstellung von der Wirklichkeit, meinte Lessing einmal. Dieses Zitat mag dem Portrait der Landshuter Künstlerfamilie Högner vorangestellt sein. Von Franz und Hugo Högner vor allem wird im folgenden zu lesen sein, den so unterschiedlichen niederbayerischen Malerbrüdern, mit deren Namen die sogenannte *Högner'sche Kunstanstalt* untrennbar verbunden ist. Die Kunstanstalt war eine renommierte Gold- und Silberschmiede, Gürtlerwerkstatt und Paramentenstickerei an der Seligenthaler Straße, in Sichtweite der berühmten Zisterzienserinnen-Abtei.

Mit Leder und Holz, Linnen und Brokat, Blattgold und Silberdraht wurde in dem vom Goldschmied Franz Högner und seiner Frau Maria, einer Stickerin, am Ende des 19. Jahrhunderts gegründeten Kunsthandwerkerzentrum an Ampeln, Monstranzen, Velen oder Ziborien gearbeitet. Eine ganze Korona von Meistern, Gesellen und Lehrmädchen war emsig damit beschäftigt, Fahnen für Vereine anzufertigen oder zu überholen, Goldblech zu polieren oder Rauchmäntel mit Flußperlen aus dem Bayerischen Wald zu besticken. Hochsaison hatte die Werkstatt immer vor Weihnachten, Ostern oder Fronleichnam. Neugotische Scheibenleuchter, barocke Fahnenspitzen oder Sakramentshäuschen in kostbarer Treibarbeit wurden – beinahe im Akkord, aber dennoch mit größter Sorgfalt – hier gefertigt.

Landshut, am Schnittpunkt der Diözesen München-Freising und Regensburg gelegen, ist gut bestückt mit kostbaren Kirchen und lebendigen Klöstern. In der *Högner'schen Kunstanstalt* war man für alle Aufträge gerüstet. Auch zur Gutachtertätigkeit ließ man sich herab, wenn sich kleine Landpfarrer oder fündige Mesner mit einem alten Stück in die Stadt begaben, um es zu Geld zu machen. Der Antiquitätenkenner und frühere Verkehrsdirektor Kuno Weber beschreibt diese heute längst vergessene Institution mit den Worten: *Wenn ich überlege, wie es bei der Högner'schen Kunstanstalt heute noch aussieht, und wenn ich diese Werkstatt betrachte, dann denke ich an die unhandlichen Werkzeuge und die Metalldrückerei im Keller, wo die Kugeln und Fahnenspitzen gemacht wurden oder die Sakristeihäuschen quer durch sämtliche Stilrichtungen über Jahrhunderte hinweg von der Gotik bis rauf zur Neuzeit.* Kuno Weber muß es wissen – er hat sich intensiv mit der Künstlerfamilie Högner befaßt.

Die Seele des Geschäfts war die Mutter von Franz und Hugo Högner. Sie verstand es, die Belegschaft und die Kunden „bei der Stange zu halten". Die beiden Buben wuchsen mit Metalldrückern, Galanterie-Spenglern und Fahnenstickerinnen auf, sogen Stilfragen und Kunstwissen quasi mit der Muttermilch ein.

Das „künstlerische Gewissen" der Landshuter Hochzeit: Franz Högner.

1903 wurde Franz Högner geboren. Als er 1960 mit dem Kulturpreis Ostbayern ausgezeichnet wurde, teilte er den Juroren mit der denkbar knappsten Aussage über sich selbst mit: *Geboren zu Landshut, studierte an der Akademie der Bildenden Künste in München; ist ansässig in Landshut.* Was man daraus immerhin ablesen kann: Dem großartigen Zeichner und Aquarellisten Franz Högner lag seine Heimatstadt am Herzen. Es läßt sich trefflich darüber spekulieren, welche überregionale, bestimmt auch internationale Popularität Franz Högner erreicht hätte, wäre er in ein Schwabinger Atelier gezogen, nach Berlin oder Paris, hätte er einfach die niederbayerische Provinz verlassen. So aber wurde Franz Högner das künstlerische Gewissen der *Landshuter Hochzeit 1475*. Bei diesem Spektakel spielen alle vier Jahre unter der Regie des Vereins „Die Förderer" über 2000 kostümierte Landshuterinnen und Landshuter ein Stück prachtvolles Mittelalter nach. Dank Franz Högner, so „Förderer"-Chef Rudi Wohlgemuth, wurde die Erinnerung an die Hochzeit Herzog Georgs mit der polnischen Königstochter Hedwig aus dem Jahr 1475 zu einem *wissenschaftlich akzeptierten Stück mobiler Denkmalspflege*. Franz Högner hat die Landshuter Hochzeit maßgeblich beeinflußt, allein schon durch die Gestaltung der Kostüme.

Vielen „Hochzeitern" ist er durchaus auch als „harter Brocken" in Erinnerung, nicht zum kleinsten Kompromiß bereit. Bärbeißig, grimmig, herzlich schärfte er das Gewissen für Detailgenauigkeit an Kostümen oder gotischen Epoche. Fuchsteufelswild konnte er werden, wenn ein Stück grellen Kunststoffs am Kostüm den Gesamteindruck störte oder gar eine Marketenderin Modeschmuck trug. Für Rudi Wohlgemuth wird heute – nach dem Tod Franz Högners im Jahr 1979 – immer deutlicher, was das „größte historische Kostümfest Deutschlands" diesem stilsicheren Perfektionisten verdankt. Mit seiner strikten Art, jegliche neumodische Requisiten wie Brillen, Uhren oder auch nicht zeitgemäßen Haarschnitt zu unterbinden, legte er sich häufig mit den Darstellern an. Aber er verpaßte der Landshuter Hochzeit ein unverfälschtes Gesicht.

Franz Högner war auch die graue Eminenz auf dem Zehrplatz und beim Lagerleben. Er ist unvergessen. Seine Handschrift hat er dem großen Historienspiel für Generationen aufgedrückt. Seine Vorbilder suchte er in alten Altarbildern, in historischen Abbildungen alter Meister. Und er hat es meisterhaft verstanden, diese Eindrücke in Kostümentwürfe umzusetzen. Der Verein „Die Förderer" hat diese Unterlagen gekauft. *Wir sind sehr froh, daß wir diese 300 Kostümentwürfe haben. Sie bilden heute noch den Grundstock zur Anfertigung von neuen Kostümen,* freut sich Rudi Wohlgemuth.

Seine eigene Person stellte Franz Högner zeitlebens hintan. So gibt es von ihm oder über ihn kein Buch. Er hat keine Memoiren hinterlassen, nicht einmal eine Bilderliste oder Ausstellungsdaten. Seine Zeichnungen aber – beispielsweise vom zerbombten Landshuter Bahnhof 1945 – oder die frechen, unmittelbaren Aquarelle mit Szenen aus dem Landshuter Alltag – sie werden von Kritikern und Kunstkennern hoch geschätzt – und mit berühmten Namen in einem Atemzug genannt. Högner war aber nicht nur aktiver Künstler, sondern auch Denkmalschützer. Ohne sein strenges Urteil und seine mahnenden Einsprüche hätte der „längste gotische Straßenzug Europas", die Landshuter Altstadt, seine Geschlossenheit in der Wirtschaftswunderzeit wohl verloren. Sein Bruder Hugo, für den Franz immer Vorbild war, konnte im Kunstbeirat der Stadt in diesem Sinn weiter wirken, über das Jahr 1979 hinaus, bis er selbst für immer den Pinsel aus der Hand legte, im Oktober 1994.

Hugo Högner wurde am 3. August 1910 geboren. *Noch im tiefen, echten Frieden,* wie er selbst immer sagte. Wie Albrecht Dürer lernte er die Goldschmiedekunst bei seinem Vater. Und er wurde ein hervorragender Goldschmied. Doch damit allein gab sich Hugo nicht zufrieden. Wie sein älterer Bruder Franz wollte er auch in der Malerei Großes erreichen. Franz war zwar der Meinung, der Bruder hätte bei der Goldschmiedekunst bleiben sollen, in der er es zur deutschen Spitze hätte bringen können, zumal Hugo Högner ein genialer Könner beim Ziselieren, Gravieren oder Granulieren war. Doch angesichts Hugos Leistungen mit dem Pinsel verstummte die Kritik schon bald. Er ging den Weg zweigleisig – als Goldschmied und Maler. Nach dem Tod des Vaters räumte der Purist Hugo mit der bereits eingeleiteten Mechanisierung der Werkstatt auf und kehrte zurück zu klassischer, reiner Handarbeit. Die Qualität der „Högner'schen Kunstanstalt" erklomm in der zweiten Generation zwar einen neuen Gipfel, aber der wirtschaftliche Geschäftserfolg ließ nach. Handarbeit war, gerade in der schlechten Zeit zwischen den Kriegen, den meisten Auftraggebern zu teuer. Und so dümpelte die „Högner'sche Kunstanstalt" langsam ihrem Ende entgegen. Und Hugo Högner profilierte sich immer mehr als Maler. Blauer Rittersporn vor dem bemoosten Lattenzaun, strahlend gelbe Sonnenblumen im parkähnlichen Högner-Garten, an der Nehrung verlassene Fischerboote, Landshut im prallen Licht eines Spätherbsttages vom Moniberg aus gesehen! Über allem die typische, intensive, orangefarbene *Högner-Sonne* – das waren seine Motive. Hugo Högners Werke hängen in Münchner Ministerien, im Rathaus von Landshut und in vielen Bürgerhäusern Niederbayerns. Sein Leben und seine Arbeit sind in zwei Bildbänden beschrieben. Als vereidigter Sachverständiger für Antiquitäten wurde er immer wieder um Rat gefragt.

Mit seiner Frau Annamaria führte er ein überaus gastliches Haus, war mit seinem barocken Charme beliebt bei jedermann – vor allem bei den Damen. Wenn es jedoch um die Kunst ging, dann kannte auch er keinen Pardon. Hugo Högner war ohne jeden Zweifel der leutseligere und umgänglichere unter den „Högner-Buben". Treu gegenüber ihren Freunden waren sie beide.

Während Franz eher dünn, asketisch, fast zierlich wirkte, war Hugo ein Hüne von Mann. Wenn er verschmitzt lächelte, hoben sich die buschigen Augenbrauen und die Bartspitze zuckte. Die Virginia im Mund, den Kopf auf den Händen und diese auf den Spazierstock gestützt, so saß er unter den Leuten und beteiligte sich lebhaft am Gespräch, auch wenn er an seinem Lebensabend zu seinem Leidwesen immer schlechter hörte. Hörgerätespezialisten und Ärzte trieb Hugo Högner gelegentlich zur Verzweiflung. Er hielt nichts von Technik. Das Telefon blieb ihm bis zuletzt suspekt. Und die Existenz eines Faxgerätes ignorierte er. Dafür mochte er gerne italienische Nudelgerichte und bayerischen Schweinsbraten. Und wenn ihm seine Annamaria einen Apfelstrudel anrichtete, dann ließ er für diese Köstlichkeit gerne die Kunst eine halbe Stunde lang Kunst sein. Nichts war ihm mehr zuwider, als wenn die Gläser seiner Gäste leer waren. Oberbürgermeister Josef Deimer beschrieb das künstlerische Spektrum Hugo Högners bei dessen 80. Geburtstag mit den Worten: *Es umfaßt die Malerei, die Gold- und Silberschmiedearbeit, aber auch das Sammeln von Kunst, die Denkmalpflege und die immer besorgte Begleitung unserer schönen Stadt Landshut. Zu seinem Werk müßte man folgerichtig Hugo Högners kulturelles Wirken als Kritiker und Berater zählen. Alles in allem, eine Lebensleistung, die neben der Begabung auch einen bewundernswerten Fleiß voraussetzte.*

Als die Stadt Landshut Hugo Högner 1989 zu ihrem Ehrenbürger ernennen wollte, schickte er Helmut Stix vom Kulturamt, den Überbrin-

*Der Landshuter Ehrenbürger Hugo Högner und
seine Frau Annamaria.*

ger der *guten Nachricht,* zunächst wieder heim ins Rathaus – mit der Bemerkung: *Da muß ich erst darüber nachdenken.* Die Ehrenbürgerwürde war für ihn eine übertriebene Auszeichnung, die er eher als Bürde betrachtete. Schließlich – gute Freunde haben lange auf ihn eingeredet – ließ sich Hugo Högner die Ehrung im Weißen Saal der Burg Trausnitz doch gefallen. OB Deimer ging auf die Standfestigkeit, die gelegentliche Sturheit der Högners, in seiner Laudatio auch ein.

Doch mit noch so anschaulichen Worten ist der Künstler nicht zu erfassen. Ein Blick in sein Atelier zeigt Bilder in Öl, die an Stühlen und Kommoden lehnen, *Sonnenschirme am Strand von Ascona,* ist eines betitelt – recht frech und modern hingetupft bereits 1965. Daneben *Drei weibliche Aktfiguren* aus dem Jahr 1975. Und auf der Staffelei – noch nicht ganz fertig – der *Blick auf den Passauer Dom.* Rauchzeug, eine offene Flasche Rotwein, der sich auf dem Rücken wälzende Hund Ali. Das kreative Chaos. Hier fühlte sich der Landschaftsmaler Hugo Högner viel wohler als am Rednerpult.

Der Zugang zur gegenstandslosen Kunst der Moderne blieb Hugo Högner zeitlebens verschlossen. Er blieb den „alten Meistern" verpflichtet, sehr konkret in der Aussage, aber geradezu unverschämt modern in der Ausführung seiner Arbeiten. Eine zentrale Stelle hat er oft im Bild auf

*Ein beliebtes Motiv für Hugo Högner war seine Heimatstadt.
„Sonnenuntergang über Landshut vom Höglberg aus",
betitelte er dieses Werk.*

den Kopf gedreht gemalt. Er wollte die Form vergessen, um die perfekte Farbkombination zu finden. Auf die Komposition kam es ihm an. *Venedig, Canal grande, 1955* – wie Schemen hingestrichelt die Gondeln, vom Wind verwischt die farbigen Fahnen. *Prag, Auf dem Wenzelsplatz, 1974* – bunte Menschen ohne Gesichter, eine Allee aus Kugelbäumen. Hugo Högner selbst bezeichnete sich immer als Impressionist. Der 75jährige Landshuter Malerkollege Toni Waim hält ihn hingegen mehr für einen Expressionisten, weil er seine Bilder nicht von den Farben und vom Licht her aufgebaut, sondern um einen Gegenstand herum gestaltet habe. Im Grunde genommen sei es Hugo Högner in erster Linie um den Ausdruck gegangen. Darüber diskutierte Toni Waim mit Hugo oft nächtelang im hoffnungslos verräucherten Zimmer. Hugo Högner hat dann immer wieder an seinen Lehrer Oskar Kokoschka erinnert, dessen Salzburger Sommerakademie er besucht hatte. Und Toni Waim brachte einen anderen Namen ins Spiel: Max Slevogt, einer der wichtigsten Vertreter des deutschen Impressionismus, der, was kaum jemand weiß, 1868 in Landshut geboren worden war. Der habe Högner letztlich wesentlich mehr gelegen als Kokoschka. Vielleicht liegen Hugo Högners Werke irgendwo zwischen diesen beiden großen Künstlern. Jedenfalls sind die Arbeiten von Franz und Hugo Högner heute ein kleines Vermögen wert. Wer einen Original-Högner besitzt, ist stolz darauf.

Hugos Goldschmiedewerkstatt steht jetzt in einem Regensburger Museum. In der Landshuter Galerie Adelmannschloß gibt es ein „Högner-Zimmer". Auf den ersten Blick bemerkt jedoch auch der Fremde, daß die beiden Brüder völlig unterschiedlich gearbeitet haben. Franz war mehr der Zeichner mit starkem Farbensinn, Hugo mehr der sinnliche Gestalter. Seine Eindrücke holte er sich auf ausgedehnten Reisen: Hugo Högner befuhr mit dem Faltboot die Donau und durchquerte den Balkan. Im VW-Käfer hatte er auf seinen Malreisen auch die Dohle Jackl dabei. Das Mühlviertel und die Wachau, Böhmen, Frankreich und die Schweiz, aber auch der Vordere Orient finden sich in seinen Gemälden wieder. An diesen Bildern hing er zum Teil sehr. Bei seinen letzten Ausstellungen hat man Hugo Högner manchmal erwischt, wie er im Dunkeln herumschlich und an alle Bilder das Schild „Verkauft" hängte, um keines mehr hergeben zu müssen, Hugo Högner hat auch nach Jahrzehnten Bilder zurückgekauft. Als er alt wurde. Weil sie in der fremden Wohnung schlecht aufgehängt waren, wie er bekrittelte.

Vieles war widersprüchlich an ihm, zumindest auf den ersten Blick. Wenn man aber Hugo Högner gleichsam vor die Kulisse des 20. Jahrhunderts rückt, dann fügt sich das in ein Ganzes. Seine Zigarre war ihm zwar lieber als Weihrauch in der Kirche, aber ein Atheist war er gewiß nicht. In Altötting ging Hugo Högner einmal zur Beichte. Noch kurz vor seinem Tod erzählte er darüber: *Mir wurde gesagt: „Haben sie auch ganz bestimmt den Vorsatz, nie mehr zu sündigen!" Darauf antwortete ich, „nein, das kann ich Ihnen nicht versprechen", worauf der andere sagte, „dann kann ich Sie ja nicht absolvieren", dann habe ich auf die Absolution verzichtet, weil ich auch nicht sagen kann, ob ich morgen ein gutes Bild male oder ein schlechtes.*

Mit Hugo Högner starb der letzte männliche Vertreter der bekanntesten Landshuter Künstlerfamilie dieses Jahrhunderts. Hugo Högner blieb kinderlos, Franz Högners einzige Tochter Judith ist unverheiratet. Die Brüder liegen auf dem städtischen Friedhof in Landshut unter alten Bäumen bestattet.

Das Unsterbliche an den Werken der Kunst ist ihr Geist, der Geist, welcher dem inneren Auge des Malers, bevor er den ersten Pinselstrich auf die Leinwand gesetzt hat, das Werk vollendet zeigt, so Max Liebermann 1916 in seinem Buch „Die Phantasie in der Malerei" – ein Wort, das auch für die Brüder Högner aus Landshut gilt.

Vom Holz zum Malz

Landwirtschaft, Wald und Bierbrauen – die drei Säulen der Familie Inselkammer

GÜNTER WEINZIERL

In der Nähe von Holzkirchen gab es vor Hunderten von Jahren eine Einöde namens Inselkam. Dort werkelten um 1600 fleißige Holzbauern in den dunklen Wäldern des Voralpenlandes. 300 Jahre lange sicherten sich die Inselkammers ihr Auskommen mit Waldbewirtschaftung, Holzfällen, Sägewerken und Holzhandel. Erst die Geburt des Franz Seraph Inselkammer am 19. Dezember 1902 in Siegertsbrunn bei München leitete eine neue Variante in der beruflichen Ausrichtung der Familie ein. Zum Holz kam das Malz.

Zunächst widmete sich Franz Inselkammer freilich dem Studium der Forstwirtschaft. Doch er hatte auch andere Interessen: Auf seinem Motorrad durchstreifte er die Gegend, und auffallend oft kehrte er in der Ayinger Gastwirtschaft ein. Es waren nicht nur Hunger und Durst, die den feschen Franz immer wieder dort Station machen ließen: Er hatte Gefallen an der Bräutochter Maria Kreszenz Zehentmair gefunden, die zu einer hübschen Frau heranwuchs. Die Hochzeit ließ nicht lange auf sich warten. Als der Schwiegervater August Zehentmair überraschend jung im Alter von 56 Jahren starb, übernahm Franz Inselkammer die Brauerei in Aying und die dazugehörende Landwirtschaft. Der Weg vom Holz zum Malz war vollendet!

Der 1986 verstorbene Franz Inselkammer war ein „Wilder Hund", wie man in Bayern sagt. Als in den 60er Jahren Pläne ruchbar wurden, den neuen Münchner Flughafen von Riem in den Hofoldinger Forst zu verlegen – quasi direkt vor die Haustür der Inselkammers, da legte sich der Alte mit all seinem Einfluß und seiner Macht quer. Dabei hätte er mit dem Verkauf eines Teils seiner ausgedehnten Waldungen noch einen guten Batzen Geld dazu verdiencn können. Aber nicht nur, weil er das gar nicht nötig hatte, sondern weil er einen Frevel an der Natur befürchtete, machte er gegen die Flughafenpläne im Hofoldinger Forst mobil.

Mit derselben Energie machte er sich an die Neuerungen im eigenen

*Die gute Seele der Familie Inselkammer ist die
Senior-Chefin Maria Kreszenz Inselkammer.*

Umfeld. Tradition hat für Franz und Maria Inselkammer nie bedeutet,
daß man immer im gleichen Trott verharrt. Sie hielten zwar die familiären Errungenschaften hoch und taten das ihrige dazu, daß sie bewahrt
wurden, Stillstand war ihnen jedoch zuwider, weil sie viel zu gerne
immer wieder etwas Neues anfingen, zum Beispiel den Brauereigasthof:
40 Jahre lang war er verpachtet gewesen, ging mal besser, mal schlechter. 1961 ließ sich aber nicht mehr leugnen, daß der Gasthof komplett
runderneuert werden mußte. Mit ein bisserl Farbe war das nicht getan.
Das Gebäude wurde vollständig renoviert und erheblich umgebaut. Der
große Saal wurde etwas kleiner, die Küche dafür größer. Auch den 18
Fremdenzimmern im Hoteltrakt ließ man eine Verjüngungskur angedei-
hen. *Das ist alles so schön geworden*, schwärmt Maria Inselkammer
heute noch, *daß wir spontan beschlossen haben, den Gasthof dann selber zu übernehmen.* Fortan war sie auch die Chefin in ihrem Reich.

Für Marias Wirken im Gasthof und Hotel könnte wohl derselbe
Spruch gelten, der Jahre zuvor Einzug in die Familie gehalten hatte,
nachdem ihn der achtjährige Peter während eines Familienurlaubs im
Breisgau als Inschrift eines Holztellers gelesen hatte: *Die Frau, sie fügt
sich in alle Lagen, sie nimmt das Kommando, duldend und still, sie
kann auch das Schlimmste ertragen, wenn nur geschieht was sie will.*

*Die drei Söhne von Franz und Maria Inselkammer
(v. l.) Franz, August und Peter in jungen Jahren*

Die drei Söhne des Brauer-Ehepaares, Franz, Gustl und Peter, setzten die Tradition sowohl in der Holz-, als auch in der Brauereiwirtschaft fort. Franz Inselkammer der Jüngere leitet heute die Brauerei, Gustl ist mit seiner Isartaler-Holzhaus-Firma dem Familienursprung treu geblieben, und Peter Inselkammer ist zum Großgastronom geworden. Erst im Frühjahr 1998 konnte er das 25jährige Betriebsjubiläum als Wirt des Münchner Traditionslokals *Platzl* feiern, das sein Vater 1953 erworben hatte. Der Kauf der Münchner Bierbühne, auf der der Weiß Ferdl seine größten Erfolge gefeiert hatte, war der – inzwischen als geglückt zu bezeichnende – Versuch, sich in München ein Standbein zu verschaffen.

Bis 1997 erfreute die *Platzl*-Bühne vor allem Touristen mit folkloristischen Darbietungen. Als die Gäste immer spärlicher und älter wurden und sich die Musikanten- und Theaterstadel im Fernsehen immer mehr durchsetzten, entschloß sich Peter Inselkammer schweren Herzens, sich von der Traditionsbühne zu trennen und das Lokal an das US-Entertainerment „Planet Holywood" zu verpachten. Als Unternehmer kann man sich eben nicht nur auf der Tradition ausruhen, man muß gegebenenfalls auch harte Schritte machen. Die Entscheidung hat Peter Inselkammer nicht bereut. Jetzt kann er sich mit seinen Aktivitäten wieder mehr auf sein angrenzendes *Platzl-Hotel* und auf das gediegene Speiserestaurant *Pfistermühle* gegenüber der Alten Münze konzentrieren. Und schließlich ist er ja auch noch Wiesenwirt im Armbrustschützenzelt.

Jahrelang hat er auf diese Krönung einer Münchner Wirtskarriere hingearbeitet. Erst bei seiner 13. Bewerbung bekam er vom Münchner Fremdenverkehrsamt 1985 den Zuschlag. Dabei hat Peter Inselkammer eine grundsolide Ausbildung als Brauer. Er studierte in Weihenstephan, und hängte dann noch ein kaufmännisches Studium dran, weil, wie er sagt, *in den Betrieben die Kaufleute immer mehr zu sagen haben als die Techniker.*

Aber auf die Vorbildung kommt es bei der Zulassung als Wiesenwirt nicht an. Hauptkriterium ist es, bewährter Wirt einer Münchner Brauerei zu sein. Deshalb hat Peter Inselkammers Bruder Franz, der Chef der Ayinger Brauerei, keinerlei Chance, je auf die Wiesn zu kommen – obwohl auch er auf eine hervorragende Ausbildung und Reverenzen verweisen kann. Wie seine Brüder, hat auch er die strenge, aber gütige Erziehung des Vaters genossen. Nur dreimal im Jahr durfte er vom Internat in Schäftlarn und später in Tegernsee heimfahren. Ein Vorfall veranlaßte die Patres, der Mutter zu berichten, daß aus dem Filius wohl nichts Gescheites werden würde: Der Franz hatte in einer Mappe in seinem Spind einige Äpfel verfaulen lassen. Und das in einer Zeit, in der die Lebensmittel sehr knapp waren. Da mußte die Mutter im Kloster erscheinen, Franz bekam einen strengen Verweis, weil er so nachlässig mit Lebensmitteln umgegangen war. Der Lebensfreude und Umtriebigkeit hat das aber keinen Abbruch getan. Die ihn näher kennen, sagen, der junge Franz Inselkammer habe nichts „anbrennen" lassen. Eine Einschätzung, die der Betroffene diplomatisch unkommentiert läßt. Neben aller Freude am Leben vergaß nämlich auch Franz Inselkammer jun. die beruflichen Pflichten nicht. Die Brauerei Aying mit heute 140 000 Hektoliter Jahresausstoß baute er zu einem soliden mittelständischen Unternehmen aus. Erst vor kurzem wurde der Grundstein für ein neues Sudhaus gelegt, einen Gär- und Lagerkeller – ein 15-Millionen-Projekt. Das Gasthaus steht nach einer Auswertung der führenden Restaurantführer auf Platz 252 der tausend besten Gastronomiebetriebe in Deutschland, und für seine Biersorten hat er erst vor kurzem vier Goldmedaillen der Deutschen Landwirtschafts-Gesellschaft bekommen.

Das Ayinger Bier ist ein gepflegter Tropfen, und daß es so ist, dafür sorgt jeden Freitag ein brauereiinterner Biertest. Dabei werden das eigene und drei andere Biere verschiedener Brauereien in neutrale Gefäße gefüllt und von fünf Testern verkostet. Verglichen werden Antrunk, Körper, Nachtrunk und Resenz.

Was bei den Inselkammers immer wieder auffällt, ist ein weit über das Unternehmerische hinausgehendes Engagement. Franz Inselkammer tut

110

Franz Inselkammer jun. zusammen mit
Bundeskanzler Helmut Kohl bei der
Verköstigung der Ayinger-Weißen.

sehr viel für die örtlichen Vereine, sitzt seit den 50er Jahren im Gemeinderat und war zwölf Jahre Präsidiumsmitglied im Bayerischen
Brauerbund, davon drei Jahre dessen erster Präsident. Auch der jüngste
Bruder, Peter Inselkammer, setzt sich für das Gemeinwohl ein. Er ist
Vorsitzender des Hotel- und Gaststättenverbandes in München, Mitglied der Industrie- und Handelskammer und ehrenamtlicher Arbeits-
richter. Bei so vielen Aufgaben kommt auch er am Delegieren nicht vorbei. Anders wäre es nicht möglich, mehrere gastronomische Betriebe
gleichzeitig zu leiten und darüber hinaus auch noch die Unternehmen
ordentlich zu führen. In seinem Platzl-Hotel, das er 1986 von Grund auf
umgebaut hat, vermittelt er rund 30 angehenden Hotelfachkräften eine
grundsolide Ausbildung. Er verfährt nach dem Motto: Wenn ich guten
Nachwuchs heranbilde, kommt das der Branche und meinen eigenen Betrieben zugute. Gerade in der Gastronomie, wo sich so viele Kräfte tummeln, sei eine gründliche Schulung wichtig.

Als das große Fest zum 25jährigen Platzl-Jubiläum des Peter Inselkammer stattfand, da gaben sich nicht nur Wirtekollegen, Stadt- und
Landräte die Türklinke in die Hand – fast die gesamte Familie war ver-

Dr. Hans Inselkammer, einer der größten Brauerei-Inhaber Bayerns. Als Honorarkonsul von Costa Rica engagiert er sich auch für die Völkerverständigung.

treten, sogar die Familienseniorin, die 1911 geborene, noch recht rüstige Mutter Maria Kreszenz Inselkammer, war mit von der Partie. Eine feine alte Dame, der der Stolz über den Erfolg ihres Peter und der anderen beiden Söhne richtig anzusehen war. Sie ist nach wie vor der Mittelpunkt der Familie. Jeden Abend schreitet sie durch den Brauereigasthof in Aying, begrüßt die Gäste und schaut nach dem Rechten.

Innerhalb der Familie Inselkammer bestimmen herzliche Verbundenheit und Zusammengehörigkeit das Klima. Obwohl sie ja fast alle irgendwie in Konkurrenz zueinander stehen. Bis auf den dritten Bruder, Gustl Inselkammer, beschäftigen sie sich alle mit Gastronomie und Biervertrieb. Franz, der Bräu von Aying, vertreibt sein Bier auch in Regionen, in denen Paulaner den Markt erobern will. Peter, der Platzl-Wirt, schenkt im Armbrustschützenzelt auf der Wiesn Paulaner aus.

Und dann gibt's da ja auch noch Vetter Hans. Dr. Hans Inselkammer, der Sohn des Bruders des alten Franz Inselkammer, ist einer der stillen, aber ganz großen Biermagnaten in Bayern. Ganz behutsam und leise hat er sich in den 80er Jahren vom Sägewerksbesitzer und Palettenfabrikanten zum Braumulti gemausert. Als 1981 Hans Wagner, der Alleininhaber der Augustiner-Brauerei, kinderlos verstarb, konnte Hans Inselkammer ein Drittel der Anteile an der Münchner Traditionsbrauerei erwerben. Bis heute ist dank seiner Initiative der Bierumsatz von Augustiner verdoppelt worden. Dabei ist die Augustiner-Brauerei der einzige Bierproduzent, der ohne jegliche Werbung auskommt! Wie Hans Inselkammer bescheiden sagt, hat er nach und nach seinen *Bereich erweitert*. 1994 beteiligte er sich mehrheitlich an der Nürnberger Tucher-Bräu und der Patrizier-Bräu in Fürth. 1996 erwarb er dann auch noch von der Bayerischen Vereinsbank die Aktienmehrheit an der Augsburger Hasenbräu AG. Alles Unternehmen mit erheblichem Grundbesitz in städtischen Bestlagen! So ist also jetzt der Vetter Hans Inselkammer einer der größten Brauereibesitzer in Bayern. In der Rangliste der größten deutschen Brauer steht er bereits auf Platz 18.

Woraus beziehen diese erfolgreichen Inselkammers ihre unternehmerische Kraft? Es war nicht nur die Tradition, die verpflichtete. Es war sicher auch ein starker Wille, in der Familie etwas zu schaffen und zu erhalten.

Die Tat kommt vor dem Reden. Nach dieser Devise haben die Mitglieder der Familie Inselkammer stets gehandelt. Dieter Appel, leitender Redakteur der „Süddeutschen Zeitung" für die Landkreise um München, hat dies an einer kleinen Begebenheit zu spüren bekommen, die kennzeichnend ist. Er war vor Jahren auf dem Ayinger Volksfest, als Franz Inselkammer Senior noch lebte und laborierte mit einem Plastikbesteck an der harten Schwarte einer Schweinshaxe herum. *Ich habe geflucht, und am Nebentisch saß der alte Franz Inselkammer. Der hört es, nimmt aus seiner Lederhose ein Stilett mit Hirschhorngriff, rammt es vor mir in den Holztisch und sagt: „Da hast a g'scheits Werkzeug". Das ist typisch Familie Inselkammer. Sie sehen alles, was um sie herum vor sich geht, haben ein offenes Auge. Sie sind eben gute Gastwirte, und sie denken praktisch. Ohne lange Vorreden tut er das, was er für nötig hält und er macht es sofort und ist froh, wenn der Gast dann zufrieden ist,* erinnert sich Appel, der die Familie seit Jahren gut kennt. Er entdeckte bei den Inselkammers einen ausgeprägten Familiensinn. Diesen Familiensinn haben die drei Brüder mit ihren Frauen auch ihren Kindern weitergegeben. Und auch Vetter Hans Inselkammer hat die Weichen für das Weiterleben der Familien-Tradition bereits gestellt. Fast wie in den großen Adelsgeschlechtern wird darauf geachtet, daß die erworbenen Werte fortbestehen und sozusagen immer wieder Nährboden für neues Erbgut sind.Nicht nur für das Materielle, sondern auch für das Menschliche.

Menschlich geblieben sind sie immer, die Inselkammers, und wahrscheinlich ist eben gerade das ihre Stärke.

Ein Provokateur aus Überzeugung

Die Verlegerfamilie Kapfinger-Diekmann und die „Passauer Neue Presse"

ASTRID FREUDENSTEIN

Das wohl bekannteste Produkt der Passauer Verlegerfamilie Kapfinger-Diekmann ist die *Passauer Neue Presse,* eine Tageszeitung, die den ostbayerischen Raum abdeckt, und dort beinahe flächendeckend gelesen wird. In den letzten zehn Jahren haben sich die Kapfingers und Diekmanns vor allem in unternehmerischer Sicht hervorgetan. Der Familien-Verlag hat sich zu einem internationalen Konzern hochgearbeitet, in dem die „Passauer Neue Presse" nur noch eines von vielen Standbeinen ist.

Die „Passauer Neue Presse" ist für die einen eine liebgewonnene Heimatzeitung, für die anderen ein biederes Provinzblatt. Auf jeden Fall ist sie eine Tageszeitung auf politisch konservativem Fundament, nachhaltig geprägt von ihrem Gründer Dr. Hans Kapfinger, einer ebenso verehrten wie umstrittenen Figur in der Zeitungsgeschichte der deutschen Nachkriegszeit. Sein Leitspruch steht bis heute über der Tür zum nostalgischen „Kapfinger-Zimmer" im neuen Verlagshaus: *Recte faciendo neminem timebis – Wenn Du recht tust, brauchst Du niemanden zu fürchten.* Der Spruch ist zum Programm für die Zeitung und ihre Schreiber geworden.

Seit seiner Gründung im Jahr 1946 ist der Verlag fest in der Hand der Familie Kapfinger, heute besser gesagt Kapfinger-Diekmann, denn nach dem Tod von Hans Kapfinger 1985 ist das Unternehmen auf drei Gesellschaftergruppen übergegangen: auf Edith Berger-Kapfinger, die Witwe des Gründers, auf Stieftochter Angelika Diekmann und auf Sohn Heinz Kapfinger. Sie alle sind Teilhaber eines Konzerns, der über die ostbayerische Heimatzeitung längst hinausgewachsen ist. Das Provinzblatt hat sich zum internationalen Medienkonzern gemausert. Aus der Lizenz-Zeitung ist ein nahezu konkurrenzloses Presseunternehmen geworden, mit Ablegern in Österreich, Tschechien, Polen und Italien. Der Neue-Presse-Konzern zählt heute zu den 15 größten deutschen Verlagen. Und trotzdem: Die Geschichte der Passauer Verlegerfamilie Kapfinger-Diek-

114

mann läßt sich nicht nur in Zahlen und Bilanzen darlegen. Eine Firma, die ihre Gewinne über Jahrzehnte hinweg mit Zeitungen und Büchern macht, taugt selten für aalglatte Erfolgsstories. Denn wo berichtet und kommentiert wird, da gibt es Widerspruch, auch Streit.

Die Anfänge im Jahre 1946 waren geprägt von den Bemühungen der Amerikaner, dem Volk wieder Demokratie und Meinungsfreiheit beizubringen. Neue, unabhängige Zeitungen sollten entstehen, eine freie Presse für das befreite Volk. In Bayern vergab die „Nachrichtenkontrolle der Bayerischen Militärregierung" in der amerikanischen Zone die Lizenzen für die Herausgabe von Zeitungen. Die Lizenz Nummer 16 ging an Hans Kapfinger – sie ist gültig für das östliche Gebiet Niederbayerns, Stadt und Landkreis Passau, den unteren Bayerischen Wald und einen Teil des Rottals.

Am Dienstag, den 5. Februar 1946, erschien die erste Ausgabe mit einer Startauflage von 100000 Exemplaren. Die Nachrichten, die in der neuen Zeitung zu lesen waren, sind ein Spiegel der Zeit: *In Europa sind 130 Millionen Menschen vom Hunger bedroht – In*

Dr. Hans Kapfinger (1902–1985), der Gründer der „Passauer Neuen Presse".

Nürnberg wird der Kriegsverbrecherprozeß fortgesetzt – Der erste Kongreß der befreiten Juden fordert die Gründung eines unabhängigen jüdischen Staates in Palästina – Das amerikanische Hauptquartier gibt eine Bilanz der Atomkatasrophe von Hiroschima bekannt: 78000 Tote, 36000 Verletzte, 14000 Vermißte – Auf die Lebensmittelkarten bekommt der Normalverbraucher in Passau statt 3,5 nur noch 3 Liter Milch.

Auf der Titelseite der ersten Ausgabe postulierte Herausgeber und Chefredakteur Hans Kapfinger die Philosophie seines Blattes: *Unsere Zeitung, die den Namen „Passauer Neue Presse" erhalten hat, sieht es als eine ihrer Hauptaufgaben an, die Wirtschaft ihres Verbreitungsgebietes zu fördern. Die neue deutsche Demokratie kann sich nicht entwickeln, wenn die Menschen hungern und Sorge vor der Zukunft und Existenznöte die Herzen niederdrücken. Die heimische Wirtschaft ankurbeln zu helfen, damit möglichst viele wieder Arbeit und Brot finden, ist unsere vornehmliche Sorge, ebenso die Förderung der Landwirtschaft, von der wir abhängig sind. Aufbauen ist schwerer und langwieriger als Zerstören. Wir alle dürfen und wollen aber vor der Schwere der Aufgabe nicht zurückschrecken. Für die bayerische Heimat in der größten Notzeit mit restlosem Einsatz zu arbeiten, ist dem Herausgeber dieser Zeitung schon deshalb Herzensangelegenheit, weil er selbst ein Sohn der geliebten niederbayerischen Heimaterde ist.*

Die Heimaterde war für Hans Kapfinger Adldorf bei Landau. Hier kam er am 27. Dezember 1902 zur Welt und wurde auf den Namen Johannes Evangelist getauft. Nach gut katholischem Brauch war der Geburtstag gleichzeitig der Namenstag des Kindes. Hans, wie der Bub genannt wurde, besuchte nach der Volksschule die Klosterschule der Benediktiner in Schweiklberg bei Vilshofen und danach das Humanistische Gymnasium in Passau, wo er 1922 das Abitur ablegte. Hans Kapfinger genoß eine konservative und streng katholische Erziehung, sowohl im Elternhaus als auch in der Schule. Der Vater verdiente als Postbote gerade das Nötigste, die Mutter kümmerte sich um die Kinder. Als Hans acht Jahre alt war, starb der Vater, wenige Jahre später brach der Erste Weltkrieg aus.

Von der schweren Kindheit geprägt, verstand sich Kapfinger zeitlebens als „Sprachrohr des kleinen Mannes". Für Stieftochter Angelika Diekmann sind die einfachen Verhältnisse, aus denen er selbst stammt, die Ursache dafür. Er habe seine eigene Herkunft nie vergessen können und sich als Anwalt der Leser gefühlt, sagt sie.

Seine journalistische Laufbahn begann Hans Kapfinger 1927 in Straubing. Nachdem er in München Philosophie, Rechtswissenschaft und Volkswirtschaft studiert und seine Promotion über den politischen Katholizismus in Bayern abgelegt hatte, bekam er eine Stelle als Redakteur beim „Straubinger Tagblatt" angeboten. Kapfinger war ehrgeizig und fleißig. Als die Nazis 1933 an die Macht kamen, war er bereits Chefredakteur. Am 4. Mai 1933 wurde Hans Kapfinger im Straubinger Verlagshaus von den Nationalsozialisten verhaftet. Der Junior-Verleger hatte den Chefredakteur wegen eines harschen Leitartikels gegen die Nazis bei der SA angeschwärzt. Darin hatte er unter anderem geschrieben: *Man sollte Adolf Hitler und die Mitglieder des neuen Reichskabinetts* auf ihren Geisteszustand untersuchen lassen, bevor man sie vereidigt. Aber schon bald kam Hans Kapfinger wieder aus der Gefangenschaft der Nazis frei. Seine Stelle beim „Straubinger Tagblatt" war er jedoch los, und die Nazis verboten ihm, weiterhin als politischer Journalist zu arbeiten. In den folgenden Jahren des Zweiten Weltkrieges schlug sich Kapfinger als Werbeleiter, Anzeigenverkäufer und Vertriebsorganisator durch. Er arbeitete bei verschiedenen Verlagen und in verschiedenen Städten. Das Kriegsende erlebte er als Volkssturm-Mann in der damaligen Reichshauptstadt Berlin. Dort wurde er im November 1945 von den Amerikanern entdeckt. Hans Kapfinger erschien ihnen prädestiniert als neuer Zeitungs-Mann. Mit der Lizenz in der Tasche richtete er gleich gegenüber dem Dom in Passau eine neue Redaktion ein, in der Druckerei des Bistums Passau. Dort wurden in den eiskalten Räumen im Winter 1946 die ersten Manuskripte in die Maschinen getippt. Kapfinger und sein späterer Lokalchef Horst-Paul Heller saßen in Wintermänteln und mit Hüten bekleidet an den Schreibtischen, die Scheiben der Büros waren zerborsten. Die ersten Ausgaben wurden mit Pferdefuhrwerken zur Bahn gebracht und der Vertrieb gestaltete sich im zerbombten Nachkriegs-Ostbayern äußerst schwierig. Es war schon schwer genug, das Papier für den Druck zu bekommen.

In den ersten Jahren war Hans Kapfinger Verleger, Herausgeber, Geschäftsführer und Chefredakteur in einer Person. Als Leitartikler machte er sich auch überregional einen Namen. Seine Kommentare waren unbequem, provokativ und strotzten vor Selbstbewußtsein. Mit der Veröffentlichung eines Briefes an den amerikanischen Hochkommissar John Jay McCloy erregte er im Juli 1949 Aufsehen weit über das Verbreitungsgebiet seiner Zeitung hinaus. Der heißspornige Journalist hatte geschrieben: *Wenn Sie, sehr geehrter Mr. McCloy, die Bilanz der bisherigen amerikanischen Besatzungspolitik in Deutschland ziehen, so ist sie nicht erfreulich, weder von der seelischen noch von der wirtschaftlichen Seite her. Es war ein großer Irrtum der alliierten Besatzungsarmeen, der mittlerweile wohl auch eingesehen wurde, anzunehmen, die Deutschen wären alle Nazis gewesen. Es gab auch ein anderes Deutschland, und die Angehörigen dieses zu Hitler und seiner Clique in Opposition stehenden Deutschlands waren sehr zahlreich. Sie dürfen auf ungefähr drei Viertel des Gesamtvolkes geschätzt werden. Auch die von ihrem Vorgänger, dem General Lucius D. Clay, in Gang gesetzte Entnazifizierungs-Gesetzgebung hat diese Vermutung bestätigt.*

Kapfinger wußte, daß er mit solchen Artikeln eine Kürzung seiner Papierzuteilungen riskierte. Auch kam es zur Androhung des Lizenzentzuges durch die Amerikaner. Nichts von alledem ist passiert. Und so wurden Kapfingers Leitartikel wöchentlicher Gesprächsstoff für die Leser. Immer wieder kritisierte er die Besatzungspolitik der Amerikaner, er prangerte die üblen Geschäfte der Schwarzhändler an, wetterte gegen aufgeblähte Verwaltungen und gegen die Einführung des Kunstdüngers. Kapfinger machte keinen Hehl daraus, wo er stand. Alles, was er schrieb, brachte er aus tiefster Überzeugung zu Papier. Er handelte in dem Bewußtsein, das Beste für die Region und seine Leser zu tun.

In den 60er Jahren machte Hans Kapfinger weit über das Verbreitungsgebiet der Zeitung hinaus durch einige spektakuläre Prozesse und Streitereien auf sich aufmerksam. Die amourösen Abenteuer seines Münchner Verlegerkollegen Werner Friedmann (bis 1960 Chefredakteur der „Süddeutschen Zeitung", danach Herausgeber der „Abendzeitung") breitete er in aller Öffentlichkeit aus, um wenig später selbst wegen einer angeblichen Kuppelei-Affäre auf der Anklagebank zu sitzen. Hinter der Duzfreundschaft mit dem damaligen Bundesverteidigungsminister Franz Josef Strauß witterten Widersacher immer wieder eine lukrative Spezlwirtschaft. Der Publizist aus Niederbayern wurde zum Politikum. Kapfinger führte von Passau aus Wahlkampf gegen den damaligen regierenden Bürgermeister von Berlin und SPD-Kanzlerkandidaten Willy Brandt. Seine Leitartikel trugen so eindeutige Überschriften wie *Wer ist eigentlich dieser Willy Brandt?* oder *Abtreten, Willy Brandt!* Die Attacken des Zeitungskönigs gingen schließlich so weit, daß Brandt bei der Staatsanwaltschaft Passau Strafanzeige wegen der politischen üblen Nachrede und Verleumdung stellte. Die Folge war eine Serie gerichtlicher Verfahren Brandt gegen Kapfinger und Kapfinger gegen Brandt.

Sein Uralt-Weggefährte Heller glaubt, daß Hans Kapfinger gerne selbst aktiv in der Politik mitgewirkt hätte: *Jeder Chefredakteur ist ja der Meinung, daß er ein hervorragender Politiker wäre, daß er alles viel besser machen würde. Und so hat auch der Dr. Kapfinger immer wieder versucht, in der Politik mitzumischen. Es wäre natürlich gescheiter gewesen, die Finger vom Politikmachen zu lassen. Gott sei Dank sind seine Versuche ins Leere gelaufen. Für die Welt ist es sicher besser gewesen. Es hat ihm nach einer bestimmten Zeit dann nicht mehr gereicht, nur in Passau zu sitzen, von Passau aus Leitartikel zu schreiben, die bayerische Politik zu kritisieren, die Bundespolitik. Nein, er wollte aktiv eingreifen.*

Kapfinger gründete im Juli 1961 ein Konkurrenzblatt zum „Spiegel", das politische Wochenmagazin „Aktuell". Es war als publizistische

Wahlkampfhilfe für die Regierung Adenauer gedacht. In der „Passauer Neuen Presse" kündigte Kapfinger seine Zeitschrift mit folgender kämpferischen Notiz an: *SPD-Genossen, nun wird zurückgeschlagen! Jetzt wird euch die Maske vom Gesicht gerissen. Der heutige Tag ist für mich ein stolzer Tag. Seit langem habe ich es als einen großen Schaden für das deutsche Volk empfunden, daß das publizistische Gleichgewicht in der Bundesrepublik gestört ist. Das Linksmonopol beherrscht die öffentliche Meinung.* Von diesem Zeitpunkt an konnte man in der ganzen Bundesrepublik Deutschland eine Zeitschrift kaufen, die sich in der Aufmachung und im Umfang nach Art der Illustrierten mit ihrer offenen Sprache deutlich von „Spiegel" abhob. Doch Kapfinger täuschte sich. Das Magazin wurde ein Flop, nach einem Jahr wurde es mangels Nachfrage bereits wieder eingestellt. Mit seinem reinen Anti-Konzept hatte er Schiffbruch erlitten.

Kapfingers journalistisches Spielfeld blieb fortan die „Passauer Neue Presse". Sie entwickelte sich unter seiner Leitung zur erfolgreichsten Regionalzeitung Bayerns. Alle vier Tageszeitungen, die nach dem Krieg in Passau als Konkurrenz zur „PNP" herausgegeben wurden, stellten ihr Erscheinen schon nach kurzer Zeit wieder ein. Das Konzept der engagierten Heimatzeitung ging auf.

Ein weiterer enger und loyaler Mitarbeiter Kapfingers war über 40 Jahre lang Oskar Hatz, der landespolitische Kolumnist, der heute noch gelegentlich für das Blatt zur Feder greift. Er schildert Kapfinger mit den Worten: *Der Kapfinger war kein sturer Rechter. Er war ein liberaler Konservativer, und manchmal sehr, sehr liberal. Und seine Zeitung hat durch das Einmischen in die Politik sehr viel erreicht. Wir haben uns eigentlich immer im Interesse Ostbayerns eingesetzt. Wir haben angefangen, was andere Zeitungen eben noch nicht so gemacht haben: Heiße Themen aufgegriffen und Dinge angemahnt, die im Argen lagen. Dabei hat er seinen Redakteuren, wie auch mir, ungeheuer freie Hand gelassen. Wir waren die Stimme der Provinz in Richtung Landeshauptstadt und Bonn.*

Der kantige Publizist aus Passau war sogar dem „Spiegel" einmal eine Titelstory wert. Am 14. März 1962 erschien das Nachrichtenmagazin mit Kapfingers Konterfei auf Seite Eins. Nur in und um Passau gab es den „Spiegel" an diesem Montag nicht zu kaufen. Bis heute erzählt man sich, Kapfinger selbst habe damals in aller Frühe sämtliche Hefte in der Stadt aufgekauft.

In den 60er Jahren gründete Hans Kapfinger zwei soziale Einrichtungen. Der betriebseigene Unterstützungsverein bietet bedürftigen Mitarbeitern bis heute finanzielle Hilfe. Und die „Dr. Hans Kapfinger-Stiftung", die heute über ein Drittel der Firmenanteile hält, engagiert sich in gemeinnützigen und kulturellen Angelegenheiten und vergibt jedes Jahr Stipendien an junge Journalisten. Für viele ist Kapfinger wegen seiner Bescheidenheit, die er sich zeitlebens bewahrt hat, zum Vorbild geworden. Im Unternehmen war er bis zuletzt häufig Ansprechpartner, wenn die Mitarbeiter private Probleme drückten.

So aufgeschlossen er jedem persönlichem Gespräch gegenüberstand, so wenig gesellig war er bei öffentlichen Anlässen. Große Empfänge und glamouröse Feste waren dem Verleger stets ein Greuel. Am liebsten aß er Bauerngeräuchertes, und fürs Eisstockschießen ließ er sogar Redaktionskonferenzen platzen. Tatsächlich waren Zahlen und Gewinne für Hans Kapfinger reine Nebensache. Die Geschäfte liefen gut, auch wenn so mancher Kaufmann schon damals sehr viel mehr Gewinn aus dem Verlag hätte holen können. Statt dessen kümmerte sich Kapfinger lieber um die lokale Kultur: In Zusammenhang mit der alternativen Kleinkunstkneipe „Scharfrichterhaus" und dem Passauer Kabarettisten Sigi Zimmerschied machte das Zeitungshaus Mitte der 70er Jahre erneut Schlagzeilen, allerdings nicht im eigenen Blatt. Zimmerschieds erstes Stück entsetzte den damaligen Chefredakteur Erwin Janik dermaßen, daß er einen Berichtsboykott über den „stadteigenen Maulaufreißer" verhängte. Ungewollt verschaffte die „PNP" damit der Passauer Kabarettszone bundesweite Popularität. Zimmerschied erregte mit seinen Verbalketzereien derart Aufsehen, daß ihm schon bald Kleinkunstpreise verliehen wurden. Nur in der „Passauer Neuen Presse" war geschlagene sieben Jahre lang kein Wort über das Scharfrichterhaus und seinen berühmtesten Künstler zu lesen!

In der von der Passauer Linken so angeprangerten Trinität aus Klerus, CSU und Presse spielte Hans Kapfinger in den 70er Jahren eine tragende Rolle. Er selbst bezeichnete sich zeitlebens als *katholischer Publizist*, wenngleich das Verhältnis des Verlegers zur Kirche ein recht weltliches war. Als Hans Kapfinger im Alter von 83 Jahren 1985 starb, war die hohe Geistlichkeit am Grab vielzählig vertreten. Die Region verlor mit ihm einen ihrer beharrlichsten Fürsprecher, einen kämpferischen Vollblut-Journalisten. Mit Kapfinger ging eine Ära zu Ende. Die „Passauer Neue Presse" verändert schon bald ihr Gesicht, sie wurde farbiger, vielschichtiger, unterhaltsamer und ein bißchen unpolitischer. Die Zeit der Richtungskämpfe war vorbei, und die „PNP" entwickelte sich zur modernen, service-orientierten Heimatzeitung. Die „Süddeutsche Zeitung" schrieb gar vom Ende der Kapfingerschen *Katholenprawda*.

*Das neue Verlags- und Druckerei-Imperium
am Stadtrand von Passau.*

In den 90er Jahren zog die Redaktion um. Die Gebäude in der Innenstadt waren zu eng geworden. 1992 entstand am Stadtrand ein riesiges Druckzentrum, wenig später auch ein neues Verlagshaus, ein moderner Glas-Marmor-Tempel auf der grünen Wiese. Die Architektur signalisiert Aufbruchstimmung.

Mit Konzernchef Franz Xaver Hirtreiter gelang der Verlegerfamilie 1988 ein Glücksgriff. Der gelernte Journalist steigerte den Jahresumsatz des Verlagshauses innerhalb von zehn Jahren von 90 Millionen auf über eine Milliarde. Der Erfolg ist zum einen den politischen Umwälzungen der letzten zehn Jahre zu verdanken, vor allem aber ist er das Ergebnis geschickter Unternehmensführung: Denn als die Grenzen nach Osten fielen, nutzten die Passauer Verleger die Gunst der Stunde und gingen nicht wie andere Verlage beispielsweise in die ehemalige DDR, sondern zunächst nach Tschechien. Heute gehören dem Konzern 37 tschechische Zeitungen mit einer täglichen Auflage von einer halben Million.

Der mit Abstand größte Auslandsableger des Passauer Verlages ist inzwischen Polen. Hier verlegt der Konzern 47 Zeitungen, Gesamtauflage annähernd 2,5 Millionen. In Österreich bringt der Neue-Presse-Konzern 14 Wochenzeitungen heraus, mit einer Gesamtauflage von 200 000 Stück. Die „Passauer Neue Presse" ist also längst nicht mehr das größte Kind der Familien Kapfinger und Diekmann, zumal inzwischen Zeitungen ohnehin nicht mehr das einzige Produkt sind. Bücher, Zeitschriften,

Broschüren – alles, was irgendwie gedruckt werden muß, gehört zum Metier der Passauer. In einer Druckerei in Budweis werden zum Beispiel pro Jahr 24 Milliarden Bierflaschenetiketten hergestellt – das ist Weltspitze.

Heinz Kapfinger, einer der Firmenerben des PNP-Verlages.

Doch der Passauer Verlag orientiert sich nicht mehr nur in Richtung Osten. Im Sommer 1998 gelang der Einstieg in Italien. Sohn Heinz Kapfinger denkt an eine europaweite Expansion. Der neue Presse-Konzern beschäftigt inzwischen 7000 Mitarbeiter in fünf Ländern. Und auch die Eigentümer selbst arbeiten im Unternehmen mit. Angelika Diekmann ist nicht nur Gesellschafterin, sondern auch Journalistin; sie leitet die Feuilleton-Redaktion der „Passauer Neuen Presse". Ihr Mann Dr. Dr. Axel Diekmann, eigentlich Zahnarzt, ist maßgeblich in die Firmengeschäfte eingebunden. Heinz Kapfinger war über 20 Jahre lang Betriebsleiter und Geschäftsführer und betätigt sich nebenbei auch als Fotograf.

Schon bereitet sich die dritte Generation der Kapfinger-Diekmanns auf das Verlegergeschäft vor. Simone Diekmann studiert Jura, ihr Bruder Alexander will Kaufmann werden. Heinz Kapfingers Sohn Michael ist Druckingeneur. Sie alle werden das Zeitungsgeschäft weiterführen. Die Zivilcourage der ersten und der Unternehmergeist der zweiten Generation sind ihnen Herausforderung genug.

Wo die Puppen sprechen lernten

In der dritten Generation leitet die Familie
Marschall-Oehmichen die „Augsburger Puppenkiste"

ANGELIKA SCHNEIDERAT

Jim Knopf und Lukas der Lokomotivführer sind Figuren, die ganze Generationen von Kindern vor den Fernseh-Bildschirm gelockt haben. Sie gehören zum Ensemble der *Augsburger Puppenkiste,* die nunmehr in dritter Generation von der Künstlerfamilie Marschall-Oehmichen geleitet wird.

Immer wieder stehen Kinderscharen aufgeregt im Foyer der Augsburger Puppenkiste in der Spitalgasse und warten auf den Beginn der Vorstellung. Seit dem 26. Februar 1948 hebt sich der Deckel der Augsburger Puppenkiste regelmäßig. Die erste Aufführung begeisterte Tausende von jungen und älteren Zuschauern mit dem Märchen *Der gestiefelte Kater.* Das ist übrigens das einzige Stück, in dem der „Star" des Theaters, der verschmitzte Kasperl – seit jeher dargestellt von Theater-Chef Walter Oehmichen –, nicht mit von der Partie ist. Sonst zappelt die Kultfigur immer an den dünnen, für die Besucher kaum sichtbaren Strippen.

Walter Oehmichen stammt aus einer alten Künstlerfamilie. Zusammen mit Gustav Gründgens besuchte er die Schauspielschule in Düsseldorf. Seine Frau Rose war Schülerin des berühmten Max Reinhardt. 1931 zog das Ehepaar nach Augsburg. Walter Oehmichen wurde als Schauspieler am Stadttheater engagiert und avancierte bald zum Oberspielleiter. Nachdem er aus dem Zweiten Weltkrieg in das zerstörte Augsburg zurückgekehrt war, entschloß er sich, ein Marionettentheater zu gründen. Das war eine Idee, die wohl schon lange in ihm gekeimt hatte. Seine Tochter Hannelore Marschall-Oehmichen erinnert sich, daß der Vater schon immer ein Faible für die kleinen beweglichen Figuren hatte, über die man sich nicht so ärgern mußte wie über manchen Schauspieler. *Puppen kann ich einfach weghängen,* pflegte er immer zu sagen.

Diese – sicher etwas kritische – Einstellung brachte ihn letztlich auch dazu, das Marionettentheater in Augsburg zu eröffnen. Es gelang ihm nicht nur, der Stadt das ehemalige Heilig-Geist-Spital als Spielstätte abzuschwatzen, sondern auch in den Verbund der Städtischen Bühnen auf-

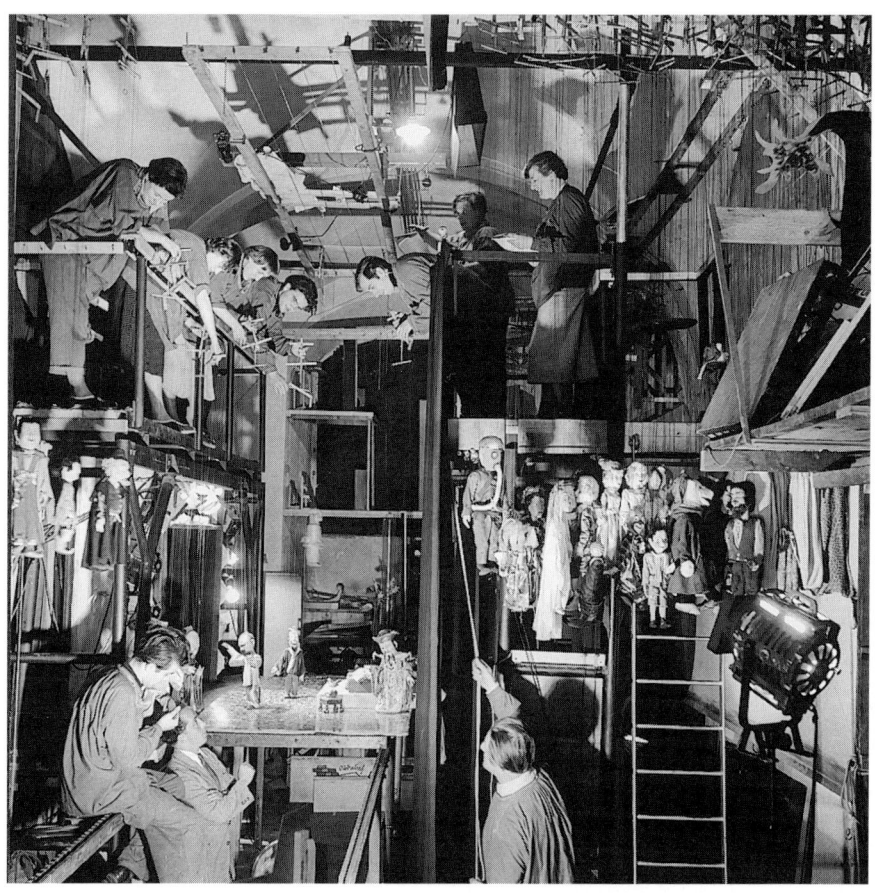

Die „Augsburger Puppenkiste": Hinter der Bühne Anfang der 50er Jahre.

genommen zu werden – ein Coup, durch den der Puppenkiste bis heute
finanzielle Unterstützung garantiert ist. Die ganze Familie, Mutter Rose
sowie die Töchter Ulla und Hannelore, mußte mit Hand anlegen. Ein
paar wenige Enthusiasten, Schauspielerkollegen, Freunde und Bekannte
gehörten ebenfalls zum Gründungsensemble. Im ersten Jahr standen bereits sechs Stücke auf dem Spielplan, obwohl es an allem mangelte. Die
Nägel für die Kulissen und das Bühnenbild holte Walter Oehmichen mit
einem Magneten aus dem Abfall eines Karosseriebauers in Augsburg-
Lechhausen. Das Holz, das Tochter Hannelore zum Puppenschnitzen
brauchte, bettelte man sich zusammen. Jeder kramte zu Hause in alten
Truhen, suchte nach Stoffresten, die zum Nähen der Kostüme verwen-

det werden konnte. Jeder packte dort an, wo es nötig war – an diesem Prinzip hat sich bis heute nicht viel geändert. Und auch nicht daran, daß man sich von Anfang an als Familienbetrieb verstand, in dem die Mitarbeiter ganz selbstverständlich dazugehören. Anders hätte man wohl auch die ersten Jahre kaum überstehen können.

Mitten in der Phase des Aufstiegs der Augsburger Puppenkiste starb 1977 Walter Oehmichen. Das war sogar der „Bild"-Zeitung eine Nachricht wert. Schließlich war es dieser Mann, der Augsburg in Deutschland und in aller Welt bekanntgemacht hatte, spätestens seit die Aufführungen des Marionettentheaters zum ersten Mal über den Bildschirm geflimmert waren. Seine Tatkraft, seine kindliche Freude am Puppenspiel und seine Fähigkeit, kongeniale Mitarbeiter anzuziehen, schufen den Mythos „Puppenkiste".

Über die weitere Existenz der Puppenkiste gab es keinen Zweifel. Die Leitung des Marionettentheaters blieb in der Hand der Familie. Tochter Hannelore hatte bei der Theaterarbeit ihren Mann kennengelernt, Hanns-Joachim Marschall. Er führte das Familienunternehmen weiter, das jetzt in der dritten Generation von Enkel Klaus Marschall geleitet wird. Hannelore Marschall-Oehmichen ist weiter damit beschäftigt, in ihrer Werkstatt, zusammen mit Sohn Jürgen Marschall, die Marionetten zu schnitzen, kunstvolle Figuren, deren ausdrucksvolle Mimik beeindruckend wirkt. Inzwischen hängen rund 6000 Marionetten im Fundus

Familie Oehmichen: Walter und Rose
mit ihren Töchtern Hannelore (l) und Ulla (r).

der *Augsburger Puppenkiste*, und die meisten sind das Werk von Hannelore Marschall-Oehmichen. Bevor ein Stück in den Spielplan aufgenommen wird, bespricht sie die Gestaltung der Marionetten mit dem Autor oder skizziert das Aussehen mit dem Regisseur. Dann wird sofort Hand angelegt, denn Vorzeichnungen muß die äußerst talentierte Puppenschnitzerin nicht anfertigen. Sie hat ein geübtes Auge, mit dem sie die Menschen auf der Straße beobachtet, und diese dienen ihr dann als Vorbilder. Vielleicht könnte sich sogar mancher Augsburger in einer Puppe wiedererkennen! Als Werkstoff dient ihr das weiche Lindenholz, aus dem sie an etwa einem Tag eine Figur schnitzt. In den vielen Jahren der Arbeit für die Puppenkiste hat Hannelore Marschall-Oehmichen ihren ganz eigenen Stil entwickelt. Eine Art Bildsprache, die von Kindern und Erwachsenen sofort verstanden wird und doch nicht ohne Geheimnis ist. Freilich: eine Prinzessin muß aussehen wie eine Prinzessin, aber da soll noch Platz für die Phantasie bleiben, mit der die Kinder in die Figur ihre eigene Vorstellung hineininterpretieren können.

Sind die Puppen geschnitzt, werden sie bekleidet. Es müssen Kulissen gebaut und Requisiten beschafft werden – ganz wie im „großen" Theater. Gleichzeitig finden die Sprachaufnahmen statt, denn Text und Musik kommen in der Puppenkiste schon seit längerem vom Band. Dann geht's ans Einstudieren. Wer sich ein Stück der Augsburger Puppenkiste, ganz gleich ob auf der Bühne oder im Fernsehen, einmal ganz aufmerksam anschaut, wird über die fast schon besessene Detailgenauigkeit staunen, mit der die Puppenkisten-Macher zu Werk gehen.

1992 übernahm Klaus Marschall die Leitung der Puppenkiste von seinem Vater – ein Erbe, das ihm quasi schon in die Wiege gelegt worden war. Mit sechs Jahren bekam er die erste Marionette. Schon in der Grundschule hatte er mit seinem Bruder bereits Stücke aufgeführt. Allerdings ist ihm der Chefposten nicht einfach in den Schoß gefallen. Er absolvierte zuerst eine Ausbildung zum Dekorateur, lernte dann bei anderen Puppenbühnen, mußte sich also hocharbeiten wie jeder andere auch. Aber wie sein Großvater hält er an einem Prinzip eisern fest: *Wir wollen heute immer noch nicht pädagogisieren, wir wollen auch keine Umweltstücke machen oder gesellschaftspolitische Themen aufgreifen. Wir wollen einfach gute Unterhaltung bieten. Sicher, wenn wir heute Märchen spielen im Theater, dann ist da auch überall eine gewisse Moral drin, und ich glaube, das reicht auch.*

Inzwischen wächst die vierte Generation der Familie Marschall-Oehmichen auf. Es würde ihn schon freuen, wenn eines seiner Kinder in seine Fußstapfen treten würde, sagt Klaus Marschall, das dürfe aber niemals unter Zwang geschehen.

Um heute ein solches Theater-Unternehmen zu führen, genügt es nicht, mit künstlerischem Engagement an die Sache heranzugehen – es gehört auch kaufmännisches Geschick dazu. Theaterleiter Klaus Marschall ist einen Großteil seiner Zeit mit finanziellen Angelegenheiten beschäftigt. Zwar leidet das Theater nicht unter Besuchermangel – im Gegenteil: Karten sind nur mit viel Glück zu bekommen, und in manchen Jahren hat die Puppenkiste eine Platzausnutzung von über 100 Prozent. Aber dennoch erfordert das Management präzise finanzielle Kalkulation. Trotz des internationalen Erfolgs stand die Puppenkiste in den 80er Jahren kurz vor dem Aus. Gutes Kindertheater zu machen, ist eben nicht billig, doch die Karten sollen dennoch preiswert sein. Mit diesem Grundsatz konnte die Familie

Sie lassen die Puppen tanzen: Hannelore Marschall-Oehmichen und Ehemann Hanns-Joachim Marschall mit den beiden ebenso „puppenbegeisterten" Söhnen Klaus und Jürgen.

zwar nicht reich werden, aber dennoch überleben. Wenn die Bühne nicht subventioniert werden würde, hätte sie schon längst geschlossen werden müssen.

Trotz der ständigen wirtschaftlichen Gratwanderung hat Theaterchef Klaus Marschall große Pläne. Er träumt von einem Puppenzentrum mit Museum, in dem 50 Jahre Puppenkiste gezeigt werden können. Auf der Bühne will er die gesamte Bandbreite des Puppenspiels präsentieren, angefangen vom Schüler- bis zum Profitheater, und das weltweite Figurentheater aus der Ecke des Jahrmarkt- und Nischentheaters herausholen. Dazu bräuchte er allerdings einen zweiten Veranstaltungssaal. Eine neue Fernsehproduktion ist momentan noch nicht in Sicht. Es müßte sich erst wieder eine zündende Geschichte finden, die zur Puppenkiste paßt, so wie die vom „Urmel auf dem Eis", die schon Generationen von

Kindern begeistert hat und auch von den modernen „Kids" gerne gesehen wird.

Selbst im Zeitalter von Gameboy und Internet funktioniert das Phänomen *Augsburger Puppenkiste* noch hervorragend – gute Unterhaltung ist eben auch für Kinder zeitlos!

Ein Leben zwischen Kunst und Technik

Die Familie von Miller steht für Erzgießerei, das Deutsche Museum und die Entwicklung der Elektroindustrie

GÜNTER WEINZIERL

Zu den ganz großen Namen in Bayern zählt seit Generationen zweifellos die Münchner Familie von Miller. Da war einmal Ferdinand von Miller, königlicher Erzgießer und Erbauer der weltberühmten Bavaria; dann sein Sohn Oskar von Miller, der das Walchenseekraftwerk konstruiert und das Deutsche Museum gegründet hat, und schließlich das Elektrogenie der Familie – Rudolf von Miller. Alle drei waren starke Persönlichkeiten mit immenser Ausstrahlung, dennoch bescheiden und ungemein innovativ. Daneben verstanden sie es, die Methoden der Werbung – heute würde man sagen „public relations" – bestens für ihre Ziele zu nutzen. Ferdinand von Miller bewies besonderes Geschick darin, seine Erzgüsse in alle Welt zu verkaufen. Oskar, der „Napoleon der Elektrizität", konnte das Walchenseekraftwerk und das Deutsche Museum nur bauen, weil er einflußreiche Persönlichkeiten von seinen Ideen zu überzeugen wußte. Rudolf von Miller pflegte weltweit Kontakte zur Förderung der Elektrotechnik. Freilich stand hinter all dem eine große Portion Tüchtigkeit, Fleiß und Durchsetzungswille.

Schon als der junge Ferdinand Miller (* 1813) um die bildhübsche Anna von Pösl warb, die Tochter des damaligen Kanzlers von Niederbayern, von deren Mutter aber als „dahergelaufener Künstler und Hungerleider" abgewiesen wurde, bediente er sich des Mittels der Werbung. Genauer gesagt: Er ließ werben. Sein Onkel Johann Baptist Stiglmaier, seines Zeichens Hufschmied, Graveur und Inspektor der königlichen Erzgießerei, griff zur Feder und schrieb im Jahr 1840 einen bis heute weithin unbekannten Brief an die Geheimrätin von Pösl in Landshut. Der Einsatz für den Neffen fiel ihm nicht schwer, denn Ferdinand hatte sich in der Lehre bei einem Goldschmied als äußerst geschickter und künstlerisch begabter Sproß erwiesen und sogar in der Feiertagsschule einen Kapitalbrief von 150 Gulden für hervorragende Leistungen gewonnen. So wählte Stiglmaier wohlgesetzte Worte:

Mit Schichternheit ergreife ich heute die Feder, indem ich es wage, einen Punkt von zarter Natur zu berühren, der einem liebenden, treuen Mutterherz so nahe geht. Jedoch, noch länger über eine Angelegenheit zu schweigen, woran das Glück meines Neffen Ferdinand, die Ruhe ihrer hochverehrten Fräulein Tochter und selbst die Beruhigung Ihres mütterlichen Herzens abhängt, müßte mir als eine Vernachläßigung anzurechnen seyn. Ich nehme mir daher die Freyheit, Euer Hochwohlgeboren die Verhältnisse meines Neffen offen darzustellen, damit Sie mit Ihrem Herzen berathen können, ob er es je wagen dürfe zu seiner Zeit um die Hand Ihrer geliebten Fräulein Tochter anhalten zu dürfen.

Ferdinand hat sich seit wenigen Jahren so vielseitig gebildet, daß er mir unentbehrlich geworden ist, er erhält jährlich von mir ein Gehalt von 600 fl und sollte ich mit Tod abgehen, so ist er in allen mit Sr.Maj. dem König abgeschloßenen Verträgen als Substitut aufgenommen. Sollte mich der liebe Gott lange am Leben erhalten, und würde Ferdinand das Glück haben, die Einwilligung zu dem Besitze Ihrer lieben Fräulein Tochter zu erhalten, so würde ich ihn an dem Gewinn an den sehr großen Bestellungen, kontraktmäßig Theil nehmen laßen. Auch werde ich nicht versäumen, ihn bey Sr. Maj. Dem König zu empfehlen und ihm eine anständige Anstellung zu erwürken suchen; jedenfalls müßte sein Einkommen sich jährlich auf tausend Gulden belaufen.

Nebstdem gehört Ferdinand zu den seltenen jungen Männern unserer Zeit, die sich durch Reinheit der Sitten und Religiosität auszeichnen; und wie sehr müßte ihn der tugendhafte Wandel und die hohe Bildung Ihrer Fräulein Tochter sein Lebensglück vergrößern, fast getraue ich mir zu behaupten, daß sie für einander geschaffen sind.

Die Eltern der Anna von Pösl konnten sich diesen herzerweichenden Worten nicht verschließen und willigten in die Ehe ein. Es wurde – wie die meistens der Ehen der Millers – eine glückliche Beziehung. Die Eheleute bekamen 15 Kinder. Anna von Miller war eine liebevolle Mutter und eine wunderbare Erzieherin. Die Familie lebte in der Gegend um die heutige Sandstraße, zwischen dem Stiglmaierplatz und Schloß Nymphenburg, wo die große Erzgießerei entstand. Dort sorgte die 15fache Mutter auch noch für 50 Kühe und erledigte nebenbei die Buchhaltung. Das Anwesen stand – wie der heutige Name der Sandstraße vermuten läßt – auf sandigem Gelände, das Ferdinand von Miller zur Herstellung seiner Formen benötigte. Er hatte sich auf den Sandguß spezialisiert, ein Verfahren, bei dem die Form in den Boden gegraben wird. Trotz des sandigen Bodens pflegte Anna von Miller einen großen Garten voller prächtiger Blumen und Kräuter. Wenn Besuch aus der Stadt kam, hatte sie immer noch eine Hand frei, um die Gäste zuvorkommend zu bewirten. Wenn in der Gießerei wieder einmal eine Statue fertig war und das Ereignis mit einem großen Fest gefeiert wurde, dann blieb für sie kaum eine Minute zum Verschnaufen. Sie war eine bewundernswerte Frau voller Tatkraft und Herzlichkeit. Für Ferdinand von Miller, der dem Zenith seines Ruhms als Erzgießer zustrebte, war sie eine unersetzbare Stütze. Umgekehrt verehrte der – im Berufsleben manchmal recht bärbeißige – Geschäftsmann seine Ehefrau zutiefst.

Die Millers und ihre Frauen – das wäre eine eigene Geschichte! In der gesamten Familie gab es keine Scheidungen. Von Oskar von Miller, dem Erbauer des Walchenseekraftwerks und Gründer des Deutschen Museums, weiß man, daß er seiner Frau noch nach Jahrzehnten der Ehe glühende Liebesbriefe schrieb. Als sie kurz vor der Goldenen Hochzeit am 18. August 1933 bei einem Autounfall ums Leben kam, erlosch bei dem vitalen Konstrukteur der Lebenswille. Ein knappes Jahr später starb

Die Familie von Miller: v.l.n.r.: Emmy von Miller (Ehefrau von Rudolf),
Rudolf (jüngster Sohn von O. v. Miller, stehend).
Christina, heute Gräfin Podewils (älteste Tochter von Rudolf),
Marie (Frau von O. v. Miller), Rosemarie, geb. Bomhard,
älteste Enkeltochter (Tochter von Lulu). Oskar von Miller,
Lulu von Bomhard, geb. v. Miller (Tochter von O. v. Miller).

er selbst. Auch Rudolf von Miller, im Frühjahr 1995 im Alter von 97 Jahren verstorben, pflegte ein sehr liebevolles Verhältnis zu seiner Frau Emmy. Bis zuletzt verbrachten die beiden fast jede Minute ihres Lebens zusammen.

Ein tiefer Respekt vor der Persönlichkeit eines anderen begründet wohl diesen Zusammenhalt. Das Geheimnis dieser Harmonie dürfte in der Erziehung liegen. Die Kinder wurden beschützt, aber nicht bevormundet, gefördert, aber nicht protegiert. Das bekam schon Oskar von Miller zu spüren, der 1855 zur Welt kam, in einer Zeit, in der Kunst und Technik gleichermaßen im öffentlichen Ansehen standen. Er wuchs zu einer Zeit auf, in der der Bildhauer Ludwig von Schwanthaler die Bavaria entwarf, der Baumeister Leo von Klenze den Odeonsplatz und die Hofgartenarkaden schuf und der Maler Moritz von Schwind seine ersten Erfolge feiern konnte. Sie alle verkehrten im Hause von Miller, und das blieb natürlich nicht ohne Einfluß auf den kleinen Oskar. Als fleißigster Schüler des Münchner Polytechnikums beschäftigte er sich mit dem Eisenbahn-, Wasser- und Brückenbau und trat seine erste Stelle als Ingenieur an der Tunnelbaustelle in Kreuzwertheim an, wo die Bahnlinie Kitzingen – Wiesentheid entstand. Seine große Stunde schlug im Frühjahr 1881, als er, 26jährig, den amtlichen Auftrag erhielt, nach Paris zu reisen und in der dortigen, vielbeachteten Elektrizitätsausstellung die Möglichkeiten zu eruieren, wie die Wasserkraft in Bayern zur Stromgewinnung ausgenutzt werden könnte.

Das Gesamterlebnis Paris weitete seinen Blick – nicht nur für die technischen Möglichkeiten, sondern auch in Bezug auf die Notwendigkeit des Erfahrungsaustausches auf internationaler Ebene. Er sprach mit vielen Fachleuten aus aller Welt und lernte neue Methoden der Energietechnik kennen. Er erfuhr von Wunderwerken neuer Technologien. Das alles faszinierte ihn dermaßen, daß in seinem Kopf der Traum von einer riesigen Schau aller technischen Geräte und Pläne entstand, mit der man die Errungenschaften der menschlichen Intelligenz auf diesem Gebiet der Öffentlichkeit nahebringen könnte.

Aus Paris zurückgekehrt, organisierte Oskar von Miller in München eine eigene Elektroausstellung – nicht so gigantisch wie das Pariser Vorbild, aber von technischer Perfektion und mit vielen Neuerungen versehen. Jedenfalls fand die Schau ungeteilte Bewunderung – nicht nur in Fachkreisen. Wenig später entstand in der Münchner Briennerstraße die erste elektrische Straßenbeleuchtung Deutschlands! Oskar von Miller schaffte damit den Aufstieg in die Aristokratie der Techniker und Ingenieure. Eine Gruppe bayerischer Industrieller finanzierte ihm schließlich eine mehrmonatige Studienreise nach Frankreich, England und Amerika.

Auch auf dieser Reise gewann er wieder neue Eindrücke, die seine Idee von einer großen Ausstellung technischer Errungenschaften nährten. Nach Jahren in Berlin, wo er die AEG aufbaute, zog es ihn wieder nach München zurück. Doch der Neuanfang war schwer. Im Gegensatz zu Berlin, wo der technische Fortschritt erste Priorität hatte, schwelgte das gemütliche München mehr in den Freuden der Muse. So mußte er als selbständiger Ingenieur zunächst mühsam Aufträge an Land ziehen, ehe er langsam wieder Fuß faßte. Aber Oskar von Miller biß sich durch. Er wurde Vorsitzender der Edison-Gesellschaft und Sprecher des Verbandes der bayerischen Ingenieure. Sein gesellschaftlicher Einfluß wurde immer größer. So gelang es ihm auch, zahlreiche Zeitgenossen von der Idee eines Museums der Technik zu überzeugen. Ihm kam dabei der psychische Zug München zugute, sich durch Sammlungen jeglicher Art den Nachfahren mitzuteilen und somit die Vielgestaltigkeit des Daseins zu konservieren.

Den Durchbruch brachte eine Vorsprache beim königlich-bayerischen Staatsminister Max von Feilitzsch, der einer Versammlung im Innenministerium zustimmte. So hatte Millers Idee einen offiziellen Anstrich bekommen. Und schließlich gewann er auch noch den Prinzregenten Luitpold für seinen Plan. Am 13. November 1906 war Grundsteinlegung für den Museumsneubau auf der vormaligen Kohleninsel in der Isar.

Mit seiner unbändigen Energie verfolgte Oskar von Miller gleichzeitig aber auch das Projekt eines Wasserkraftbauwerks. Er konnte und wollte es nicht einsehen, daß immense Wasserkraft ungenutzt blieb, während es der Menschheit allenthalben an Energie mangelte. Mit der gleichen Beharrlichkeit, mit der er das Projekt des Deutschen Museums betrieb, suchte er sich für den Bau des Wasserkraftwerkes am Walchensee ein. Ungeachtet aller Krisen, trotz Wahlschlachten, Bierkellertumulten und Fememorden schritten beide Projekte gleichmäßig voran. Die Ergebnisse können wir noch heute bewundern.

Trotz aller Turbulenzen im Beruf vernachlässigte Oskar von Miller seine Familie keineswegs. Sohn Rudolf schwärmte immer wieder von der Fürsorglichkeit und Großzügigkeit seines Vaters, der schon zu Lebzeiten ein berühmter Mann war. Aber er wollte es auf keinen Fall, daß sich die Kinder in dieser Prominenz sonnten. Kennzeichnend dafür ist eine Begebenheit, die mir Rudolf von Miller 96jährig, kurz vor seinem Tod, schilderte: Er und seine Schwester wollten unbedingt das Tennisspielen lernen und zu diesem Zweck in einen Club eintreten. Als sie die

Bitte dem Vater vortrugen, reagierte dieser äußerst abweisend und meinte, in solch einem Club seien nur „Großkopferte" und die Kinder reicher Leute vertreten. Da griffen die Kinder zu einer List: Sie steckten sich hinter den Onkel, der Arzt war. Dieser brachte Oskar von Miller dann bei, daß die Kinder viel zu viel am Schreibtisch sitzen würden und Bewegung bräuchten. Sie müßten mehr Sport treiben, und Tennis wäre die ideale Sportart. Als der Vater die Gesundheit seiner Kinder in Gefahr sah, hatte er keinerlei Einwände mehr (obwohl ihm die List möglicherweise nicht verborgen geblieben war).

Auf der einen Seite gab es den großzügigen, auf der anderen den knauserigen Oskar von Miller. Wann immer er eine Möglichkeit sah, etwas für *sein* Deutsches Museum zu schnorren, schreckte er vor nichts zurück. *Wenn man ihm die Hand gibt, muß man aufpassen, daß man noch alle Finger behält,* hieß es damals in den einflußreichen Kreisen. Wie sehr er hinter allen möglichen Exponaten für die neue Münchner Attraktion her war, zeigt eine weitere Begebenheit: Als der amerikanische Auto-Pionier Henry Ford in München weilte, um das Deutsche Museum zu besuchen, bemerkte er die Begeisterung des jungen Rudolf von Miller für die amerikanischen Autos. Prompt schenkte er dem Studenten ein nagelneues Ford-Cabrio. Als dies Vater Oskar mitbekam,

Oskar von Miller (l.) Gründer des Deutschen Museums in München, daneben Henry Ford.

vereinnahmte er das Auto sofort als Ausstellungsstück fürs Deutsche Museum. Am Tag der Lieferung des Wagens standen dann aber plötzlich zwei chromblitzende Exemplare vor der Tür – eines für Rudolf und das andere fürs Museum, wie Henry Ford dazu schrieb. Allerdings brachte das Fahrzeug – wie schon erwähnt – der Familie kein Glück: Am 18. August starb darin Oskars Frau Marie bei einem Verkehrsunfall.

Ein Fluch der Technik, die den Millers immer so viel bedeutet hatte? Eigentlich hatte es in der Familie seit jeher eine gewisse Ambivalenz gegeben. Vielleicht könnte man die Einstellung der Millers auf die zugegebenermaßen schlichte Formel bringen: Kunst kommt von Können. Heini von Miller, der Urenkel des großen Erzgießers Ferdinand, sieht in der Familie keinen Gegensatz von Kunst und Technik, sondern vielmehr die treffliche Symbiose aus handwerklichem Geschick und künstlerischer Intuition. Das zeigte sich besonders an der Erzgießerei, die nicht nur gekonntes Umgehen mit Materialien erfordere, sondern auch das Gespür für Form und Ausdruck. Dazu kam die Mystik des gefährlichen und unberechenbaren Feuers. Oft kam es zu Explosionen, es gab Verletzte und Tote. Einmal brannte sogar der gesamte Dachstuhl der von Millerschen Erzgießerei ab. Ferdinand von Miller wäre daran beinahe zerbrochen. Wochenlang fesselte ihn eine rätselhafte Krankheit ans Bett. Erst der Trost von König Ludwig I. richtete ihn wieder auf. Hinzu kamen aber noch andere Rückschläge: Oft war die Form beim Gießen zerbrochen, oder der Guß selbst brach in Stücke, so wie das bei mehreren Teilgüssen für die Bavaria der Fall war. Den Ruhm für seine größte Heldentat konnte Ferdinand von Miller selbst nicht mehr genießen. Erst nach seinem Tod wurde seine Büste im Ehrentempel für verdiente Bayern hinter der von ihm selbst geschaffenen Bavaria aufgestellt.

Seine Söhne ergriffen die verschiedensten Berufe. Drei wurden ebenfalls Erzgießer, ohne jedoch den Ruhm des Vaters zu erreichen. Einer wurde Landwirt, ein anderer Professor, es gab einen Goldschmied, einen Kaufmann und einen Lehrer.

Lehrer ist auch Urenkel Heini von Miller geworden, ein Schwabinger Original, dem solche Ehrenbezeugungen wie seinem Urgroßvater wohl nie zuteil werden. Gleichwohl ist er auf seine Weise ein Künstler. Inmitten eines kaum überschaubaren Freundeskreises wirkt er gewissermaßen als Medium. Er organisiert immer wieder große Feste und Feiern, zuletzt ein vielbeachtetes Zigeunermusik-Festival im Englischen Garten mit vielen Größen aus der Szene der Sinti und Roma.

Das Feiern hatte bei den Millers seit jeher einen großen Stellenwert. Schon Prinzregent Luitpold kam immer wieder in das Haus Ferdinand von Millers, um einen guten Tropfen zu genießen. Da wurde dann über Kunst, Jägerei und Romantik diskutiert. Im Schwanthaler Ritterzirkel ging es dann auch oft um Politik. Noch heute ist der Hochzeitstag des Erzgießer-Ehepaars am 21. Januar ein Familienfest. Es war das Vermächtnis von Ferdinand und Anna, daß sich die Familienmitglieder an diesem Tag zusammenfinden in Liebe, Freundschaft und gegenseitiger Hilfe. Jedes Jahr trifft sich die Miller-Sippe seither im Gedenken an die Vorfahren. Erst 1990 wurde der 150. Hochzeitstag mit einer respektablen Feier begangen. Aber auch zu anderen Festivitäten trifft man sich bei Reden, Mahlzeiten und Musik. Sogar Theateraufführungen werden zu diesen Anlässen inszeniert. Und ganz vorn mit dabei ist Heini von Miller.

Da kommt wohl eine Ader seiner Verwandtschaft mütterlicherseits durch, von einem fahrenden Landvolk aus Andalusien. Daher rührt wohl, so meint er, seine Vorliebe für Zigeunermusik. Keine andere Melodien könnten Freude und Schmerz so eingängig ausdrücken, wie diese. So verbindet ihn eine enge Freundschaft mit dem Doyen der Zigeunermusik: Schnuckenack Reinhardt, dessen Vorfahren seit 500 Jahren im Rheinland leben. Dieser Mann, sagt Heini von Miller bewundernd, habe durch seine Musik die ganze Familie retten können, als er während der Nazi-Zeit nach Polen ins KZ transportiert wurde. Dabei sei er als der berühmte Musiker erkannt worden, habe aufgespielt, und daraufhin habe man alle freigelassen. Diese Geschichte hat Heini von Miller geprägt. Er schafft zwar keine monströsen Statuen oder andere technische Wunderwerke, aber er tut viel für die Menschlichkeit. Das ist auch eine Seite der großen Familie von Miller.

Ein Bürgergraf zwischen Mistgabel und Computer

*Rudolf Konrad Graf Montgelas: Vom Automanager
zum Wachteleierproduzenten*

RUDOLF ERHARD

Der Name Maximilian Joseph Graf Montgelas steht in jedem bayerischen Geschichtsbuch. Der einstige Superminister für Inneres, Äußeres
und Finanzen war Anfang des 19. Jahrhunderts der einflußreichste Mann
in Bayern. Er gilt noch heute als Begründer des effektiven Verwaltungs-
staates, als Vorbild für Karrierebeamte.

Das Familienschloß der Grafen Montgelas befindet sich im niederbayerischen Egglkofen. Dort sitzt heute noch ein Graf Montgelas, der
sich aber mit ganz bürgerlichen Sorgen herumschlagen muß und versucht, den immer noch großen Besitz im Sinne der Vorfahren zu erhalten. Eine Last, die Mut, Geld und Einfallsreichtum verlangt. Rudolf
Konrad Graf von Montgelas, geboren am 10. November 1939, lebt inmitten der historischen Hinterlassenschaften. Das riesige Schloß am
Rande des kleinen Ortes Egglkofen ist kaum warm zu bekommen. Besonders in kühleren Jahreszeiten gehört deshalb eine dicke Strickjacke
zur Alltagskleidung. Mehrmals am Tage ist der Graf als „Heizer" unterwegs. Wuchtige Holzöfen und offene Kamine sorgen, neben einer Elek-
troheizung in einigen kleineren Räumen, für die notwendige Wärme.
Auch in der selten genutzten riesigen Schloßküche schürt Graf Montgelas täglich den breitausladenden Herd nach, damit die Wasserrohre im
Küchentrakt nicht einfrieren.

Überall lagern gewaltige Holzscheite in großen schmiedeeisernen Ge-
stellen. Droben im ersten der drei Stockwerke, dem heutigen Haupt-
wohntrakt, ist ein abgetrennter Teil des großen Salons zum Holzlager
umfunktioniert worden. Per Förderband kommt der Wintervorrat durchs
Fenster und wird dann vom Grafen persönlich mit dem Schubkarren
zu den Feuerstellen transportiert. Im Holzlager steht, neben allerlei
Gerümpel, auch ein verstaubter, mehrarmiger Silberleuchter, ein Gast-
geschenk Napoleons anläßlich seines Besuches im Schloß des Grafen
Montgelas. Zweimal weilte Napoleon in den mächtigen Mauern des
hochaufragenden Prachtbaues. Der befand sich damals noch nicht im

Montgelasschem Besitz, sondern gehörte dem fränkischen Adelsgeschlecht der Freiherren von Lerchenfeld.

So ganz beiläufig nimmt der heutige Schloßherr, Graf Montgelas, bei
Hausführungen das achtlos abgestellte Erinnerungsstück zum Anlaß,
über den Besuch des französischen Feldherrn zu plaudern. Es war die
Schlacht von Neumarkt-St. Veit am 24. 4. 1809, die Napoleon im Schloß
Quartier nehmen ließ. In dem fünf Kilometer breiten Streifen zwischen
Neumarkt-St. Veit und Egglkofen besiegten die napoleonischen Truppen
in einem erbitterten Gefecht die Österreicher. Kurze Zeit später kam

*Rudolf Konrad Graf Montgelas vor dem
Gemälde seines berühmten Namengebers
Maximilian Joseph Graf Montgelas.*

Napoleon erneut nach Egglkofen, um im Schloß Verhandlungen mit den Unterlegenen zu führen.

Wenn Rudolf Konrad Graf Montgelas von diesen Zeiten erzählt, wirkt er, als hätte er die Geschichte des Schlosses verinnerlicht. Dabei ist er kein leiblicher Nachfahre des berühmten Grafen Maximilian Joseph Graf Montgelas. Er wurde von seinem Onkel, Max Emanuel Graf Montgelas, einem direkten, aber kinderlosen Nachkommen des berühmten Staatsmannes, adoptiert. Doch Rudolf Konrad braucht sein Licht nicht unter den Scheffel zu stellen. Er gehörte als Freiherr von der Heydte bereits zum Adelsstand, ist sich aber der Würde des neuen Namens stets bewußt: *Die Montgelas haben diesen Staat geprägt, auf dessen Grundlagen das heutige moderne Bayern aufgebaut werden konnte. Mit dieser grundlegenden Umwandlung hat sich Maximilian Graf Montgelas freilich nicht nur Freunde geschaffen. Aber immerhin: Er fand einen Staat vor, dessen Ländereien zu zwei Dritteln der Kirche und dem Adel gehörte. Diese zahlten keine Steuern, und so mußte alles aus dem verbleibenden Drittel der Bürger und Kleinbauern herausgepreßt werden. Das hat er geändert*, sagt der Schloßherr. Stolz verweist er auf eine Ausstellung im Bayerischen Hauptstaatsarchiv, die anläßlich des 150ten Todestages von Maximilian Joseph Graf Montgelas dessen Verdienste und Schicksal dargestellt hatte.

Wenn der adoptierte Graf Montgelas von den herausragenden und bis in die heutige Zeit hineinwirkenden Leistungen seines Nenn-Ahnen erzählt, tut er das so, als flösse dieses Familienblut in seinen Adern: *Wenn ich die alte Portefeuillesmappe des Ministers Montgelas liegen sehe, dann sagt mir diese nicht, daß ich der Graf Montgelas bin, sondern sie sagt mir, du mußt jetzt verdammt noch mal was tun, sei es in politischer , kommunaler oder betrieblicher Arbeit.* Schon sind wir mitten drin im gräflichen Leben der Gegenwart. Wald, Wild, Wachteln und Pferde bestimmen heute den Tagesablauf des Grafen Montgelas. Daneben steht auch noch die Produktion von Schnaps im Schloß im Mittelpunkt.

Die Schnapsbrennerei ist das Reich von Ernestine Gräfin Montgelas, einer geborenen Österreicherin. Als Schnapsproduzentin wird sie auf Fachmessen immer wieder mit Preisen ausgezeichnet. Die erlesenen gräflichen Brände finden ihre Abnehmer in Sternelokalen. Auf diese Leistung seiner Gattin ist Graf Montgelas besonders stolz, führt aber nicht minder nachdrücklich seinen selbstkonstruierten Dauerbrandofen im Probierstüberl der Schnapsbrennerei vor. Gleich angrenzend tummeln sich auf den Weiden des Schloßparkes in weitläufigen Gehegen Dam-

Ernestine Gräfin Montgelas ist für den Brand der Edelschnäpse zuständig.

und Rehwildherden. Dazwischen grasen einige seltene Wildrinder. Wortreich erkärt der Graf die Vorzüge dieser Tierhaltung. In der Rolle als Vorsitzender des „Landesverbandes Bayerischer landwirtschaftlicher Wildhalter" ist er ein aktiver Lobbyist. Vorbei an den bellenden Jagdhunden, die auf gräflichen Zuruf sofort verstummen, führt er den Besucher in die wohlige Wärme des Wachtelstalles auf Schloß Egglkofen. Jetzt schwärmt Rudolf Konrad von Montgelas plötzlich genauso überzeugt von den Vorteilen der Brutmaschine. Dort werden die kleinen grünen Wachteleier bebrütet, bis die Jungen geschlüpft sind. Nach 14 Tagen unter der wärmenden Rotlichtlampe müssen auch die Neuankömmlinge in die Enge der Legebatterie. 4000 Wachteln bringen es dort auf eine tägliche Eierleistung von 3500 Stück. Die Eier aus dem größten und modernsten Wachtelbetrieb Bayerns finden reißenden Absatz bei Feinschmecker-Restaurants und in der Gourmet-Industrie.

Größer könnte der Kontrast der Kreaturen auf Schloß Egglkofen nicht sein: In den Ställen bildhübsche Haflingerpferde in geräumigen Boxen und knietiefem Stroh, das Wild in großzügigen Gehegen, die Hunde mit besten Auslauf und dann die Massentierhaltung auf engstem Raum. Doch darüber ist mit Graf Montgelas nicht zu diskutieren. Der Herr über 400 Hektar Wald und 100 Hektar Wiesen propagiert zwar einerseits die extensive Grünlandnutzung, zieht aber aus seinen Wachtelbatterien intensivsten Nutzen. Das sind die Widersprüchlichkeiten im gräflichen Gewande, das sonst so angenehm durchschaubar erscheint.

Graf in Gummistiefeln nennt er sich selbst – ein adeliger Großgrundbesitzer, der sich der Tradition vepflichtet fühlt und sich dabei flexibel an gewandelte Zeiten anpaßt. Anders wäre wohl aber der große Besitz kaum zu erhalten. Denn Graf Montgelas kann sich kaum auf Personal stützen. Im 3000-Quadratmeter-Schloß gibt es nur eine Zugehfrau wie in gutbürgerlichen Haushalten auch. Die Ökonomie, die umfangreichen

Ländereien werden selber oder mit Lohnfuhren örtlicher Bauern bewirtschaftet. Adel verpflichtet auch, sich durchzubeißen. Nach dem Odelfahren den Cut überzustreifen, um bei einem Empfang der Bayerischen Staatsregierung in München stilgerecht auftreten zu können – dieses „Doppelleben" reizt ihn geradezu, bekennt Graf Montgelas

Geht es um die Agrar- und Forstwirtschaft in Bayern, dann ist der Graf kaum mehr zu bremsen. Über die falsche Holzpreispolitik, die Machtkartelle der Sägewerksindustrie oder über agrarpolitische Zielsetzungen und Fehlentwicklungen kann er sich endlos ereifern. Zwischendurch fällt dann die Bemerkung, er hätte schon unter seinem Duzfreund Franz Josef Strauß Landwirtschaftsminister werden können. Nicht ohne Stolz berichtet der eingefleischte CSU-Anhänger – Graf Montgelas ist auch Ortsvereinsvorsitzender von Egglkofen – von seinen Kontakten. So sind in seinem Haus entscheidende politische Verbindungen geknüpft worden, beispielsweise die von Strauß zur ungarischen Führung. Auf diese Weise hat Graf Montgelas im Kleinen ein Stück Geheimdiplomatie seines Namens-Vorfahren weitergeführt und tut es auch heute noch.

Rudolf Konrad Graf Montgelas ist sich für keine Arbeit auf seinem Gut zu schade.

Als Kommunikator hat er schließlich seine Erfahrungen: Bis Anfang der 70er Jahre erschloß er für den Autohersteller BMW in Direktorenposition wichtige Verbindungen. Damit verdiente er das nötige Geld, um im ererbten Schloß für dichte Dächer und schließende Fenster zu sorgen. Als dies einigermaßen bewerkstelligt war, stieg er beim Automobilwerk aus und widmete sich nur noch den vielfältigen Pflichten des gräflichen Besitzes.

Rudolf Konrad Graf Montgelas – ein Bürgergraf mit Bauernstolz, zwischen Lobbyistentum und Parteitreue, heimatverwurzelt, aber auch voller weitläufiger staatsmännischen Ambitionen, ein Mann zwischen

Mistgabel und Legebatterien, zwischen Federkiel und Computer. Als Schloßherr sieht er seine Aufgabe und Berufung und setzt sich dabei selbst ein Maß: *Wenn ich nicht mehr in der Lage bin, dieses Schloß Egglkofen zu erhalten und darin zu wohnen, dann verziehe ich als Herr Müller unbekannt und ward nie mehr gesehen!*

Auf den Spuren Napoleons nach Niederbayern

Das Geschlecht der Freiherren von Moreau brachte Künstler, Gutsherren und Politiker hervor

BERND KELLERMANN

Das ist Niederbayern wie es im Buche steht, genauer gesagt, wie es bei Wilhelm Dieß steht. Der schreibt in seinen „Stegreifgeschichten": *Von Passau nach Südwesten erstreckt sich viele Stunden weit der hochgelegene Neuburger Wald. Bei der alten Abtei Fürstenzell hört der Wald auf, der Weg läuft eine halbe Stunde durch hügeliges Feldgelände und fällt dann steil in ein schmales Quertal ab, das er überschneidet, um jenseits in mäßiger Steigung zur Ortschaft Höhenstadt zu führen.*

Nur fünf Kilometer von Bad Höhenstadt entfernt liegt Schloß Kleeberg. Wer von Pillham bei Ruhstorf an der Rott, also von Osten kommt,

Schloß Kleeberg in Niederbayern ist der Stammsitz des ursprünglich französischen Adelsgeschlechts derer von Moreau.

hat den schönsten Blick auf diesen Teil des niederbayerischen Hügellands: Das Tal mit einem Bach im Talgrund weitet sich, auf dem gegenüberliegenden Hang verläuft eine bucklige Straße Richtung Pocking, eine Lindenallee säumt sie an einer Seite. Hinter den Linden beginnt ein Park, den ebenfalls alte Linden, aber auch Ahornbäume und Kastanien bilden. Aus den Baumwipfeln ragt der spitz zulaufende, massige, weißgelb gestrichene Turm von Schloß Kleeberg heraus mit einem Kreuz auf dem Helm. Im Park verbirgt sich das Hauptgebäude von Schloß Kleeberg. Wer näherkommt, fährt die Lindenallee entlang, von der recht unvermittelt ein gekiester Weg abzweigt. Durch ein Eisentor gelangt der Besucher in den Schloßpark, ein Renaissancetorbau mit dem Wappen früherer Inhaber, der Taufkirchener, überwölbt den Weg, man geht weiter und kommt in den Hof. In einer alten Linde summen die Bienen, ein Brunnen plätschert, Kinder fahren mit Bobbycars auf dem Kies. Wir sind im Schloß Kleeberg, von dem sein bekanntester Bewohner der jüngeren Zeit, der Dirigent Hermann Freiherr von Moreau, sagte, er wolle wie gerade beschrieben bei der Heimkehr aus russischer Kriegsgefangenschaft in sein Heimatdorf gelangen. Ihm komme es nicht auf den kürzesten Weg von der Bahnstation Ruhstorf an der Rott her an, sondern auf den schöneren von Sulzbach her über Pillham. An diesen „Heimatspleen" ihres 1966 verstorbenen Mannes erinnert sich Gabriele Freifrau von Moreau noch heute gut.

Die Familie Moreau ist seit gut 100 Jahren im Schloß Kleeberg im Landkreis Passau ansässig. Der französische Name deutet schon darauf hin: Das Geschlecht stammt nicht aus Niederbayern. Paul Freiherr von Moreau – er lebt heute in der Nähe von Regensburg – fand bei seinen Nachforschungen über die Herkunft der Moreaus heraus, daß heute in Frankreich schätzungsweise über 60 000 Menschen mit dem Namen „Moreau" leben. Der Name läßt sich in verschiedenen Schreibweisen wie „Moreaux" oder – im Italienischen – „Moro" bis ins 14. Jahrhundert zurückverfolgen. Er ging wahrscheinlich aus dem Vornamen „Maurus" hervor. Genauere Nachforschungen ergaben, daß die Moreaus aus Nordfrankreich, aus Aumale (Departement Seine-Maritime) in der Normandie stammen. Dort läßt sich in Kirchenbüchern der Name nachweisen. Paul von Moreau fand aus den Unterlagen seinen vierfachen Urgroßvater heraus.

Wie kam aber der Name Moreau von der Normandie nach Niederbayern? Der Stammvater der Kleeberger Familie, Marc Antoine Moreau, war ein Gefolgsmann von Napoleon. Der war mit dem Königreich Bayern verbündet, als es gegen Rußland ging. Bei Napoleons Landsmann

Moreau ging die Verbindung zu Bayern aber übers Militärische hinaus. Er fand in Bayern nach dem Tod seiner ersten Gemahlin seine zweite Frau. Elisabeth Moreau stammte aus Suben bei Schärding am Inn, also aus dem Innviertel, das bis 1779 bayerisch war. Sie folgte ihrem Mann, der Napoleons Heer mit Ware belieferte, bis nach Danzig, das damals neben Köln die größte Stadt Deutschlands war und bei der Versorgung während Napoleons Rußlandfeldzug eine große Rolle spielte. Nach dem Ende Napoleons besaß Marc Antoine Moreau eine Reederei in Danzig. Dort wurde der Sohn Friedrich geboren, mit dem Elisabeth Moreau nach dem Tod ihres Mannes in ihre bayerische Heimat zurückkehrte. Dem verstorbenen Ehemann und Vater fühlte sich König Maximilian I. Joseph von Bayern verpflichtet. Deshalb erhielt seine Witwe Elisabeth für sich und ihre Nachfahren am 31. Juli 1824 den bayerischen Freiherrn-Titel.

Elisabeths Sohn Friedrich Freiherr von Moreau, der Urgroßvater von Paul von Moreau, erwarb zunächst Schloß Taufkirchen bei Erding, später Schloß Schwindegg bei Mühldorf. Bei Friedrich von Moreau traten all die Talente, die spätere Familienmitglieder zeigen, in einer Person zutage: Er war künstlerisch ambitioniert, er malte und modellierte, er war außerdem politisch engagiert als Jurist und betrieb eine Landwirtschaft. Einer der vier Söhne von Friedrich von Moreau, Ferdinand, brachte den Namen Moreau schließlich nach Niederbayern. Er erwarb 1880 Schloß Kleeberg bei Ruhstorf an der Rott im damaligen Bezirksamt Griesbach.

Die künstlerische Ader zeigt sich in der Familie bis heute, nicht nur beim erwähnten Dirigenten Hermann von Moreau. Auch Paul von Moreau, der – wie sein Vater – nahe Regensburg ein Saatzuchtunternehmen vor allem für Kartoffeln betrieb, besitzt sie und gab sie weiter. Seine Tochter wurde Schauspielerin und hat derzeit ihr erstes Engagement am Stadttheater Stendal in Sachsen-Anhalt.

Bei den Kleeberger Moreaus spielt die Musik bis heute eine große Rolle. Die Familie pflegt die Tradition der Hauskonzerte, im Wohnzimmer steht ein gewaltiger Flügel. Gabriele von Moreau, die Witwe des Dirigenten, ist ausgebildete Sopranistin. Sie war als Elevin an der Staatsoper in München und hatte dann Engagements in Augsburg, Linz und Passau, wo sie ihren Mann kennenlernte. Gabriele von Moreau entstammt einer alten Oberpfälzer Adelsfamilie aus Friedenfels, sie ist eine geborene von Notthafft. Als sie 1956 Hermann von Moreau heiratete, waren Teile von Schloß Kleeberg noch ein Heim für Kriegsinvaliden. Auch die große Gutsgärtnerei war noch in Betrieb. Diese Gärtnerei geht auf die 20er Jahre zurück. Damals hatte sich die Familie – dank der günstigen Südhanglage von Schloß und Gutsbetrieb – auf ein in

Deutschland kaum bekanntes Gemüse der Luxusklasse spezialisiert, auf Artischocken. In den 30er und 40er Jahren wurden die Artischocken in große Hotels bis nach Baden-Baden und Berlin geliefert. Inhaber von Schloß und Gutsbetrieb war damals Friedrich von Moreau. Er war als gelernter Jurist Verwaltungsbeamter in München, Eichstätt, Bad Reichenhall und Passau, später Landrat in Straubing. 1933 weigerte er sich, in die NSDAP einzutreten, wurde pensioniert und kehrte auf den Gutsbetrieb der Familie in Kleeberg zurück. Nach dem Zweiten Weltkrieg setzten ihn die Amerikaner als ersten Landrat in Passau ein.

Friedrich von Moreau hatte drei Söhne: Rudolf, der sich als Flieger bei der Legion Condor während des Spanischen Bürgerkriegs einen Namen machte, Karl, von dem später noch die Rede sein wird, und Hermann.

Hermann Freiherr von Moreau, Musikdirektor der Stadt Passau, langjähriger künstlerischer Leiter der Festspiele „Europäische Wochen" in Passau.

Hermann von Moreau ging in Salzburg und Passau zur Schule und studierte dann an den Akademien der Tonkunst in München und Köln. Vor dem Zweiten Weltkrieg kam er als Solorepetitor und Kapellmeister an die Theater in Lübeck, Annaberg, Kolberg, Chemnitz und Görlitz. Der Krieg unterbrach die hoffnungsvolle Karriere. In russischer Kriegsgefangenschaft half ihm allerdings die Musik zu überleben. Im Lager stellte er mit anderen musikbegeisterten Gefangenen ein Orchester zusammen. Sie bauten sich aus Sperrholz Instrumente, bekamen aus Japan eine Flöte und begannen – weil sie keine Noten hatten – aus dem Gedächtnis bekannte Stücke niederzuschreiben. So kam es, wahrscheinlich an Weihnachten 1946, im russischen Kriegsgefangenenlager zu einer Aufführung von Wolfgang Amadeus Mozarts *Eine kleine Nachtmusik*. Vielleicht hat ihm die Musik das Leben gerettet, meint Gabriele von Moreau.

1949 kam Hermann von Moreau aus der Kriegsgefangenschaft heim. Er wurde Dirigent am Stadttheater Straubing, später beim Passauer Konzertverein, und dann Oberleiter am Stadttheater Passau. Damit begannen seine besten Jahre. Er dirigierte Mozarts *Zauberflöte* genauso wie *Im weißen Rößl* von Ralf Benatzky. 1966 – kurz vor seinem Tod – studierte er die Oper *Martha* von Friedrich von Flotow ein.

Als die „Europäischen Wochen" Ende der 50er Jahre nach einigen durch die Witterung schwer beeinträchtigten Freilichtaufführungen in eine tiefe finanzielle Krise gerieten, trat Hermann von Moreau als Retter des jungen Festivals auf. Zusammen mit dem Heimatpfleger Gottfried Schäffer gründete er den Verein Europäische Wochen, der bis heute Veranstalter der Festspiele ist und der seine Aufgabe im Bau einer kulturellen Brücke nach Osteuropa sieht. Als einer der ersten kam damals ein junger Organist zu einem Cembalokonzert nach Passau – mit einem einzigen Anzug, wie Gabriele von Moreau sich erinnert: der heute weltbekannte Michael Radulescu. Gut erinnern kann sich Gabriele von Moreau auch noch an ein Konzert, das der weltberühmte Dirigent Ferenc Fricsay zusammen mit dem Radio-Sinfonie-Orchester Berlin und der Sopranistin Maria Stader 1961 in Passau gab.

In der Familie Moreau hat man sich immer auch politisch engagiert. Gabriele von Moreau war Gründerin der Frauenunion im Raum Passau und saß bis 1996 für die CSU im Kreistag des Landkreises Passau. Noch heute leitet sie das Passauer Frauenhaus.

Der bekannteste Politiker aus der Kleeberger Familie war der 1997 verstorbene Karl von Moreau, von 1970 bis 1978 Präsident des Bezirkstags von Niederbayern. In der Nazi-Zeit machte er als junger Mann aus seiner Unzufriedenheit mit dem Regime keinen Hehl. Im Zusammenhang mit dem Hitler-Attentat am 20. Juli 1944 wurde er wegen Verbindungen zu den Widerstandskämpfern aus der Wehrmacht entlassen und zog sich auf das 140 Hektar große Gut Kleeberg zurück. Er war ja auch staatlich geprüfter Landwirt. Die Gestapo ließ

Bezirkstagspräsident a. D. von Niederbayern Karl Freiherr von Moreau an seinem 80. Geburtstag 1996.

allerdings den jungen Gutsherren nicht aus den Augen. 1945 gelang es ihm, SS-Leute davon abzubringen, Ruhstorf mit seinen Industriebetrieben gegen die anrückenden Amerikaner zu verteidigen. Wenige Monate nach der Kapitulation gehörte Karl von Moreau zu den Mitbegründern der CSU im Altlandkreis Griesbach, wurde stellvertretender Landrat und Mitglied des Bezirkstags. Unter seiner Führung engagierte sich der Bezirk beim Aufbau eines der wichtigsten Wirtschaftszweige in Niederbayern und wurde Mitglied der Zweckverbände für die Thermalbäder in Füssing, Griesbach und Birnbach. Weitere Schwerpunkte von Karl von Moreaus Arbeit waren der Ausbau der Gehörlosenschule Straubing und des Bezirkskrankenhauses Mainkofen bei Deggendorf. Das Gut Kleeberg schließlich machte er zusammen mit seiner aus Westfalen stammenden Frau Maresa von Twickel zu einem modernen Musterbetrieb.

Kommen wir zum Schluß zu den jüngeren Mitgliedern der Familie Moreau, zu den Kindern des Dirigenten Hermann von Moreau. Dessen jüngster Sohn Ernst Albrecht setzt die Tradition der Familie im Handel fort. Er ist kaufmännischer Leiter bei einer auf den Handel mit ökologisch angebautem Tee spezialisierten Firma in Oberbayern. Sein Bruder Karl Benedikt von Moreau, der ältere Sohn des Dirigenten, ist heute zusammen mit seiner Frau Nicoline aus dem mecklenburgischen Geschlecht der Flotows Eigentümer von Schloß Kleeberg. Karl Benedikt von Moreau ist Arzt im Krankenhaus Rottalmünster. Damit ernährt er – so sagt er – seine Familie. Den Unterhalt des Schlosses bestreitet er aus den Einnahmen des Gutsbetriebs mit Mais- und Zuckerrübenanbau. Außerdem hat er Teile des weitläufigen Hauses an Künstler vermietet, darunter Glasbläser, ein Keramiker und ein Holzbildhauer. Hermann von Moreaus Tochter Dorothee ist Musiktherapeutin in Frankfurt am Main.

Besonders stolz ist die Familie auf den Rokokostuck in der Schloßkapelle, den der bekannte Meister Johann Baptist Modler aus dem nahen Kößlarn schuf. Nicoline von Moreau, eine gelernte Germanistin und Kunsthistorikerin, übernimmt hier die Führungen. Besucher sind immer wieder erstaunt darüber, daß in einer Kapelle derart freizügig gestaltete Figuren, wie zum Beispiel die der vier Jahreszeiten, zu sehen sind. Die Erklärung ist einfach: Meister Modler hatte ursprünglich den Auftrag, einen Festsaal im Schloß Kleeberg zu stuckieren. Erst viel später wurde aus dem Festsaal eine Kapelle. Und so gerieten die recht weltlich gestalteten Figuren in einen katholischen Kirchenraum. Besondere Geheimnisse bergen auch die Wände des Schlosses. Tapeten wurden zum Beispiel auf alte Zeitungen geklebt, deren Lektüre nach 80 Jahren besonders aufschlußreich ist. Außerdem fanden sich in einem Zimmer über 40 verschiedene Farbschichten. Überraschungen können aber auch die Gäste von Schloß Kleeberg erleben. Es kann beim Abendessen passieren, daß bei einem aufziehenden Gewitter die Gastgeber plötzlich die Tafel verlassen und in alle Flügel des Schlosses eilen, um jedes der über hundert Fenster zu schließen. Es kann auch vorkommen, daß der Gast vom Gastgeber gebeten wird, schnell mal mit einem Putzlappen und einem Eimer an einem der Fenster zu wachen, damit ein Platzregen bei einem nicht ganz dicht schließenden Fenster keine Schäden anrichten kann.

Für Karl Benedikt von Moreau macht das Haus solche und andere Beschwernisse leicht wett: *Man sieht an diesen Dingen, daß einfach verschiedene Menschen zu verschiedenen Zeiten in diesen Räumen gelebt haben. Das ist ein schönes Wohngefühl. Und es ist ein schönes Gefühl, da seinen Beitrag leisten zu können.* Das wird auch in Zukunft so bleiben. Im Schloß Kleeberg wachsen derzeit die sechsjährige Ann-Sophie, der eineinhalbjährige Karl Nepomuk und der im September 1998 geborene Johannes auf.

„Für Hitler hab ich den Kopf nicht hingehalten"

Der Kampf der Weidener Familie Mörtl
gegen den Faschismus

THOMAS MUGGENTHALER

Die Familie Mörtl aus Weiden in der Oberpfalz steht für den Widerstand der Arbeiterklasse gegen das Hitler-Regime. Der Preis für den Mut und das antifaschistische Engagement der sozialdemokratischen Familie war hoch.

Josef Mörtl wurde am 6. Juli 1915 in Weiden geboren. Der Vater, Franz Mörtl senior, war Porzellandreher in der Firma Bauscher, von 1919 bis 1933 Betriebsratsvorsitzender und aktiver Sozialdemokrat. Josef Mörtl, der noch fünf Geschwister hatte, besuchte die Volks- und die Berufsschule und absolvierte eine Ausbildung bei der AEG in Weiden. Als das Werk 1932 geschlossen und er arbeitslos wurde, nahm er eine Stelle als Tankwart an. 1933, nach der Machtübernahme durch die Nationalsozialisten, wurde sein Vater, der inzwischen in den Stadtrat gewählt worden war, aus politischen Gründen aus der Porzellanfabrik entlassen und einige Wochen in Weiden und Vohenstrauß inhaftiert. Da hatte der SPD-Stadtrat noch Glück: Andere Weidener Sozialdemokraten kamen bereits 1933 in das KZ Dachau.

Trotz des Verbots von Gewerkschaften, von KPD und SPD beteiligten sich Josef Mörtl und sein 1913 geborener Bruder Franz an illegalen politischen Aktionen. Sie verteilten unter ihren Genossinnen und Genossen antifaschistische Schriften und betätigten sich sogar als Kuriere für den nach Prag geflüchteten Parteivorstand der SPD, indem sie über die tschechische Grenze geschmuggelte Zeitungen, die meist in einem kleinen Format gedruckt waren, entgegennahmen und die Lieferungen nach Amberg, Regensburg oder Nürnberg weiterleiteten. *Ich war selber einige Male in der Tschechoslowakei,* erinnert sich Josef Mörtl.

Den Brüdern, die selbst im Arbeitersportverein und in der SPD aktiv waren, war klar: Hitler bedeutet Krieg! Franz – er hatte gerade sein Abitur gemacht – hörte zusammen mit einem anderen SPD-Mitglied, als im Radio die Ernennung Hitlers zum Reichskanzler gemeldet wurde: *Das weiß ich noch wie heute,* versichert er, *da hamma gsagt, ja, da wird's bald dahingehen!*

Der Mut der Brüder zum Widerstand gründete auf den Erfahrungen, die sie an der Seite des Vaters gemacht hatten. Sie wußten, wie dieser als Betriebsrat gegen viele Ungerechtigkeiten angegangen ist und sahen erschüttert, wie er und andere – trotz ihres Einsatzes für die Allgemeinheit – jetzt wie Staatsfeinde behandelt wurden. Sie wollten auch die Zerschlagung ihrer Partei, die den sozialen Gedanken in Deutschland überhaupt erst auf die Tagesordnung gesetzt hat, nicht einfach hinnehmen, betont Josef Mörtl.

1934 deckte die Geheime Staatspolizei den illegalen Literaturschmuggel der SPD auf. Als Franz Mörtl mit SPD-Schriften nach Nürnberg kam und seine Lieferung bei Genossen abgeben wollte, war nur noch eine Frau da. Sie sagte: *Schaun's, daß nur gleich wieder weiterkommen!* Aber das Material wieder mitzunehmen, war dem Kurier zu gefährlich. Die Frau vergrub oder versteckte die Zeitungen – es half nichts. Auf dem Volksfestplatz in Weiden mußte ihn ein Polizeibeamter, der selbst einmal SPD-Mitglied war, verhaften. Das war im Mai 1934.

Auch Bruder Josef und der Vater wurden festgenommen. In einem Mammutverfahren 1935 in München gegen rund 170 SPD-Widerständler, die in Bayern an dieser Aktion beteiligt waren, wurden auch die drei Mörtls verurteilt, u. a. wegen Vorbereitung zum Hochverrat. Josef wurde zu zweieinhalb Jahren Zuchthaus verurteilt, Franz zu zwei Jahren Zuchthaus, der Vater erhielt sechs Monate Gefängnis. Dieses halbe Jahr hatte er in der Untersuchungshaft zwar bereits verbüßt – er wurde aber nicht entlassen. Franz Mörtl senior kam im Februar 1935 ins KZ Dachau und starb, noch kurz vorher ins Krankenhaus eingeliefert, am 19. April 1935. Die Söhne durften nicht einmal zur Beerdigung. Sie saßen zu dieser Zeit im

Franz Mörtl sen. im Jahr 1931. Der Sozialdemokrat und Stadtrat in Weiden kam unter ungeklärten Umständen im Alter von nur 55 Jahren im KZ Dachau ums Leben.

Zuchthaus in Straubing. Die offizielle Todesursache des Vaters wurde mit „Herzversagen" angegeben. *Das war damals die allgemeine Todesursache*, erklärt Franz Mörtl bitter.

Für die Söhne war der Tod des Vaters, dem der Terror und die mangelnde medizinische Versorgung im KZ das Leben gekostet hatten, mehr als ein Schock: *Es war etwas Unvorstellbares*, sagt Josef Mörtl, *schließlich war der Vater erst 55 Jahre alt!* Ausgerechnet von einem katholischen Geistlichen mußte sich Josef Mörtl im Straubinger Zuchthaus sogar noch sagen lassen, sie seien schlimmer als Mörder, denn sie wollten nicht nur einen Menschen, sondern das ganze Volk vernichten.

Nach ihrer Haft wurden auch die beiden Söhne nach Dachau verschleppt. Schon bei der Ankunft war Franz klar, was ihn im KZ erwartete. Er sah Männer, die zur Strafe mit den Händen an einen Baum gebunden wurden, die Füße schwebten knapp über dem Boden. *Das war das Brutalste, was ich je erlebt habe*, erzählt Franz Mörtl. Zunächst in einem Arbeitskommando beschäftigt, arbeitete Franz später in der außerhalb des Häftlingsbereichs gelegenen SS-Kantine. Er nutzte diese Stellung, um den anderen KZ-Insassen zu helfen, indem er Lebensmittel- und Getränkelieferungen abzweigte und ins Lager schmuggelte: *Wenn sie uns erwischt hätten, wäre dies das Todesurteil gewesen.* Wie brutal die SS mit Häftlingen umging, die sich widersetzten, erlebte Franz Mörtl nach einem gescheiterten Fluchtversuch: *Da mußten die Festgenommenen mit umgehängten Trommeln, auf die sie andauernd draufgeschlagen haben, durch das ganze Lager marschieren, bis hinein in den Bunker, aus dem sie nie wieder herauskamen. Die anderen 4000 Mann im Lager mußten von in der Früh bis am anderen Tag abends strammstehen ohne Nahrung und ohne sich niedersetzen zu dürfen. Zwei volle Tage und Nächte haben sie auf dem Appellplatz gestanden! Ich war in der Lagerverwaltung und habe mich davor gedrückt.*

Hin und wieder hatten die beiden Brüder untereinander Kontakt im Lager. Josef kam zunächst zu einem Arbeitseinsatz. Dort erlebte er mit, wie SS-Leute wahllos Häftlinge erschossen. Aber er konnte nichts dagegen tun, sondern mußte um sein eigenes Leben fürchten. Josef Mörtl übernahm dann das Amt des Lagerläufers. Das war eine wichtige Funktion in der Verwaltung des Konzentrationslagers. Er tat es auf Anraten seines väterlichen Freundes Kurt Schumacher, des späteren Vorsitzenden der SPD, der damals ebenfalls in Dachau inhaftiert war. In dieser Funktion kam er viel im Lager herum und mußte die Verbrechen der SS oft hilflos mit ansehen. Zum Beispiel, wie 100 gefangene Polen eingeliefert – er mußte ihre Namen notieren – und am nächsten Tag, einer nach dem anderen, erschossen wurden. Mit Schaudern denkt Josef an folgendes Erlebnis: *Eines Tages kam eine ganze Schulklasse aus Lodz mit ihren Lehrern, Gymnasium oder höhere Schule, lauter junge Burschen zwischen 16 und 18 Jahren. Die haben das gleiche Essen bekommen wie wir, obwohl sie mitten im Aufbau waren. Die sind dann in drei bis vier Monaten weggestorben, denen hat man gar nicht's tun brauchen, sie sind einfach aus Unterernährung gestorben.*

Die Sozialdemokraten bildeten einen kleinen illegalen Zirkel im Lager. Hin und wieder gelang es ihnen sogar, bedrohte Kameraden dem Zugriff der SS zu entziehen, indem sie diesen die Häftlingsnummern verstorbener Häftlinge gaben. Einmal entdeckte die SS eine Solidaritätsaktion, die der Lagerläufer für ehemalige Häftlinge mitorganisierte, die ein Jahr im KZ-Flossenbürg waren und äußerst geschwächt nach Dachau zurückkehrten. Josef Mörtl kam in den Arrest, wurde aber nach zwei Tagen wieder entlassen – aber nicht etwa, weil ihm nichts nachzuweisen war, sondern weil der Zählappell im Lager zwei Tage nicht gestimmt hatte. Josef Mörtl hatte den Appell zu organisieren – *und der hat gestimmt,* sagt er nicht ohne Stolz.

Franz Mörtl wurde als erster der Brüder aus Dachau entlassen, am 21. April 1939. Er half zunächst zu Hause im Kohlengeschäft mit, das der Vater nach seiner Entlassung bei Bauscher gegründet hatte und das die Mutter seit seiner Verhaftung 1935 alleine leitete. 1941 kam auch sein Bruder Josef in die Heimat zurück. In diesem Jahr heiratete Franz. Und er bekam eine Stelle als Betriebsbuchhalter bei einer Porzellanfirma in Wunsiedel. Obwohl die Nazis in Dachau den Wehrpaß vor seinen Augen zerrissen hatten, wollten sie jetzt nicht mehr auf die Dienste dieses einst „wehrunwürdigen" politischen Gegners verzichten. Franz Mörtl sollte in dem berüchtigten „Strafbataillon 999" in Afrika für den „Endsieg" kämpfen. Das tat er dann auch, aber ohne besonderen Einsatz, wie er freimütig bekennt: *Von Sizilien sind wir mit der Ju 52 nach Tunis übergesetzt worden. Dort war ich an der Front und bin dann am 9. April 1943 in die amerikanische Gefangenschaft geraten. Ich habe mich nicht bewährt, ich habe meinen Kopf nicht hingehalten. Man hat halt denken müssen. Es war ganz klar, du hast entweder tapfer sein können oder du warst tot. Es ist immer eine Frage gewesen, ob du so schlau warst, daß du deinen Kopf immer unten gehalten hast, aber es hätte einen auch so treffen können. Aber Vorsicht war halt immer die Mutter der Porzellankiste.*

Franz Mörtl kam in Kriegsgefangenschaft und wurde in einem Lager für ehemalige deutsche Soldaten in den USA interniert. Doch auch dort hatte er noch keine Ruhe vor den Nazi-Fanatikern. Nach wie vor überzeugte Hitleranhänger überfielen nachts die ehemaligen politischen Häftlinge, und Franz Mörtl entging durch viel Glück dem Anschlag. In einem Prozeß wurden die Täter von den Amerikanern verurteilt. Franz Mörtl bildeten sie als Helfer für den Wiederaufbau im befreiten Deutschland aus.

Am 18. Oktober 1945 kam Franz Mörtl aus den USA nach Weiden zurück und erfuhr, daß sein Bruder noch lebte.

Josef Mörtl im April 1944, als er mit dem Strafbatallion 999 an die Ostfront ausrücken mußte.

Josef Mörtl hatte bis zur Befreiung eine wahre Odyssee durchstehen müssen. Ihn hatten die Nazis 1943 ebenfalls zu den „999ern" eingezogen. Ehemaligen KZ-Häftlingen machten sie klar: Wer desertiert, wird erschossen. Josefs erste Station war die Ostfront. Als dort Soldaten über den zugefrorenen Dnjepr zu den Sowjets überliefen, beorderten die Nazis die ganze Kompanie zurück nach Deutschland. Das nächste Ziel hieß Griechenland. Stationiert war Josef Mörtl in Volos, einer Hafenstadt an der Ägäis. Von einem Soldaten aus der Oberpfalz bekamen die ehemaligen Häftlinge den Tip, daß eine Aktion gegen sie vorbereitet würde. Josef Mörtl entschloß sich, mit seiner Gruppe zu den griechischen Partisanen überzulaufen. Die Waffen nahmen sie mit. Fühlt er sich nun als Deserteur? Im eigentlichen Sinn schon, meint er, aber es sei schließlich nichts anderes übrig geblieben, wenn man seinen Kopf habe retten wollen: *Wir hatten ja die Absicht, daß wir wieder nach Deutschland zurückkommen und dort am Wiederaufbau einer anderen Staatsform mitarbeiten.*

Die politisch linksstehenden griechischen Partisanen nahmen die deutschen Antifaschisten herzlich auf. Sie bekamen dieselbe Verpflegung wie die Griechen. Josef Mörtl korrigierte für die Partisanen Flugblätter, mit denen die deutschen Soldaten von der Sinnlosigkeit des Krieges überzeugt werden sollten.

Die Odyssee des Josef Mörtl war noch nicht zu Ende. Als er mit seiner Gruppe nach Kriegsende wieder nach Deutschland zurück wollte, wurden sie in Jugoslawien festgesetzt und zu Arbeitseinsätzen gezwungen. Als dann nach über drei Monaten Zwangsarbeit in Jugoslawien Österreicher gesucht und entlassen wurden, sah er seine Chance. Zusammen mit einem echten Österreicher gab er sich selbst als Landsmann aus und bekam eine Uniform. Mit einem Bataillon, das von der Roten Armee aufgestellt wurde und sich „Österreichische Freiheitskämpfer" nannte, und im befreiten Österreich die öffentliche Ordnung gewährleisten sollte, zog Josef Mörtl in Wien ein und wurde Polizist. In Wien traf er den ehemaligen KZ-Häftling Leopold Figl, den späteren Bundeskanzler Österreichs, der Josef Mörtl herzlich begrüßte. Beide kannten sich aus Dachau. Doch eine mögliche Karriere bei der österreichischen Polizei lockte ihn nicht. Das Heimweh war stärker, und die US-Army half etwas nach. Bei einem Besuch in Weiden holte ihn ein US-Jeep ab und brachte Josef Mörtl zu den verantwortlichen Offizieren. Diese erklärten ihm, daß er nicht mehr nach Wien zurückkehren könne, weil er in der Stadt als Polizeichef gebraucht werde. Nach einigem vergeblichen Weigern übernahm er schließlich diese Funktion und übte dieses Amt bis zu seiner Pensionierung aus. Aber die KZ-Haft hatte bei Josef Mörtl ihre Folgen hinterlassen – psychische wie physische: *Wenn man in jungen Jahren für eine gerechte Sache eintritt und so behandelt wird, da leidet etwas drunter.*

Wenige Monate nach Aufzeichnung des Interviews mit Josef Mörtel ist dieser am 4. 10. 1998 im Alter von 83 Jahren in Weiden verstorben.

Auch Franz Mörtl gestaltete nach seiner Rückkehr das politische Leben in Weiden mit. Er wurde Stadtkämmerer. In dieser Funktion wechselte er 1962 nach Regensburg. Franz Mörtl, der sich auch jahrelang für den Bezirk Oberpfalz des Bayerischen Fußballverbandes engagierte, hat über seinen Widerstand gegen das faschistische Regime und die Opfer, die seine Familie brachte, nie gern gesprochen. Um diese Zeit zu überstehen, war auch der Zusammenhalt der Familie wichtig, ergänzt seine Frau. Franz Mörtl sagt nur kurz: *Da hat sich einer auf den anderen verlassen können!*

Wie ein Glasbaron
die Bayerwald-Bahn durchsetzte

*Die Familie Poschinger in Frauenau prägte das Leben
im Zwieseler Winkel*

HEIDI WOLF

In der Zeit des Jugendstils war die Poschinger-Hütte in Frauenau im
Bayerischen Wald für ihre gläsernen Kreationen berühmt. Auch heute
produziert die Glashütte in der Moosau hochwertige Glasprodukte, die
ihre Abnehmer in aller Welt finden. Die Poschinger beschränkten sich
aber nicht nur auf ihr eigenes Unternehmen, sondern engagierten sich
auch in Politik und Gesellschaft. In der Familienchronik finden sich
Reichsräte genauso wie Künstler. Zur Glashütte gehört heute auch noch
ein Gutsbetrieb, der sich einige Kilometer von der Glashütte entfernt
auf dem Berg in Oberfrauenau ausdehnt. Über diesen ansehnlichen Besitz herrscht Stefan Freiherr Poschinger von Frauenau.

Die Familiengeschichte der Poschinger läßt sich bis ins 12. Jahrhundert zurückverfolgen. Damals stand das Geschlecht in den Diensten der
Fürstbischöfe von Passau. Im 16. Jahrhundert lösten sich die Poschinger
aus den Diensten des Klerus. 1568 gab Joachim Poschinger seinen
Posten als Pfleger des Herrn von Degenberg auf Linden und Altnußberg
auf und übernahm eine abgewirtschaftete Glashütte. Er war damit so erfolgreich, daß er schon wenige Jahre später eine zweite Hütte errichten
konnte. Im Jahr 1607 baute er die Glashütte in Frauenau. Mit Recht können die Poschinger von sich behaupten, die älteste Glashütte der Welt zu
besitzen.

Dennoch leben die Poschinger nach dem Grundsatz: *Wer das Bewah-
renswerte bewahren will, muß verändern, was der Erneuerung bedarf.*
Zu bewahren hat die Familie viel, aber auch zu erneuern. Der 1970 geborene Benedikt von Poschinger, der an der Universität in Regensburg
Betriebswirtschaft studierte, steckt voller Ideen für das elterliche Unternehmen. Er will den Gutshof in Oberfrauenau für den Tourismus öffnen,
den Hofladen attraktiver gestalten und in der Glashütte die Verkaufs-
räume modernisieren. Vater Stefan Freiherr von Poschinger hat keine
Probleme damit, den Junior mit seinen Plänen gewähren zu lassen. Er

Johann Michael II. Reichsritter und
Edler von Poschinger (1749–1863) erwarb im
Jahr 1861 die Glashütte „Theresienthal",
die bis 1977 in Besitz der Theresienthaler
Poschinger-Linie war. Ferner erbaute er
weitere zwei Glashütten und eine große
Spiegelschleife in Frauenau, die „Spiegelhütte"
in Oberfrauenau und die dazugehörige
Schleif am Kleinen Regen, 1848 wurde die
„Moosbauhütte" in Betrieb genommen,
wo bis zum heutigen Tag das
„Poschinger-Glas" hergestellt wird.

hält es für völlig normal, daß junge Menschen den Blick nach vorne richten und mit anderen Methoden und Ideen das Bewährte weiter entwickeln wollen. *Genauso haben wir das doch auch gemacht,* sagt er lächelnd, wenn er nach den hochgesteckten Plänen seines Sohnes gefragt wird. Im Alltag steht keiner dem andern im Weg. Der Umgangston zwischen dem ruhigen beherrschten Vater und dem temperamentvollen Sohn ist freundschaftlich – die Arbeitsteilung ergibt sich fast von selbst. Während Stefan von Poschinger die laufenden Geschäfte führt, ist Benedikt für Sonderaufgaben und das Computerwesen zuständig. Der normale Geschäftsalltag nimmt die ganze Familie vollends in Anspruch – die Zeiten, in denen die Poschinger abgehoben in einem Schloß oder in einem Herrenhaus residieren konnten, sind längst vorbei.

Es gehört auch der Vergangenheit an, daß man der Familie im Ort oder in der näheren Umgebung mit besonderer Unterwürfigkeit begegnete. Wenn auch die korrekte Anrede des Barons „Stefan Freiherr Poschinger von Frauenau" lautet, so nennen ihn die meisten Leute einfach nur „Herr Poschinger" oder „Baron Poschinger". Das war beim Vater schon anders! Er war schließlich nicht „nur" Adeliger, sondern auch noch Präsident des Bayerischen Senats. Viele Frauenauer redeten ihn deshalb mit „Herr Senatspräsident" an. Hippolyt Freiherr Poschinger von Frauenau war der 13. in der Ahnenreihe der Familie. Als studierter Forstwirt hatte er viel bei den Waldbesitzerverbänden mitzureden und wurde 1952 als Vertreter der Forstwirtschaft in den Bayerischen Senat berufen, 1968 zum Präsidenten dieser zweiten Kammer im Freistaat gewählt. 14 Jahre lang, bis 1982, übte er dieses Amt aus. Im Ruhestand widmete er

Hippolyt Freiherr Poschinger von Frauenau, langjähriger Senatspräsident, fühlte sich nicht nur der Glasindustrie, sondern auch der Land- und Forstwirtschaft verpflichtet.

sich dann der Ahnenforschung. 1990 ist Hippolyt Freiherr Poschinger verstorben. Aber er hat zahlreiche Unterlagen hinterlassen, aus denen die Entwicklung seiner bedeutenden Vorfahren hervorgeht. Danach bekamen die Poschinger 1547 den Wappenbrief, durch den die Familie vom Kurfürsten Karl Theodor von Pfalz-Bayern geadelt wurde. Gleichzeitig übertrug er ihr die Lehensgüter Reichsrettensand und Oberanzenberg in der Oberpfalz. 1901 wurde den Poschingers der Titel der Freiherren verliehen. Das war gewissermaßen die Anerkennung für jahrhundertelanges unternehmerisches und gesellschaftliches Wirken zum Wohl des Landes. Das hat sich von Generation zu Generation vererbt, und der Glasmacher-Tradition sind inzwischen andere wirtschaftliche Aktivitäten hinzugefügt worden.

Auch heute noch produziert die Poschinger-Hütte hochwertiges Glas mit aufwendigem Dekor – kostbare Stücke statt Massenware. Allerdings sind die Kunden für solche Anfertigungen nicht allgegenwärtig. Nur ausgesuchte Geschäfte, Museen und Galerien können und wollen sich diese Kostbarkeiten leisten. Deswegen hängen die Arbeitsplätze vom Kaufwillen eines recht schmalen Kundenstamms ab. Die Mitarbeiter bekamen das vor allem während der Krise in der Glasindustrie Ende der 80er/Anfang der 90er Jahre zu spüren, als Stefan von Poschinger eine Flut von Kündigungsbriefen unterschreiben mußte. Von den 500 Mitarbeitern zu Zeiten seines Vaters nach dem Zweiten Weltkrieg sind nur noch 50 übriggeblieben. Im vergangenen Jahrhundert besaßen die Poschinger im Zwieseler Winkel nicht weniger als neun Glashütten und beschäftigten ein ganzes Heer von Mitarbeitern. Heute wird nur noch in einem Werk Glas geschmolzen.

Eine besondere Blütezeit hatte das Poschinger Glas zur Zeit des Jugendstils erlebt. Ferdinand Poschinger in Buchenau schuf Kunstwerke, die heute noch begeistern – sein Name steht in einer Reihe mit Tiffany, Gallé oder Leutz. Glanzstücke aus der Vergangenheit sind aber auch die böhmischen Pokale aus dem Biedermeier, mit vier Glasschichten übereinander. Solche Leistungen wurden auch schon früher als hohe Kunst der Glasmacherei anerkannt: Seit Anfang des vergangenen Jahrhunderts wurden die Produkte der Glashütte Poschinger immer wieder mit hohen Preisen ausgezeichnet. Dazwischen mußte das Unternehmen freilich immer wieder schwere Krisen durchstehen: Während der Kriegswirren stand die Produktion in den Hütten sogar jahrelang still, aber immer wieder begannen die Glasschmelzöfen von neuem zu rauchen. Damit ist auch die Tradition der Familie am Leben gehalten worden, die für Stefan von Poschinger die Verpflichtung bedeutet, das Familienerbe gut durch die Zeit zu bringen. Allerdings nicht um jeden Preis. Das hat der 1940 geborene Hüttenherr, der in der Schweiz, in Bonn und in München Volkswirtschaft studiert und mit dem Diplom abgeschlossen hat, erst wieder bei der Erweiterung des Nationalparks Bayerischer Wald bewiesen. Im Gegensatz zu seinem Vater, der als Senatspräsident jede Diskussion zu diesem Thema abgelehnt hatte und auf dessen Betreiben das Schutzgebiet statt im Zwieseler Winkel im unteren Bayerischen Wald eingerichtet wurde, ist Sohn Stefan ein Anhänger der Erweiterung. Er begründet diese Haltung vor allem damit, daß damit der Tourismus angekurbelt werde, der zum Lebensnerv der Region zähle. Als Mitglied der Industrie- und Handelskammer dachte er selbstverständlich an die wirtschaftlichen Vorteile der Region. Unumwunden gibt er aber auch zu, daß er einen persönlichen Gewinn aus den Plänen zog, in dem er 300 Hektar Hochlagenwald an den Freistaat Bayern verkaufen konnte. Hierbei zeigte er sich wieder ganz als Unternehmer.

Doch in all den Jahren haben sich die Poschinger nicht damit begnügt, nur als Unternehmer erfolgreich zu sein. Sie nahmen bedeutende und einflußreiche Positionen in Politik und Wirtschaft ein. Reichsrat Georg Benedikt II. setzte sich zum Beispiel vehement für den Bau der Waldbahn von Plattling nach Bayerisch Eisenstein ein und wurde von der Bevölkerung begeistert gefeiert, als er nach der entscheidenden Abstimmung nach Hause kam. Eines solchen Wohlwollens konnte sich dessen Sohn Hippolyt nicht uneingeschränkt erfreuen. In dem „roten" Frauenau schlugen ihm gelegentlich auch Kritik und Neid entgegen. Die Probleme eskalierten einmal darin, daß es der Gemeinderat unter dem SPD-Bürgermeister Alfons Hannes ablehnte, den Hüttenherrn Hippolyt Poschinger, einen CSU-Mann, zum Ehrenbürger zu machen. Dabei schienen auch persönliche Animositäten mitzuspielen, die darin begründet sein könnten, daß der Senatspräsident den Hang hatte, eine Aura der Unnahbarkeit um sich aufzubauen. Dies sei allerdings nie so gemeint gewesen, meint Sohn Stefan, der seinen Vater als großen Unterhalter und geselligen Menschen schildert.

Vielleicht war es auch die Bildung, die Hippolyt etwas abhob von den Frauenauern. Die Patres des Internats in Ettal hatten sich große Mühe gegeben, dem nicht immer lernwilligen Glasherrensohn aus dem Bayerischen Wald einiges beizubringen. Die Erinnerung an die Schulzeit muß für ihn nicht immer die beste gewesen sein. Seine Söhne schickte er jedenfalls nicht dorthin, was er einmal mit der schmerzhaften Bemerkung begründete: *Wenn Ettal wieder einen Poschinger sieht, dann schlagen die die Hände über dem Kopf zusammen.* So kam Stefan von Poschinger ins Jesuiten-Internat nach St. Blasien im Schwarzwald, wo er harte Jahre verbrachte. Aber es sei eine gute Schule fürs Leben gewesen, meint er. Auch seine Söhne absolvierten ihre Schulzeit im Internat. Er schickte sie nach Niederaltaich, von wo aus sie immerhin jedes Wochenende nach Hause fahren konnten. So riß der Kontakt zur Familie nie ab.

Das Herrenhaus zu Oberfrauenau (Mitte 17. Jh.), auch „Altes Schloß" genannt, dient noch heute als Stammsitz der Familie Poschinger von Frauenau.

Das Familienleben spielte bei den Poschingers immer eine große Rolle, auch wenn es sich oft auf sehr beschränkte Zeiten konzentrierte, weil die Väter beruflich und gesellschaftlich stark engagiert waren. Damit kam gerade den Frauen, die sowohl aus bürgerlichen wie adeligen Kreisen stammten, eine besonders herausragende Rolle zu. Sie hatten oft die Rolle des Ausgleichs gegenüber den strengen Vätern zu übernehmen, so wie zum Beispiel Stefan Poschingers Mutter Maria Immakulata, eine geborene Gräfin von Soden-Frauenhofen. Er selbst heiratete eine Frau aus El Salvador, die er über Verwandte in Irlbach bei Straubing kennengelernt hatte. Sylvia Gonzales-Duke hatte es nicht leicht, sich in eine völlig andere Kultur und Mentalität in Frauenau einzufinden, doch nun ist ihr Platz an der Seite ihres Mannes und ihrer Söhne, auf die sie sehr stolz ist. Das mittelamerikanische Blut hat in die Linie der Poschinger mit Sicherheit eine neue Qualität gebracht!

Die Bräus der noblen Art

*Die Dynastie der Familie Pschorr: Mit Wagemut
und Geschäftssinn zum Erfolg*

GÜNTER WEINZIERL

Ein Bauernsohn zieht in die Stadt und feiert Triumphe des Erfolgs – eine
Tellerwäscher-Karriere des 18. Jahrhunderts, könnte man das nennen –
aber ganz so einfach liegen die Dinge nicht. Der Erfolg der Brauer-Dynastie Pschorr ist nicht nur der Sieg des Wagemuts und geschäftlichen
Instinkts. Er ist auch vor allem das Ergebnis harten Schaffens, gekrönt
von ein bißchen Glück, sicher.

Auch heute noch ruht sich ein Pschorr nicht einfach aus auf dem Erfolg früherer Generationen, obwohl er sich's vielleicht leisten könnte,
aber er bringt's nicht fertig, einfach weil er das „Macherische" im Blut
hat.

Die Wurzeln der Pschorr-Familie als Brauer-Dynastie lassen sich bis
ins 18. Jahrhundert zurückverfolgen. Die eigentliche Geschichte beginnt
aber schon im 15. Jahrhundert. In München, in der Neuhausergasse 11,
war 1422 der Brauer Lienhard Lunglmayr am Werk. Einer Grund-
bucheintragung ist zu entnehmen, daß er und seine Ehefrau Magdalena
den vormaligen Kaltenbrunner-Bräu erworben haben. Aus dem Wirts-
und Brauhaus wurde später der Bauernhansl-Bräu. Ihren Namen hatte
die Einkehr wohl daher, daß die Bauern des Umlandes nach dem erfolgreichen Markttag auf dem Marienplatz dort gezecht haben. Dennoch
hatte der Bauernhansl-Bräu immer wieder mit finanziellen Schwierigkeiten zu kämpfen, und das Anwesen wechselte häufig den Besitzer. Bis
1820 der junge Braumeister Joseph Pschorr auf den Plan trat und das
Bräuhaus ersteigerte.

Joseph Pschorr war ein Bauernsohn aus Kleinhadern, einem kleinen
Dorf vor den Toren Münchens. Dort wurde er am 2. Juni 1770 als Sohn
der Spitzweckhof-Bauersleute Johann und Therese Pschorr geboren. Aus
der zahlreichen Kinderschar blieb er der einzig Überlebende. Er war als
Hoferbe vorgesehen, doch ihn zog es eher hinein in die Stadt. Das
Schicksal wollte es, daß im Stall des Spitzweckhofes eines Tages ein Fin-
delkind ausgesetzt wurde, das die Familie an Kindes statt annahm.

Damit war der Hoferbe gefunden. Joseph Pschorr dagegen ließ sich auszahlen und erlernte in München das Brauerhandwerk. Beim „Oberkandlerbräu" zeigte er sich als gelehriger Geselle, und schon nach zwei Jahren erhielt er von der Zunft seine Lossprechung. Bereits drei Jahre später war er Braumeister – mit zwanzig Jahren, der jüngste weit und breit! Jetzt ging es darum, eine Familie zu gründen. Und wie es der Zufall wollte, erglühte sein Herz für das Brauerstöchterchen Maria Theresia Hacker, die Tochter des Brauers Peter Paul Hacker.

Aber die Brauerei des Schwiegervaters fiel ihm keineswegs als Mitgift in den Schoß!

Das Unternehmen war hoch verschuldet, und Joseph Pschorr mußte die 4000 Gulden seines ganzen Erbes einsetzen, um die Gläubiger zu befriedigen und dem Brautvater das Einverständnis zur Hochzeit ab-

Der 1770 geborene Joseph Pschorr ist der Urvater der großen Brauerei-Dynastie. Er ehelichte die Brauerstochter Theresia Hacker, heiratete nach derem Tod noch drei Mal und hatte insgesamt 20 Kinder.

zuringen. Den Wagemut des jungen Brauers kann man nur bewundern. Aber nur so war die Versteigerung abzuwenden. Das alles konnte einen Joseph Pschorr nicht schrecken. Wie der Hacker-Pschorr-Archivar Richard Dusch in alten Unterlagen ausgegraben hat, machte sich Josef Pschorr mit Energie und Tatkraft ans Werk. Es gab allerdings ein Hemmnis: Nach einer königlichen Vorschrift war genau festgelegt, wieviel ein Brauer wann brauen durfte. So konnte Josef Pschorr, nachdem er die Hacker-Brauerei wieder aus den roten Zahlen gebracht hatte, keineswegs den Bierumsatz beliebig in die Höhe treiben. Statt dessen aber arbeitete er an der Verbesserung der Brau- und Lagertechnik. Er errichtete im Münchner Osten, nahe des Max-Weber-Platzes, die sogenannte Bierburg, ein riesiges Kühlhaus, in dem er das auf Vorrat gebraute Bier länger lagern konnte.

Er entschloß sich dazu, ein Grundstück zu erwerben, draußen in der Landsberger Straße, damals noch vor den Toren der Stadt. Dort ließ er

zwölf Meter tief in den Boden graben – für die damalige Zeit eine un-
glaubliche Tiefe! – und einen riesigen Kühl- und Lagerkeller bauen.
Dort hinein brachte man das Eis, das man in den damaligen, kalten
Wintern an den sogenannten Eisgalgen gewann. Man ließ Wasser über
ein Holzgestell laufen und schlug hinterher einfach die Eiszapfen ab.
Oder man hackte und sägte Eisbrocken aus den zugefrorenen Seen, um
sie dann in den Keller zu bringen. Das Eis hielt von Januar/Februar den
ganzen Sommer über bis zum folgenden Jahresende und kühlte das
gelagerte Bier.

Auf diese Weise entstanden übrigens die Bierkeller. Die Lagerstätten
waren meistens tief in den Boden gegraben. Oben drauf pflanzte man
Kastanien als Schutz vor der Sonne. Die Bräuer fanden es bald ganz
praktisch, gleich an Ort und Stelle Bier auszuschenken, weil es unter
den Kastanien so schön schattig war. Dem wütenden Protest der vielen
Gastwirte kam man dadurch entgegen, daß den Brauereien verboten
wurde, in den eigenen Biergärten auch Speisen auszugeben. So entstand
die Tradition, die noch heute gilt, daß man sich in einem bayerischen
Biergarten seine Brotzeit selber mitbringen darf.

Mit der neuen Kühltechnik war Joseph Pschorr seinen Konkurrenten
weit voraus. 400000 Gulden hatte er für diesen Bau hingeblättert. Die
Münchner nannten ihn ehrfurchtsvoll die „Bierfestung". Aber er wollte
seine Brauereibastion noch weiter festigen. Und nun kommen wir wieder zurück zur Brauwirtschaft Bauernhansl in der Münchner Innenstadt,
die er 1820 ersteigerte. Dazu gleich auch noch einige Nachbargebäude,
die er niederreißen ließ, um an ihrer Stelle das mächtige Pschorrbräu-
Anwesen entstehen zu lassen. Er hatte die Brauerei „Zum Bauernhansl"
auch deswegen erworben, um die strengen Beschränkungen beim Brau-
en zu umgehen. Denn wenn er mehr Bier brauen wollte, mußte er noch
eine weitere Sudpfanne im Eigentum haben. Nur so konnte er seine
Kapazität erweitern.

Um 1820 dampften in München die Sudkessel von über 50 Brauereien! Und das bei einer Einwohnerzahl von rund 50000 Menschen. Auf
1000 Einwohner kam also eine Brauerei. Aber der Durst der Münchner
und der auswärtigen Besucher war – vor allem an heißen Sommertagen –
kaum zu stillen. Hacker-Pschorr hatte damals schon einen Jahresausstoß von 80000 Hektoliter und war damit die größte Münchner Brauerei. Dennoch: Unter den Münchner Brauereien herrschte ein erbitterter
Konkurrenzkampf, und Joseph Pschorr war sich dessen stets bewußt. So
baute er sein Münchner Anwesen, den Pschorr-Block, von der Neuhausergasse bis zum Altheimer Eck aus und besaß damit schon rein optisch

die Vormachtstellung. Doch auch Schicksalsschläge blieben ihm nicht erspart. Aber gerade da konnte er seine Größe unter Beweis stellen.

Am 14. März 1825 vernichtete ein verheerender Brand den Hackerbräu in der Sendlinger Straße. Mit dem Gebäude fielen sämtliche Vorräte an Hopfen und Gerste den Flammen zum Opfer. Den Schaden beziffern die Geschichtsschreiber auf 80 000 Gulden. Für manchen anderen Unternehmer wäre dieses Fiasko Grund zur Aufgabe gewesen. Nicht so für Joseph Pschorr. Unterstützt durch große Anteilnahme aus der Bevölkerung, aber ohne fremde Hilfe anzunehmen, errichtete er auf der Brandstätte eine völlig neue Brauerei, die der anderen Braustätte in der Neuhausergasse nicht nachstand. Zwei modern eingerichtete Betriebe, einen großen Lagerkeller – damals der größte in ganz Bayern –, das konnte Joseph Pschorr vorweisen, als er 1834 den Pschorrbräu an seinen Sohn Georg übergab. Den westlichen Teil der „Bierfestung" erhielt der andere Sohn, Matthias Pschorr sen. Damit war gleichzeitig der Grundstein für die Trennung von Hacker und Pschorr gelegt, die erst 1972 durch eine Fusion wieder aufgehoben werden sollte.

Noch sechseinhalb Jahre lebte Joseph Pschorr in seinem Haus am Münchner Schrannenplatz, dem heutigen Marienplatz. Dort hatte er 1834 zwei aneinandergrenzende Grundstücke gekauft, auf denen er ein prächtiges Wohnhaus errichtete. Wegen ihrer Sonnenlage und den Bogengängen im Erdgeschoß nannte man diese Häuserzeile zwischen Diener- und Weinstraße „Unter den lichten Bögen". Zu Hause führte Joseph Pschorr ein patriarchalisches Regiment – wie es zur damaligen Zeit üblich war. Den Handwerkern schaute er aufmerksam auf die Finger, und was ihm geliefert wurde, hat er ganz genau nachgewogen.

Mit seiner Frau Therese, der geborenen Hacker, führte er eine glückliche Ehe. Nach ihrem frühen Tod im Jahre 1800 heiratete er noch dreimal. In seinen vier Ehen wurde er 20 Mal Vater! Allerdings überlebten nur seine beiden Kinder Georg und Matthias aus der ersten Ehe mit Therese. Als Joseph Pschorr am 3. Juni 1841 im Alter von 71 Jahren verstarb, war ein arbeitsreiches, aber äußerst erfolgreiches Leben erfüllt. Zu seiner Beisetzung war halb München auf den Beinen. Ein Augenzeuge berichtete damals: *Schon um vier Uhr nachmittags war der ganze Schrannenplatz von Menschen angefüllt, ebenso auch die Rosen- und Sendlingergasse. Alle Fenster waren besetzt vom untersten bis zum obersten Stockwerk eines jeden Hauses. Der Regen, der den ganzen Tag sich in Strömen ergoß, hatte nachgelassen. Um fünf Uhr setzte sich der Leichenzug in Bewegung. 274 Flambeauträger eröffneten ihn. Hierauf folgte die Geistlichkeit der beiden Pfarreien St. Peter und zu Ihrer*

Heiligen Frau. Unmittelbar vor dem Trauerwagen und neben dem-
selben gingen 16 Fackelträger. Der Trauerwagen war mit vier Pferden
bespannt, welch letztere in schwarze mit Silberbrokat gezierte Decken
bis an die Hufe gehüllt waren. Vier Reitknechte führten dieselben.
Sodann folgten die beiden Söhne Georg und Matthias Pschorr, dann die
Enkel und übrigen Verwandten.

50 Jahre später, 1891, wurde ihm posthum die ehrenvollste Würdi-
gung seiner Verdienste um die Vaterstadt München zuteil: Prinzregent
Luitpold von Bayern ließ sein Marmorbildnis in der Ruhmeshalle der
Bavaria aufstellen. Joseph Pschorr war der einzige Brauherr, der zwischen den Büsten der hervorragenden Persönlichkeiten aus Kunst, Wissenschaft und Kultur thronen durfte !

Das große Erbe des Joseph Pschorr wurde also von seinen Söhnen
Georg und Matthias Pschorr weitergeführt. Das war bei dem übermächtigen Vater keine leichte Aufgabe. Während von Matthias relativ wenig
überliefert ist, liest man über Georg, er sei ein äußerst feinsinniger und
bedachter Mann gewesen. Ein Gemälde zeigt einen eleganten geklei-
ten Herrn mit ruhigen, ausgeglichenen Zügen. Verheiratet war er mit
Juliane Riegg, einer Weißgerberstochter aus Landsberg. Mit ihr hatte er
drei Söhne und sechs Töchter. Zwei Buben und eine Tochter starben
jedoch schon früh.

Auch Georg Pschorr setzte auf Expansion. Mit dem Zukauf von drei
weiteren Brauereien, der Brauerei zum Wageneck in der Vorstadt Au, der
Gebhardbrauerei in der Thierschstraße und schließlich dem Faberbräu
in der Sendlingergasse vergrößerte er das Imperium. Zugleich nutzte er
auch die neueste Errungenschaft der Technik: Am 1. September 1839
verläßt der erste Dampfzug die Bahnhofsremise unmittelbar neben der
Brauerei, beladen mit vollen Bierfässern. Damit war die Verbindung zur
Welt hergestellt, und schon bald gab es Pschorr-Bräu auch in Übersee!

Das häusliche Leben in der Neuhausergasse ging derweil seinen behä-
big-bürgerlichen Gang weiter. Mittelpunkt war die tüchtige Juliane, die
eine ebenso energische wie hervorragende Gastgeberin war. Fast jeden
Abend versammelten sich Freunde und Spitzen der Gesellschaft im
großen Gesellschaftszimmer der Pschorrs, darunter angesehene Rats-
herren, Offiziere und Künstler. Alle Familienmitglieder waren sehr
musikalisch, und mit Unterstützung von Hofmusikern gründete man
sogar ein Familienorchester. Für die Töchter war das die Gelegenheit,
ihre späteren Ehemänner kennenzulernen. Die älteste, Maria, heiratete
den Hofmusiker Theodor Moralt, Amelie den Offizier Anton Knözinger,
Josephine ebenfalls einen Hofmusiker, den Professor Franz Strauss, der

als Hornist großes Ansehen genoß. Aus dieser Ehe ging übrigens Richard Strauss hervor, der den Kreis der großen Männer der Familie noch überstrahlte. Allerdings wäre er vielleicht nicht zu dem bedeutenden Komponisten geworden, wenn er nicht die Unterstützung der wohlhabenden Familie Pschorr genossen hätte, vor allem die finanzielle Hilfe von Josephines Bruder Georg.

In diese Idylle künstlerischer Erbauung und geschäftlichen Erfolges fiel das Revolutionsjahr 1848. Ein Magistratserlaß, mit dem die Bierpreise erhöht wurden, heizte die sowieso schon angespannte Stimmung im Volk zusätzlich an. Als das Gerücht umging, Brauknechte des Georg Pschorr junior hätten drei Soldaten erschlagen, stürmte am 18. Oktober eine aufgewiegelte Menge das Pschorrhaus. Das Schanklokal wurde völlig zertrümmert, das Braugeschirr zerstört, das Bier lief in Strömen in den Rinnstein auf der Straße, und die aufgewiegelte Menge drang schließlich sogar bis in den zweiten Stock zu den Privaträumen der Pschorrs vor. Dort hausten die Demonstranten wie die Vandalen: rissen Gardinen herunter, warfen Möbel, Gemälde und Kleider durch die Fenster auf die Straße, raubten Geld und Schmuck. Georg Pschorr sen. und seine Frau Juliane überlebten den Aufruhr nur deshalb, weil sie in einem geheimen Versteck unter der Treppe Zuflucht gesucht hatten. Später entschuldigte sich der neue König Max II. für die Untätigkeit der Stadtkommandantur, die dem Treiben mehr oder weniger tatenlos zugesehen hatte. Er kam sogar persönlich zu den Pschorrs zu Besuch und ließ sich die Ereignisse schildern. In einem Standgericht wurden Rädelsführer und Schuldige bestraft.

Ähnlich wie beim Brand von 1825 schlug der Brauerfamilie die Anteilnahme der Bevölkerung entgegen. Aber wie damals sein Vater, krempelte Georg Pschorr selbst die Ärmel auf und beseitigte mit seinen Mitarbeitern schon bald alle Verwüstungen. Zehn Jahre später konnte er die Brauerei schon wieder vergrößern. Mit einem mutigen Schritt brach er dann auch in die Domäne der Winzer ein und gründete, zusammen mit einigen Partnern, in Ludwigshafen in der Pfalz eine Aktienbrauerei. Damit verschaffte er in dem angestammten Weinland dem Bier einen festen Platz! Die Aktienbrauerei Ludwigshafen besteht übrigens noch heute.

1864 dann ging das Brauimperium von Georg Pschorr an Georg Pschorr junior über – der Sohn hatte dem Papa schon eifrig über die Schulter geschaut, und auch in seinen Adern floß hochkarätiges Brauerblut. Der Vater zog sich schließlich ganz von den Geschäften zurück – den Tod seiner Frau Juliane hatte er nie ganz verwunden, auch wenn er noch einmal heiratete. Am 12. März 1867 starb Georg Pschorr senior.

Georg Pschorr der Jüngere (1830–1894) war in der Reihe der markanten Persönlichkeiten aus der Familie ein Mann von durchaus eigener Note. Seine Liebenswürdigkeit verband er mit Prinzipientreue – da kam das Erbgut seines Großvaters unverkennbar durch. Auch die musische Ader war wieder zu spüren. Georg hatte kein geringes Talent als Maler, und die Ölbilder und Aquarelle, die sich noch heute überwiegend im Besitz der Familie Pschorr befinden, sind Zeugnisse dieser Fertigkeit. Georg Pschorr junior war nie ohne Skizzenblock unterwegs. Seine Hinterlassenschaft weist auf eine rege Reisetätigkeit hin. Sein künstlerisch geschärfter Blick prägte auch die Bauten, die unter seiner Ägide entstanden. Ein Ästhet mit unternehmerischem Weitblick!

Auch er mußte einen Brand seiner Braustätte überstehen. 1878 legte ein Feuer den Pschorrschen Teil der von Joseph Pschorr erbauten „Bierfestung" in Schutt und Asche. Georg Pschorr legte daraufhin den Grundstein für eine moderne Großbrauerei industriellen Zuschnitts. Mit neuen Dampfmaschinen, einer großen Mälzerei und einem bis dahin unbekannten Dörrverfahren erweiterte er den Absatz. Er war der erste Münchner Brauer, der das Flaschenbier einführte – eine Voraussetzung

Aquarell von Georg Pschorr jun., der sich als talentierter Maler entpuppte.

für weltweiten Export. So entstand schließlich auch das Export-Bier, das für seinen höheren Stammwürzegehalt bekannt ist. Und dann kam sein „Bierangriff" auf Berlin, wo er mehrere repräsentative Schankstätten einrichtete und das Pschorrbier salonfähig machte. In einer historischen Berliner Schrift aus dem Jahr 1889 heißt es dazu: *Es ist eine seltsame Tatsache, daß bis zum Ende der siebziger Jahre die sonst allen Fremden niemals abholde Stadt Berlin den von auswärts eingeführten Bieren fast völlig teilnahmslos gegenüber stand. Lokale mit der Aufschrift ‚echte‘, das heißt, fremde Biere wurden sogar mit geheimnisvoller Scheu vom soliden Bürger gemieden, und nur einige, mehr übermäßig durstige Musensöhne und Mitglieder der ‚goldenen Jugend‘ schlüpften in dieselben, um sich von zarter Hand ein Fläschlein ‚Erlanger‘ oder ‚Kitzinger‘ kredenzen zu lassen und daran zu der wertvollen Erkenntnis zu gelangen, daß man doppelt schlechtes Bier mit doppelt hohem Preise bezahlen könne. Nur das inhaltreiche, tief dunkle Gebräu des alt berühmten Nürnberg erfreute sich in Berlin einer liebevollen Gastfreundschaft und umgab sich allabendlich bei ‚Siechen‘ oder beim ‚Schweren Wagner‘ mit einem auserlesenen Stimmkreis von Kennern und Verehrern.*

Wollte sich der Berliner Philister einmal etwas ganz Besonderes leisten und durch Bezahlung eines Schoppens mit 30 Pfennigen in den Geruch ungeheuren Mammons oder maßloser Verschwendung geraten, so fand er in jenen alt berühmten Bierhäusern das geeignetste Feld für seine Heldentaten.

Mit dem Beginn des letzten Jahrzehntes aber sollte in Bezug auf das Berliner Wirthshausleben ein ungeheuerer Umschwung der Verhältnisse eintreten. Schon seit vielen Jahren war jeder zu uns heimgekehrte Wanderer, der auf seiner Wegefahrt die kunstbelebte Hauptstadt des Bayernlandes bekneipt hatte, anfänglich taub gewesen für unser Fragen und Forschen nach den eitlen Prachtwerken des menschlichen Genius, welcher Steine zum Leben erweckt oder mit Oel die Leinwand durchfettet. Die höchste Weihe, die ihm dort zu Theil geworden, war ihm immer wieder von jenem Genius eingehaucht, der aus Hopfen und Malz seine erhabenen Werke bereitet!

Und so schwärmte der Glückliche von allen den hundert Kellern, die er in München durchreiste, von dem frischen Leben, das ihm dort gelacht, und von dem göttlichen Wohlsein, das ihm Güte des Gerstensaftes allüberall bereitet hatte.

Ihm lauschte der verwunderte Berliner, bewegte seinen vom Tivoli-Bier beschwerten Gedankensitz, öffnete sein gepriesenes Mundwerk und schimpfte – wie immer – über den Mangel jeglicher Kultur in sei-

ner geliebten Vaterstadt. Wohl hatte sich das Spaten-Bräu schon in ein-
zelnen Berliner Localen häuslich niedergelassen und sich besonders bei
„Zennig" in der Leipzigerstrasse eingebürgert. Auch das vielgepriesene
Münchner Hofbräuhaus hatte insbesondere bei Danziger seine Produk-
te dem geehrten Wohlwollen der Berliner Zecher empfohlen. Noch aber
fehlte dem Münchener Bier in der Reichshauptstadt seine Popularität
und den Berliner Kehlen das volle Verständnis für die Güte der süd-
deutschen Gambrinus-Spende. Da ward am 23. September 1882 in der
Taubenstrasse 10 ein Wirthshäuschen aufgethan, von dessen Thür die
einfachen Worte herableuchteten: MÜNCHENER PSCHORR BRÄU –
FERDINAND PRINTZ

Das Wirtshaus eröffnete einen wahren Siegeszug des Münchner Bieres
in der Hauptstadt und machte Georg Pschorr viel Freude. Seine Aktivitäten führen zu einem weltweiten Netz von Gasthäusern unter anderem in Wien, Paris, London, Stockholm, Mailand, Konstantinopel und
Saloniki. Unterstützt wurde er dabei von seiner Frau Maria Johanna,
einer Nichte des hochangesehenen Kunstmalers Fritz Bamberger. Sie
war der gute Geist der Familie und daneben auch noch mit einer vor-
trefflichen Altstimme ausgestattet.

Mitten aus seinem rastlosen Schaffen wurde Georg Pschorr der Jüngere am 23. Juni 1894 durch seinen plötzlichen Tod gerissen. Damit gab die
dritte Generation die Brauereizügel in die Hand der nächsten. Jetzt übernahmen die drei Geheimräte August, Georg Theodor und Josef Pschorr
gemeinsam die Leitung der Brauerei. Die Hacker-Linie des Matthias
Pschorr senior und junior war nach kinderloser Ehe des letzteren 1881 in
eine Aktiengesellschaft übergegangen. Matthias Pschorr starb im Jahr
1900 – unverheiratet und ohne Nachkommen. 1922 wurde auch die
Firma Georg Pschorr in eine Aktiengesellschaft umgewandelt.

In der ersten Hälfte dieses Jahrhunderts wurde die Entwicklung beider
Brauereien mehr von der politischen Situation bestimmt als von den
Personen und deren Handlungen. Der erste Weltkrieg, die Inflation,
Weltwirtschaftskrise und Massenarbeitslosigkeit, NS-Herrschaft und
der zweite Weltkrieg lenkten die Geschicke der Unternehmen. Aber
trotz aller Krisen, die zum Teil bis an die Wurzeln der Existenz gingen,
pflegten beide Brauereien eine gute Nachbarschaft. Dies wird auch durch
die Aufzeichnung bestätigt, wonach die Hacker-Brauerei nach der Zer-
störung des Pschorr-Sudhauses im Sommer 1944 durch Bomben den
Pschorr-Brauern gestattete, in ihrer noch funktionsfähigen Sudanlage
zweimal wöchentlich Bier einzusieden – in der damaligen Zeit eine un-
schätzbare Hilfe!

Die Eröffnung des Donisl und der Wiederaufbau des ebenfalls zerstörten Bavaria-Kellers auf der Münchner Theresienhöhe begleiteten den Wiederaufstieg des Pschorrbräus. Auf der Wies'n ist die Firma mit der Bräurosl vertreten, und als technischer Vorstand rückte der 1911 geborene Franz Josef Pschorr in die Geschäftsführung auf. Er hatte das Braugeschäft bei Heineken in Rotterdam gelernt. Die Wiedervereinigung der Hacker- mit der Pschorr-Brauerei erlebte Franz Josef Pschorr bereits im Ruhestand. 1989 ist er gestorben. Die Aktienmehrheit am Unternehmen verkaufte die Bayerische Vereinsbank vor einigen Jahren übrigens an die Schörghuber-Gruppe.

Der Ehe des Franz Josef Pschorr mit der 1920 geborenen Karoline entsprangen vier Kinder. Der 1956 geborene, einzige Sohn, Dr. Josef Pschorr, ist im weitesten Sinn der Brauer-Tradition treu geblieben. Als Marketing-Direktor ist er Mitglied der Geschäftsführung in der Brauerei Kaltenberg des Wittelsbacher Prinzen Luitpold von Bayern. Es war die Liebe zum Brauwesen, die ihn bewog, dort einzutreten. Zuvor hatte er bei einem Lebensmittel-Großkonzern wertvolle Erfahrungen gesammelt. Und schließlich hatte er seine Doktorarbeit über Bier-Marketing geschrieben. Aber auch die frühere Schulfreundschaft mit Kaltenberg-Chef Prinz Luitpold von Bayern war ausschlaggebend für sein Engagement in der mittelständischen Brauerei. Nicht zuletzt waren wohl auch die alten Beziehungen der Pschorrs zu den Wittelsbachern – seit dem „Bierkrieg" von 1848 – maßgebend für die Zusammenarbeit.

Der Familientradition treu geblieben: Dr. Josef Pschorr ist heute Mitglied der Geschäftsleitung der Schloßbrauerei Kaltenberg des Prinzen Luitpold von Bayern.

Zu den Familientreffen der Pschorrs reisen heute Cousinen und Vettern, Schwippschwager und Angeheiratete aus ganz Deutschland an. Bis zu 150 Leute treffen sich da zum Plausch und zum Feiern. Und alle haben sie ihre Wurzeln in einem Geschlecht, das über Jahrhunderte insbesondere die Bierkultur in Bayern maßgeblich geprägt hat.

Mit Kirche und Karl May
ins elektronische Medienzeitalter

Seit sechs Generationen bereichert die Familie Pustet
das Verlags- und Druckereiwesen

BERND KELLERMANN

Der hochgewachsene junge Mann des Jahrgangs 1959 in einem der Büros im Verlags- und Druckereigebäude an der Gutenbergstraße in Regensburg ist der sechste, der diesen Namen trägt: Er heißt – wie alle ältesten Söhne seit dem Ur-Ur-Ur-Großvater – Friedrich Pustet. Diejenigen, die näher mit ihm befreundet sind, nennen ihn Fritz. Er leitet den Verlag, wie dies alle Großväter und auch der Vater getan haben. Das Unternehmen beschäftigt rund 450 Mitarbeiter, davon verteilen sich etwa 250 auf die verschiedenen Buchhandlungen, 170 auf den technischen Betrieb – der sich aus Druckerei und Binderei zusammensetzt – und der Rest auf Verlag und Verwaltung. Auch Friedrich Pustets drei Geschwister, seine beiden Onkel, ein Vetter und seine Mutter Elisabeth Pustet arbeiten im Unternehmen. Zwei Tanten von Fritz Pustet haben sich als Nonnen dem Kloster verschrieben. Die eine ist Salesianerin in Beuerberg am Starnberger See, die andere war viele Jahre lang Äbtissin des Benediktinerinnenklosters Säben in Südtirol. Sie, die unter dem Ordensnamen Marcellina auf dem heiligen Berg von Tirol noch immer tätig ist, machte sich – sozusagen – auf den Weg dorthin, wo die Pustets herkamen. Denn: Auch wenn Pustet einer der traditionsreichsten bayerischen Verlage, ja *der* Verlag in Regensburg ist, sind die Pustets ursprünglich keine Bayern gewesen. Elisabeth Pustet hat Hinweise darauf, daß die Wurzeln der Familie im Friaul liegen, genauer gesagt in Ravascletto in den Karnischen Alpen.

Die Geschichte des Hauses Pustet beginnt mit dem Geleitbrief eines Auswanderers aus dem Jahr 1677. Er ist ausgestellt vom Präfekten der Region Tulmazien – rund um das heutige Tolmezzo –, das damals zur Republik Venedig gehörte. In diesem Brief wird der „bestgesittete Jüngling", Herr Johann Baptist Bustetto, allen „durchlauchtigsten" Fürsten, Herzogen und Grafen sowie den Städten, durch deren Gebiet er reist, um die Kunst der Kaufmannschaft zu betreiben, empfohlen. Dieser Brief ist heute noch im Besitz der Familie. Andere Zeugnisse über Johann Baptist Bustetto existieren nicht. Seine Spur verliert sich. Die Veränderung des weichen italienischen Namens *Bustetto* zum heutigen *Pustet* dürfte eine Angleichung an die härtere deutsche Sprechart sein und ist wohl auch nicht auf direktem Weg erfolgt, sondern über einige Zwischenveränderungen. So ist in den Sterbematrikeln der Pfarrei Hals bei Passau 1773 ein Josef Anton Puchstet vermerkt, dessen Geburtsjahr mit 1704 angegeben ist. Er hat einen Sohn Anton, diesem wird 1798 ein Sohn Friedrich geboren, der dann der Gründer des Unternehmens wird.

In dem kleinen Ort Hals an der Ilz, heute ein Stadtteil von Passau, erinnern eine Tafel am Geburtshaus und ein Weg an diesen Friedrich Pustet. Bereits sein Vater hatte in Hals eine kleine Buchbinderei. Er starb jedoch in jungen Jahren. Die Mutter schickte Friedrich im Alter von elf Jahren zu einem Buchbinder in Stadtamhof, heute eine Vorstadt von Regensburg, in die Lehre. Der Bub geriet in eine unruhige Zeit. Napo-

Der Firmengründer: Friedrich Pustet I. (1798–1882)

leon eroberte die Stadt, das Haus des Meisters wurde zerstört, Friedrich verlor seinen Arbeitsplatz. Der Meister schickte ihn deshalb zurück nach Hals. Hier unterstützt er seine Mutter, trotz aller Widerstände, das kleine „Geschäft" des Vaters mit der dazugehörenden Leihbücherei auszubauen. Ab 1817 handelt er mit Papier nach Österreich. Was vertrieb der junge Pustet? Volksschriften, Erbauungsbüchlein, Johann Evangelist Fürsts Gartenzeitung ...

1820/22 erhielt Friedrich Pustet vom Passauer Magistrat die Konzession für eine eigene Druckerei. 1826 verließ er jedoch Passau und ging wieder nach Regensburg, in die Stadt, die noch gut 20 Jahre zuvor Sitz des Immerwährenden Reichstags gewesen war und wo Bildungsbürgertum und Bevölkerung zahlreicher waren als in Passau. Der Gang nach Regensburg – aus heutiger Sicht mutet er wie eine Auswanderung an – zahlte sich für den 28jährigen Mann mit unternehmerischem Geschick aus. Doch der Anfang war hart. An den Wochenenden lud Pustet seine Bücher auf einen Karren und zog über die holprigen Straßen hinaus auf die Dörfer. Mit Fleiß und Beharrlichkeit schaffte er langsam, aber sicher den Aufstieg. Er ist ein Paradebeispiel für jene Unternehmerpersönlichkeiten des 19. Jahrhunderts, die für den Wirtschaftsaufschwung der Jahrzehnte nach den Napoleonischen Kriegen bestimmend waren. Nur sieben Jahre nach der Übersiedlung nach Regensburg, 1833, konnte sich Friedrich Pustet in bester Altstadtlage ein Haus kaufen. Dort druckte er schon bald mit „modernen" Schnellpressen – die Schinderei mit der Handpresse hatte ein Ende.

Es war ein Gebäude in der Gesandtenstraße, das die ehemalige hessische Gesandtschaft am Immerwährenden Reichstag gemietet hatte. Nun beherbergte es unter einem Dach den Druckbetrieb, den Verlag und später auch eine größere Buchhandlung. Auf diesem Grundstück steht heute der sogenannte Pustet-Bau, der immer noch in Besitz der Familie ist und 1998 umfassend renoviert wurde.

Friedrich Pustet hatte eine Nase, ein Gespür für das, was der Zeitgeist forderte. Die Menschen dieser Jahre vor der Revolution von 1848 fingen an, sich für Geschichte zu interessieren. Besonders König Ludwig I. weckte im Volk Geschichtsbewußtsein. Er baute vor den Toren der Stadt die Walhalla und ließ die Domtürme im gotischen Stil fertigstellen. Pustet brachte das Werk heraus, das zu diesem Zeitgeist paßte: die vierbändige Geschichte Regensburgs von Christian Gottlieb Gumpelzhaimer. Verlag und Druckerei veranlaßten Friedrich Pustet schon bald, sein wichtigstes Rohprodukt nicht mehr zu kaufen, sondern selbst herzustellen. Nur zehn Jahre nach der Niederlassung in Regensburg errichtete er in Alling, etwa zehn Kilometer westlich der Stadt, eine Papiermühle. Hier produzierte er fortan das Papier für seine Druckerei selbst. Überdies machte er sich daran, Technologie aus dem wesentlich stärker industrialisierten England nach Bayern zu importieren. Er kaufte dort eine Papierherstellungsmaschine, die er als erster und zollfrei nach Bayern einführen durfte. So gelang es ihm, in Alling die modernste Papierherstellungsanlage Bayerns zu errichten. Sogar König Max II. von Bayern besichtigte die – für die damalige Zeit hochmodernen – Maschinen und war erstaunt, daß dort weißes und blaues Papier hergestellt wurde.

Das unternehmerische Meisterstück von Friedrich Pustet bestand allerdings darin, daß er eine Marktlücke entdeckte und ein Verlagsprogramm begründete, mit dem der Verlag noch heute einen großen Teil seines Umsatzes erwirtschaftet: die Theologie. Theologie, so lautete Pustets Kalkül, ist krisenfest. Freilich fühlte er auch eine innere Berufung, religiöse Schriften unters Volk zu bringen. 1845 begann er mit der Herstellung eines lateinischen Altar-Meßbuchs, ein Werk, das die römisch-katholische Kirche für den Gottesdienst verwendet. Erstellt wurde es in Schwarz-Rot-Druck. – Pustet hatte nur zwei Jahre Schulbildung, besaß keinerlei Lateinkenntnisse. Man kann erahnen, daß er dieses „Missale Romanum" unter größten Schwierigkeiten fertigte. Ein Brevier, das dann folgte, strotzte nur so von Fehlern, die Kritik an diesem Werk war immens. Pustet ließ sich jedoch nicht entmutigen. Schon in der folgenden Auflage verbesserte er den Inhalt, das Schriftbild und den Druck, so daß das Werk letztlich anerkannt wurde.

Der Durchbruch gelang aber erst seinen Söhnen, die ein liturgisches „Programm" und eine eigene „liturgische" Schrift entwickelten, die beim Vatikan Anerkennung fand. Fortan mußten sich alle liturgischen Ausgaben anderer Verlage ebenfalls nach dieser sogenannten *Pustet-Römisch* richten. Damit war Pustet Monopolist auf diesem Gebiet. In der katholischen Welt kannte man nun das Familienunternehmen. Der Aufstieg ging weiter. Pustet kaufte die Elias von Seidl'sche Buchhandlung in Sulzbach und den königlich bayerischen Centralschulbücherverlag. Ab 1865 wurden für das theologische Programm Filialen in New York, Cincinnati, Saõ Paulo, Wien und Rom gegründet. Daneben pflegte Friedrich Pustet weiterhin gute Beziehungen zum Vatikan. Ihm wird schließlich der Titel *Typograph des Heiligen Apostolischen Stuhls und der Kongregation der Heiligen Riten und Indulgenzen* verliehen. Darauf ist die Familie noch heute stolz.

Jede Neuausgabe des Missale Romanum wurde von nun an vom jeweiligen Friedrich Pustet im Vatikan dem jeweiligen Papst vorgestellt

und in einer sehr schönen Sonderausgabe überreicht. Eine dieser Prachtausgaben kam später in das Familienarchiv Pustet zurück, ein perga-
mentgebundenes, mit Goldschnitt und herrlichen Gravuren ausgestatte-
tes Exemplar.

Zu allen Zeiten bot das Verlagsprogramm neben den theologischen
Titeln auch Erbauliches und Unterhaltsames – und das eben nicht
gerade in kleinen Auflagen.

Zu den populärsten Publikationen zählten die Zeitschriften *Marien-
kalender,* und *Deutscher Hausschatz,* die in Spitzenzeiten eine Auflage
pro Nummer bis zu 400 000 erreichten und weltweit Verbreitung fanden.
Zu den Autoren der Zeitschrift „Deutscher Hausschatz" gehörte u. a. ein
verkrachter, wegen Diebstahls entlassener Volksschullehrer aus Sach-
sen, der bei den Lesern wegen der Schilderung unglaublicher Abenteuer
in fernen Ländern äußerst beliebt war. Einer seiner Beiträge trug die
Überschrift: *Christus oder Mohammed – Reiseerlebnis von Karl May.*
Die Zusammenarbeit mit Karl May dauerte 30 Jahre lang, von 1879 bis
1909. Das Pustet-Archiv bewahrt verschiedene Karl-May-Dokumente
auf, darunter auch einen Brief aus der *Villa Shatterhand,* in dem es Karl
May himmelschreiend und empörend fand, daß der „Hausschatz"-
Redakteur auf zehn Manuskriptseiten 132 Stilkorrekturen vorgenommen hatte. Dennoch erschienen viele der späteren Bücher Karl Mays,
darunter *Der Schut* und *Winnetou,* zunächst als Fortsetzungsromane bei
Pustet. Allerdings bleibt offen, was aus Karl May ohne die Korrekturen
des Redakteurs aus Regensburg geworden wäre ...

Stützpfeiler des Verlags blieb allerdings das theologisch-liturgische
Programm. Obwohl den Nazis die kirchliche Ausrichtung des Unternehmens mißfiel, ließ man den Verlag aus wirtschaftlichen Gründen
unbehelligt. Die weltweit vertriebenen liturgischen Werke brachten ja
schließlich Devisen ins Land. So bekam die Firma von den Machthabern
lange Zeit die notwendigen Papierzuteilungen und war in ihrer Produktion nicht beeinträchtigt. Allerdings mußte sie – wie so viele Drucke-
reien in der damaligen Zeit auch – Hitlers *Mein Kampf* drucken.

Nach dem Zweiten Weltkrieg ging der vierte Träger des Namens Friedrich Pustet daran, außerhalb der Altstadt von Regensburg ein neues
Druckereigebäude zu errichten. Es wurde Ende 1957 fertig. Anläßlich
der Einweihung bemerkte der Inhaber in einer ergreifenden Rede: *Ich
denke zurück an meinen lieben, verstorbenen Vater, der vor mehr als
40 Jahren schon immer vom Neubau sprach, schon Pläne hat anfertigen
lassen, und dem es leider nicht vergönnt war, den Neubau zu erleben.
Daß es unserer Generation vergönnt ist, das ist ein Gnadengeschenk*

d. 3/2. 9.

Sehr geehrter Herr Rath!

Ich würde von verschiedenen Seiten gefragt, warum mein Stil und meine
zügernende, fachgemäße und hochmännische
Ausdrucksweise im „Mir" so außderor...
deutlich verschandelt und gar nicht wieder
zu erkennen sei. Das Lesen verrage Stel...
kann ich so geradezu *philisthischen Stil* und
man merke, daß ein gutes, schmackhaftes
Fleisch von *Koch* ganz gemütlich verdorben
worden sei. Ich sehe mir im „Manuscript" nach.
Ich hat also Ihren Kommenzimmerei, mir
das abgesetzte Manuscript zu finden, und
forderte den betreffenden Herren auf, mir
die bezüglichen Stellen vorzuzeigen. Als
dies geschehen war, schlug ich in meinem
Manuscripte nach. Was ich fand, war
geradezu *himmelschreiend und empörend,*

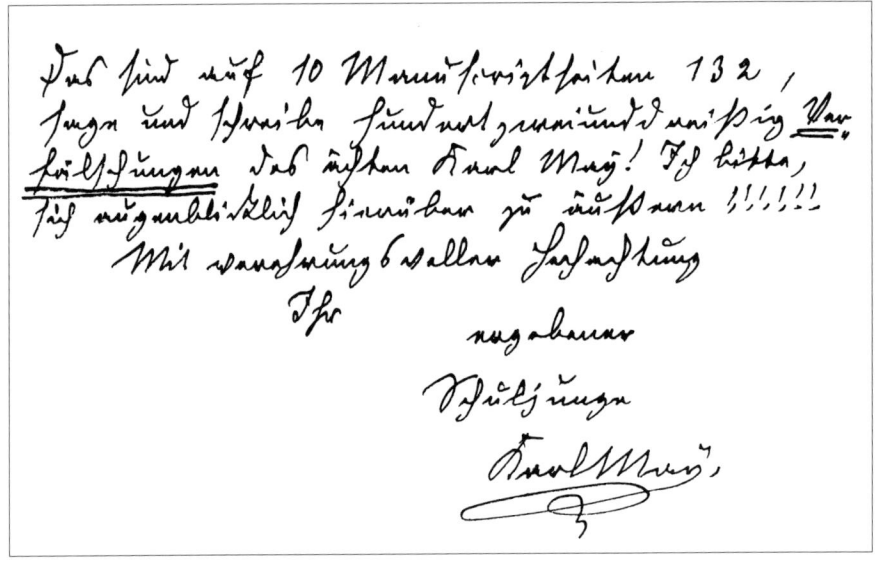

Beschwerdebrief (Auszüge) von Karl May an Herrn „Rath" Pustet vom
3. Februar 1909: Karl May findet es „himmelschreiend" und „empörend"
(5× unterstrichen), daß der Redakteur des Hausschatz auf
10 Manuskriptseiten 132 „Verfälschungen des ächten Karl May"
vorgenommen hat.

des Himmels, für das wir dankbar sein wollen. Wir haben, liebe Mitarbeiterinnen und Mitarbeiter, ihr wißt es, wir haben diesen Bau nicht geschaffen aus Repräsentationsgründen, um nach außen hin zu prunken damit, sondern wir haben ihn geschaffen, aus tiefster Notwendigkeit heraus. Denn alle, die Regensburg kennen, wissen ja, wie sich die Verkehrsverhältnisse im Zentrum der Stadt in den letzten Jahren entwickelt haben und sie wissen auch, die unseren alten Bau von innen kennen, wie beschränkt unsere Raumverhältnisse waren.

Wenn man heute durch die alten, jetzt verlassenen, ehrwürdigen Hallen in der Gesandtenstraße geht, dann kommt man doch allmählich zu dem Bewußtsein, in welch mittelalterlichen Räumlichkeiten wir unsere Alchimie betrieben haben.

Hier draußen ist es hell und luftig und ich hoffe, liebe Mitarbeiterinnen und Mitarbeiter, daß ihr euch hier draußen wohl fühlt, und daß wir neue Werke zusammen schaffen.

Der Bau steht heute noch, und er steht wohl noch lange. Wer durch die Hallen geht, sieht die massiven Betonsäulen des vierstöckigen Gebäudes, von denen die meterdicken Betondecken getragen werden. Im

Verlags- und Druckereigebäude Pustet in Regensburg

Erdgeschoß arbeiteten zunächst noch schwerste Druckmaschinen mit Bleisatz, Maschinen, die seit Jahrzehnten bereits aus den Hallen verschwunden sind.

Die guten Geschäfte mit den in der katholischen Kirche unentbehrlichen Meß- und liturgischen Büchern gingen Anfang der 60er Jahre dieses Jahrhunderts zu Ende. Eine der ersten Konstitutionen des Zweiten Vatikanischen Konzils besagte, daß der Gottesdienst nicht mehr in lateinischer Sprache gefeiert werden muß. Auch die jeweilige Landessprache ist zulässig, d. h. lateinische Meßbücher waren nun nicht mehr gefragt. Für den Verlag entstand eine existenzbedrohende Situation – und das nur kurze Zeit nach dem Tod des vierten Friedrich Pustet.

Der damals 35jährige fünfte Friedrich Pustet mußte mit größten Schwierigkeiten fertig werden. Zur Seite stand ihm dabei ab Mitte der 60er Jahre sein Bruder Paul Pustet, der heute noch technischer und kaufmännischer Leiter des Unternehmens ist. Im Gegensatz zu Friedrich, einem promovierten Philosophen, hatte Paul eine Ausbildung genossen, die ihn unmittelbar auf seine Aufgabe im Unternehmen vorbereitete. Nach dem Besuch des „alten Pennal" in Regensburg absolvierte er in Innsbruck eine Schriftsetzer-Lehre und ein Praktikum in Brasilien.

Dann ging es an die Fachschule für Techniker, an die Akademie für das graphische Gewerbe in München. Gleichzeitig belegte er an der Universität Betriebswirtschaft. Kurz vor dem Ende des Studiums brach er dieses jedoch ab, da er im Betrieb in Regensburg dringend gebraucht wurde.

Mitte der 60er Jahre gingen Paul und Friedrich Pustet V. daran, dem Unternehmen neben der Druckerei ein weiteres, solides Standbein zu verschaffen: Sie gründeten Buchhandlungen. Neben dem traditionsreichen Standort Regensburg existieren inzwischen Filialen in Passau, Augsburg, Straubing, Landshut, Deggendorf und Ansbach. So gelang es, das Unternehmen – nach dem Wegfall des Weltmarkts für liturgische Bücher – vor dem Zusammenbruch zu bewahren. Bis heute hat sich das Unternehmen eine besondere Form der Führungsstruktur erhalten. Man könnte von „Lean Production" durch die Beschäftigung von Familienmitgliedern sprechen.

Die Produkte des Betriebes können sich sehen lassen. In einem schwarzen Schrank, der aus dem Büro seines Großvaters stammt und der eine ganze Wand verdeckt, bewahrt Paul Pustet die besonderen Erzeugnisse der „schwarzen Kunst" seines Hauses auf, darunter Prachtausgaben aus der liturgischen Produktion, für die Liebhaber inzwischen sehr viel Geld hinlegen würden.

Die Zukunft des Verlages wie die des gesamten Unternehmens liegt vor allem in den Händen der sechsten Pustet-Generation. Sie muß versuchen, sich auf dem Markt gegen die Konkurrenz anderer Verlage, Druckbetriebe und weltumspannende Konzerne zu behaupten. Unter den Druckereikunden Pustets finden sich inzwischen so bekannte Namen wie Hanser, Suhrkamp, Econ, Campus oder BLV.

Friedrich Pustet VI., studierter Geograph, pflegt aber besonders auch das Verlagsprogramm. Und dabei fühlt er sich freilich der Tradition verpflichtet. Deswegen enthält das Verlagsprogramm nach wie vor amtliche Ausgaben für den liturgischen Bereich. Zusätzlich „bedient" man pastorale Profis, Pfarrer, Kleriker, Laienseelsorger beispielsweise mit Gottesdienstmodellen und Predigten. Pustet verlegt weiterhin auch wissenschaftliche theologische Werke. Dazu kommt als zweite umfangreiche Verlagssparte die Geschichte – Schwerpunkte sind hier vor allem die bayerische Geschichte, historische Biografien, Frauengeschichte und eine viel beachtete Länderreihe über Ost- und Südosteuropa. Darüber hinaus finden sich im Verlagsprogramm zahlreiche „Ratisbonensia" und schön gestaltete Kunst- und Landschaftsbildbände.

Doch auch für ein Druck- und Verlagsunternehmen mit dieser Tradi-

*Verleger Fritz Pustet mit Gattin Barbara und den
Kindern Jakob, Georg und Judith*

tion, stellt sich die Frage: Gibt es in einigen Jahren vielleicht gar keine
Bücher mehr? Lösen elektronische Medien das Buch ab? Und: Wie
bereitet sich der Verleger heute darauf vor? Friedrich Pustet VI. ist dabei, Modelle zu entwickeln, die der Tatsache Rechnung tragen, daß
beispielsweise die Wissenschaft angesichts der immer knapper werden-
den Etats der Universitäten möglicherweise mehr und mehr ohne das
Printmedium Buch auskommen muß. Hier müssen zusätzliche Publika-
tionsmöglichkeiten, etwa auf CD-Rom oder im Internet, in Erwägung
gezogen werden. Für die Praxis der Seelsorge gibt es bereits elektronische
Produkte.

Doch das Buch, so glauben Friedrich Pustet und seine Mutter Elisabeth, kann nicht völlig ersetzt werden, es behält seinen Stellenwert.
Deshalb halten beide am traditionellen Verlagsprodukt fest. Und wenn
die familiären Bande, die das Unternehmen seit jeher zusammengehalten haben, bestehen bleiben – woran nicht zu zweifeln ist –, dann steht
der Verlags-Dynastie Pustet eine gute Zukunft bevor.

Bayerntreu und prinzipienfest

*Der Weg der Familie von Redwitz
von Franken nach München*

RUDOLF ERHARD

... Es war einmal ein fränkischer Adeliger – Melchior Hermann Freiherr von Redwitz-Küps. Dieser Melchior ist einst von Reichskanzler Bismarck als Gouverneur auf die Gewürz-Nelken-Insel Sansibar geschickt worden. Dort hat der Diplomat eine Französin geheiratet, also eine Frau aus dem Feindesland. Und das war zur damaligen Zeit ganz und gar undiplomatisch – es war unmöglich. Für die Verwandtschaft daheim in Oberfranken war Melchior von da an das schwarze Schaf der Familie...

Diese Geschichte stammt aus dem Album derer von Redwitz, einem Adelsgeschlecht, das dem bayerischen Staat immer eng verbunden war. Nicht jedes Adelsgeschlecht macht Geschichte, Geschichten ja, aber nicht Geschichte. Das Geschlecht der Freiherren von Redwitz hat Geschichten und Geschichte geschrieben, und es stand meistens im Dienste der Öffentlichkeit. Dieses „dem Staate dienen", war sozusagen sein Credo.

Wie so oft bei der Spurensuche nach den Ursprüngen eines klingenden Namens, ist der älteste lebende männliche Nachfahre die beste Quelle. Meist ist er der Familienarchivar, der Sammler, der Chronist. Philipp Freiherr von Redwitz erfüllt auf den ersten Blick alle Vorstellungen, die sich mit einem Adelstitel verbinden: erstklassige, gediegene Kleidung, das Büro im nüchternen Mehrfamilienhaus, mit einigen ausgesuchten Erbstücken aufgewertet, dem Schreibtisch der Großmutter beispielsweise, daneben der Computer – so empfängt der 71jährige Freiherr den Besucher. Tradition verpflichtet, aber sie scheut nicht die Moderne.

Von Philipp von Redwitz erfahren wir denn auch, daß der Name Redwitz seit 1250 belegt ist: *Ein Abkömmling der Familie kam im 13. Jahrhundert nach Redwitz an der Rodach in Oberfranken und nannte sich von nun an Arnoldus Chounstadt sol de Redewitz, was nichts anderes heißt als: „bei Redwitz". Die Familie wuchs und teilte sich in verschiedene Zweige. Die Nachfahren nannten sich fortan nach den jeweiligen Ansitzen, die sie nun bewohnten. So finden wir in der Familie eine*

Reihe von Linien. Heute gibt es allerdings nur noch die Redwitz-Schmölz und die Redwitz-Küps. Wenn man in Oberfranken herumfährt, sieht man noch einige Orte, die auf die Redwitz-Linien zurückgehen, z.B. Schmölz an der Rodach, Eisenort oder Ebene.

Das Wappen der Familie besteht folgerichtig aus einem weiß-blau gestreiften Schild, das von einem roten Fluß, eben der fränkischen Rodach, durchzogen wird. Den Helm ziert dann noch das Einhorn mit einem silberroten Mantel. Wie aber verschlug es den fränkischen Landadel in die Haupt- und Residenzstadt München?

Im Jahr 1810 war es in Bamberg zu einer entscheidenden Begegnung gekommen. Der damalige Kronprinz Ludwig von Bayern war auf dem Weg nach Thüringen, um dort um die Hand von Prinzessin Therese von Sachsen-Hildburghausen anzuhalten. Wie üblich bei solch beschwerlichen Reisen legte der königliche Erbprinz einen Zwischenaufenthalt ein, diesmal in Bamberg. Anläßlich eines Empfangs, den man Ludwig zu Ehren dort gab, wurde ihm unter anderem Charlotte Freifrau von Redwitz vorgestellt. *Die Dame muß ihm in irgendeiner Weise besonders imponiert haben,* erzählt Philipp von Redwitz, *weil sie nicht nur hübsch war – das liebte er sicher auch –, sondern zudem intelligent und witzig, anders als die übrigen Damen. Ludwig hat sie spontan gefragt, ob sie nicht Hofdame bei der künftigen Königin in der Münchner Residenz werden wolle. Charlotte zögerte zunächst, denn sie hatte bereits Familie und verfügte über Besitz in Bamberg. Aber der spätere König hat nicht locker gelassen. Er ließ immer wieder anfragen, bis sie schließlich und endlich dem Wunsch des Monarchen gefolgt ist.*

Eifrig diente Charlotte von Redwitz Königin Therese, der Gemahlin von König Ludwig I., als Hofdame. Der Mann und die sechs Kinder waren mit nach München gekommen die Besitzungen blieben in Franken zurück. Das Geschlecht derer von Redwitz-Küps

Oscar Freiherr von Redwitz-Schmölz (1823–1891), Politiker, Schriftsteller und Dichter.

war ein Stadtgeschlecht geworden und diente den Wittelsbachern in vielfältiger Weise. Ein Philipp Freiherr von Redwitz wurde Hofmarschall und persönlicher Adjudant von Prinz Otto, dem späteren König Otto. Sein Sohn Franz Freiherr von Redwitz stand in Diensten beim Kronprinzen Rupprecht von Bayern. Ein Oskar Freiherr von Redwitz-Schmölz vertrat zwischen 1859 und 1869 mit Unterbrechungen dreimal den oberfränkischen Wahlkreis Kronach als Abgeordneter im Bayerischen Landtag, der sich damals schon von der Ständeversammlung zur Abgeordnetenkammer gewandelt hatte. Auch wenn ein Blick auf die im Landtagsarchiv dokumentierten Redebeiträge des Oskar von Redwitz-Schmölz eher zu dürftigen Ergebnissen führt – er war wohl zu sehr mit anderen Dingen beschäftigt –, wurde doch in München-Bogenhausen eine Straße nach ihm benannt. Dies hatte er wohl vor allem seinem Ruhm als Schriftsteller zu verdanken. Insbesondere sein nach heutigem Verständnis eher schwülstiges Liebes-, Ehr- und Ritterepos *Amaranth,* das 1849 erschien, begeisterte damals als „begehrter Seelenbalsam" vor allem die literarisch interessierte Damenwelt. Noch heute ist das Büchlein, das mehr als zwanzig Auflagen erlebte, in Antiquariaten zu finden.

Die Redwitzstraße in München sollte aber auch dem ehrenden Angedenken jener von Redwitz gewidmet sein, die in diesem Jahrhundert im Widerstand gegen Hitler engagiert waren und sogar ihr Leben ließen. Oberst Rudolf Graf Marogna Redwitz wurde nach dem gescheiterten Attentatsversuch gegen Adolf Hitler vom 20. Juli 1944 als Widerstandskämpfer in Berlin Plötzensee hingerichtet. Rudolf von Redwitz hatte von einem kinderlosen italienischen Graf per Adoption den Namen Marogna ererbt. 1896 geboren, war er Offizier im Ersten wie im Zweiten Weltkrieg, ein Soldat, der sich eigenen Aussagen nach glücklich schätzte, keinen einzigen Menschen wissentlich getötet zu haben.

Nach seiner Hinrichtung durch die Nazischergen, versuchte später seine Tochter Elisabeth, die Geschichte dieses Mannes aufzuarbeiten: *Opfergang einer bayerischen Familie* ist dieses Buch, das viele persönliche Briefe enthält, überschrieben. Der bekannte Historiker Golo Mann hat dazu ein Vorwort verfaßt und darin Bewunderung und Trauer ausgedrückt über das Schicksal des Grafen Marogna Redwitz, der seine Söhne im Krieg verloren hatte und selbst im Widerstand sein Leben ließ. Einem der Briefe kann man entnehmen, mit welcher Haltung die von Redwitz ihre Pflicht erfüllten. Nachdem Sohn Hubert im Mai 1942 in Rußland gefallen war, wurde dem anderen Sohn Rudolf daraufhin signalisiert, es sei ihm freigestellt, sich von der gefährlichen Front mehr in die rückwärtigen Linien versetzen zu lassen. Er lehnte jedoch ab und bezahlte für diese Haltung, die alles andere war als Kadavergehorsam oder soldatischer Kampfehrgeiz, mit dem Leben. Am 9. Juli 1942 starb Rittmeister Rudolf Graf Marogna Redwitz im Feldlazarett. Der verzweifelte Vater zerbrach daran nicht, er zog vielmehr noch mehr Kraft daraus für seinen Widerstand gegen Hitler. Als Oberst war er in der Abwehrtruppe des Admiral Canaris beschäftigt, wo seit 1938 auch die Fäden des Widerstands gegen Hitler zusammenliefen. Gerade hier konnten sich ja die Offiziere von der Sinnlosigkeit des Hitlerschen Vernichtungskrieges überzeugen. Oberst Graf Marogna Redwitz engagierte sich nun auch im aktiven Widerstand, wie seine Tochter Elisabeth berichtet: *Immer öfter nützte mein Vater seine Stellung dazu aus, arme Verfolgte des Nazi-Regimes zu retten. Er half vielen Juden noch rechtzeitig über die Grenze zu entkommen. Er verhinderte manche geplante Infamie der Gestapo durch eine vorsichtige Warnung. Abends, wenn er todmüde nach Hause kam, erschien seine „private Kundschaft", wie er die vielen Menschen nannte, die ihre Not zu ihm brachten. So manchem, der durch ein unbedachtes Wort in höchste Gefahr geraten war, vom SD verhaftet zu werden, half er unterzutauchen.*

Auch aus einer Biographie über Canaris geht hervor, in welche Gefahr sich Graf Marogna Redwitz durch seine Aktionen gegen das NS-Regime begab: *Für die Leitung der Abwehrstelle Wien brauchte man einen Mann, der mit der Mentalität der Österreicher vertraut war. Canaris zögert nicht lange und ernennt dafür Oberst Graf Marogna Redwitz, der bisher, wie wir wissen, in München in der Abwehr tätig war. Er genießt das wohlverdiente volle Vertrauen von Canaris. Eine wichtige Rolle wird Graf Marogna Redwitz noch in den Kriegsjahren spielen, weil die Abwehr von Wien aus in die Balkanländer hinein wirken wird.*

Nach dem gescheiterten Attentatsversuch auf Hitler vom 20. Juli 1944 wurde Oberst Rudolf Graf Marogne Redwitz als Widerstandskämpfer in Berlin-Plötzensee hingerichtet.

Dabei wird Marogna Redwitz als NS-Gegner oft Aktionen der SD und der Gestapo in diesen Gebieten erfolgreich verhindern können. Bei der SS ist er deshalb bald verhaßt und sie nimmt an ihm 1944 blutige Rache.

Nach dem mißglückten Attentatsversuch vom 20. Juli 1944 wurde von Redwitz im Strafgefängnis Berlin-Tegel inhaftiert. Hungernd und frierend wartete er dort auf sein sicheres Todesurteil. Die Mitteilung des Volksgerichtshofes, datiert vom 19. Oktober 1944, an seine Ehefrau lautete:

An Frau Anna Gräfin von Marogna Redwitz, geb. Gräfin Arco in Wien, Böcklinstr. 27.

Der ehemalige Oberst Graf von Marogna Redwitz ist wegen Hoch- und Landesverrat vom Volksgerichtshof des großdeutschen Reiches zum Tode verurteilt worden. Die Veröffentlichung einer Todesanzeige ist unzulässig.

Die perfide Nazijustiz stellte der entsetzten Witwe auch noch die Kosten der Hinrichtung in Rechnung. Graf Marogna Redwitz hatte das Verfahren vor dem Volksgerichtshof des satanischen Dr. Freisler mit Anstand und Würde erduldet. Der Brief eines Freundes belegt auch dies.

Diesen dunklen und zugleich doch so ehrenvollen Teil der Familiengeschichte tragen heute die von Redwitz nicht zur Schau. Das gilt auch für Eugen von Redwitz, CSU – Landtagsabgeordneter aus dem Wahlkreis Neuburg-Schrobenhausen, einer der drei Söhne von den acht Kindern des Alfons Freiherr von Redwitz. Alfons war der Bruder des hingerichteten Rudolf, und auch er diente seinem Staate. 1890 in München geboren, kämpfte er zwischen 1914 und 1918 zusammen mit seinen Brüdern im Schwere-Reiter-Regiment. Nach dem Krieg wurde er dann Geschäftsführer des politisch einflußreichen Grundbesitzerverbandes, verbog sich aber nicht, als Hitler an die Macht kam. Mehr noch, er machte aus seiner ablehnenden Haltung keinen Hehl, blieb aufrecht inmitten der „Mitläufergesellschaft". *Das trug ihm vorübergehend KZ-Haft in Dachau ein*, berichtet Philipp von Redwitz, *in den 40er Jahren wurde er dann noch einmal in der Nähe von Würzburg für etliche Wochen inhaftiert. Durch glückliche Umstände kam er aber wieder frei.*

Eugen von Redwitz, 1939 geboren, kurz bevor sein Vater in den Krieg ziehen mußte, ist ebenfalls ein überzeugter Diener des Staates. Als Landtagsabgeordneter kümmert er sich nun schon in der vierten Wahlperiode um die Anliegen der Bürger – nicht aus Familientradition oder gar auf Druck seines Vaters – es war seine freie Entscheidung. Eugen von Redwitz lebt heute mit seiner Familie auf dem Giglberg, einem wunderschönen Waldbesitz an den Ausläufern des Fränkischen Jura, oberhalb des Donautales im Landkreis Neuburg-Schrobenhausen. Sein ältester Bruder Philipp ist in München geblieben, er war dort viele Jahre Direktor der staatlichen Porzellanmanufaktur und lebt jetzt im „Unruhestand". Ans Zurücklehnen denken beide noch lange nicht: *Man muß was tun, solange man stehen kann.*

Damit der hehre Grundsatz nicht hohl bleibt, engagiert sich Philipp von Redwitz bei den Malteser-Rittern (seine Frau leistet mit gleicher Tatkraft Krankendienst beim Malteser-Orden) und vor allem auch beim Aufbau der Ukraine. Seit 1990 pendelt er immer wieder zwischen München und Lemberg hin und her. Dort hat er mitgeholfen, eine Kirche aufzubauen, öffentliche Küchen einzurichten, eine Schule zu finanzieren und die Ausbildung von Rettungs-Sanitätern zu organisieren. Wesentliche Triebkraft hierfür ist die

Eugen Freiherr von Redwitz kümmert sich nicht nur um den Erhalt des Familienbesitzes. Der CSU-Landtagsabgeordnete engagiert sich in der Medienpolitik, im Waldbesitzerverein und hilft tatkräftig beim Aufbau der Ukraine mit.

Mitverantwortung anderen gegenüber und sich dem Namen und der Geschichte der Redwitz verpflichtet zu fühlen. Dazu gehört auch, den Familienbesitz zu erhalten. Wenn ihn die Redwitz veräußern würden, könnten sie sich zwar ein bequemes Leben machen, aber dann wäre die Grundlage der Familie dahin. So handeln sie nach dem Motto: *Wer nicht verzichten kann, kann auch nichts erhalten!*

Die umfangreichen Waldbesitzungen sind nach wie vor der Grundstock des Familienvermögens. Eugen von Redwitz ist aber nicht nur Waldbesitzer, *mit der Sparkasse Holz im Rücken*, er engagiert sich auch forstwirtschaftlich, im Waldbesitzerverband wie im Bayerischen Landtag. Dabei setzt er auf eine ökologische Bewirtschaftung und warnt vor der reinen Holzausbeute. Waldbesitzer zu sein, bedeutet für ihn auch, sich zuweilen mit den Jägern anzulegen: *Wald und Wild sind vielerorts aus dem Gleichgewicht gekommen. Das muß nicht sein.* Damit wendet sich Eugen von Redwitz gegen die immer noch in Jägerkreisen kultivierte Heranzucht stolzer Trophäen auf Kosten des vom Wildverbiß geschädigten Waldes. Denn er ist mit Wald und Wild groß geworden. Mit 13 Jahren schoß er seinen ersten Rehbock. Bereits mit 15 Jahren ging er in der früh um 5.00 Uhr auf die Jagd, um Füchse zu erwischen. Trotzdem hat ihn die Jagdleidenschaft nicht zum hemmungslosen Jäger werden lassen, dem es nur darauf ankommt, möglichst viel Wild vor der Büchse zu haben.

Ein von Redwitz sieht aber „vor lauter Wald auch noch andere Bäume". Vielleicht hat sich der CSU-Abgeordnete deshalb im Landtag ganz bewußt sein sehr waldfernes Spezialgebiet aufgebaut, die Medienpolitik. Im Freistaat Bayern hat ein CSU-Medienpolitiker immer ein gewichtiges Wort mitzureden! Die Gedanken dafür kommen ihm bei den ausgedehnten Sparziergängen durch seine Wälder mit dem Hund an der Leine: *Man lernt mit Ruhe und einem langfristigen Auge Dinge zu betrachten. Das, was man im Wald sieht, kann man vielleicht auch ein bißchen ins Leben übersetzen.*

Abwechslung bietet auf dem Giglberg auch die Pferdezucht. Eugen von Redwitz züchtet Ponies. Genauer gesagt, macht das seine Frau Marie, eine geborene Douglas, die aus Schweden nach Bayern kam. Ihre Familie, deren Vorfahren bis ins 11. Jahrhundert zurückreichen, stammt ursprünglich aus Schottland. Während des 30jährigen Krieges sind die Douglas jedoch in die schwedische Armee eingetreten. Auch in dieser Familie zeigt sich also eine lange Tradition.

Einst, im Jahre 1810, hatte Charlotte von Redwitz den Anstoß für den Umzug des fränkischen Landadelsgeschlechtes an den Hof der Wittelsbacher gegeben und damit die entscheidende Grundlage für das politische Engagement der Redwitz geschaffen. Es waren neben den bedeutenden Männern im Geschlecht derer von Redwitz bis heute immer auch die Frauen, die dafür sorgten, daß Vorbilder nicht starre Werte blieben, sondern Teil der Erziehung wurden. Werte weiterzugeben, Tradition der Vorfahren, ist nicht ganz einfach, gesteht Marie von Redwitz. Aber in der Familie von Redwitz ist es bis in diese Generation hinein gelungen.

Aus dem Exil zurückgekehrt

*Das Schicksal der jüdischen Familie Rosengold
in der NS-Zeit*

THOMAS MUGGENTHALER

Das Modehaus *Carlson* zählt zu den bekanntesten mittelständischen Bekleidungsunternehmen in Bayern. Kaum jemand weiß, daß das Stammhaus in der Regensburger Goliathstraße für das Schicksal der jüdischen Familie Rosengold aus Regensburg steht, die ein wichtiges Kapitel der bayerischen Zeitgeschichte verkörpert. Freunde nennen Hans Rosengold gerne „Juan", womit aber keineswegs ein „Don Juan" gemeint ist. Der Name stammt vielmehr aus der Zeit, in der die jüdische Kaufmannsfamilie die Herrschaft des Nationalsozialismus in Argentinien überlebte. Nach dem Ende des Naziregimes packte Hans Rosengold seine Koffer und kehrte zurück in seine bayerische Heimatstadt.

Hans Rosengold wurde 1923 in Regensburg geboren und trat nach der Befreiung Deutschlands vom Faschismus in die Geschäftsleitung der Firma ein, die sein Vater Max gegründet hatte. Max Rosengold war im Jahr 1904 als Leiter einer Filiale der Firma „Gebrüder Manes" nach Regensburg gekommen. Er war damals ganze 23 Jahre alt. Im Jahr 1908 entschlossen sich die „Gebrüder Manes", die Regensburger Filiale abzustoßen. Max Rosengold griff zu und kaufte das Haus Ecke Brück-/Goliathstraße nahe der Steinernen Brücke. Er baute es um und eröffnete 1912 sein eigenes Bekleidungsgeschäft. Dieses Modehaus heißt heute *Carlson* – den Namen erhielt das Geschäft mit der „Arisierung", – und zählt mit über zehn Filialen zu den führenden Geschäften der Branche in Bayern. Das Regensburger Stammhaus war in der Oberpfalz und Niederbayern lange Zeit das größte Herren- und Knabenbekleidungshaus.

Hans Rosengold besuchte in Regensburg zunächst die jüdische Volksschule, später das heutige Goethe-Gymnasium. Noch gut erinnert er sich an den Aufstieg des väterlichen Geschäfts, aber auch an die Anfänge der Nazi-Diktatur. Die roten NSDAP-Plakate, die zu Versammlungen aufriefen und auf denen der Aufdruck „Juden ist der Zutritt verboten" stand, sind ihm noch gegenwärtig: *Wenn es keiner gesehen hat, haben*

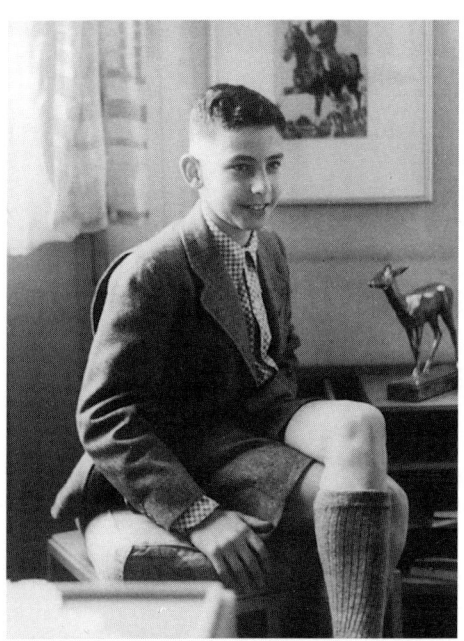

*Hans Rosengold als Gymnasiast
in Regensburg zu Beginn der Nazizeit.*

*wir Kinder diese Plakate heim-
lich heruntergerissen. Aber
über die Bedeutung waren wir
uns nicht im klaren,* sagt er
heute.

Die Firma des Vaters hatte
zwar die wirtschaftlich schwierigen Jahre der Weimarer Republik mit Arbeitslosigkeit und
hoher Inflation gut überstanden, aber dem Naziregime war
sie nicht mehr gewachsen. Im
April 1933 kam der erste Boykott jüdischer Geschäfte. Zeitweise standen mehrere bewaffnete SA-Leute vor dem Eingang
zum Bekleidungshaus und ach-
teten darauf, daß niemand hin-
einging. In der Reichskristallnacht vom 9. November 1938
wurde es, wie alle anderen jüdischen Geschäfte, zum Teil zer-
trümmert und geplündert. Die Firma mußte „arisiert" werden, wie man
es damals nannte. Ein freier Verkauf war nicht mehr möglich. Die Kreis-
leitung bestimmte den Käufer und den Preis. Es war ein lächerlicher
Preis. Als Käufer präsentierte sich ein Herr Carlson aus Braunschweig,
der von einer kapitalkräftigen Gruppe vorgeschoben war. Er gab dem
Unternehmen seinen Namen, schied aber nach kurzer Zeit wieder aus.

Zu dieser Zeit wohnte Hans Rosengold jedoch schon nicht mehr in
Regensburg. Er war mit seiner Mutter nach München gezogen, da sich
die Eltern getrennt hatten. Der Vater siedelte nach Berlin über. Aber
auch dort wurde für die Juden das politische Klima immer bedrohlicher.
Und auch in München nahm die Judenverfolgung zu. Hans Rosengold
zog die Konsequenzen, verließ die Luitpold-Oberrealschule und begann
eine Lehre als Koch. Dabei spielte bereits der Gedanke an die Emigration
eine Rolle. Zunächst aber setzte er seine Ausbildung in Berlin fort, wo
sein Vater lebte. Aber dort waren die Verhältnisse eher noch schlimmer.
Hans Rosengold erlebte die sogenannte Reichskristallnacht, die ihm
noch heute einen Schauder über den Rücken fahren läßt, wenn er daran
denkt: *Das hat sich wie ein Lauffeuer verbreitet. Wir sind zunächst in*

190

aller Früh in den dunklen Grunewald gelaufen und später kreuz und quer durch Berlin mit der U-Bahn gefahren aus Angst, verhaftet und nach Oranienburg ins KZ gesteckt zu werden. Er sah die zerstörten Geschäfte und Haufen von Glasscherben. Die Synagogen brannten.

In diesem Deutschland konnte die Familie Rosengold nicht mehr leben. Hans und seine Mutter entschlossen sich, nach Argentinien auszureisen, wohin sich bereits Verwandte geflüchtet hatten. Am 16. Oktober 1939 gingen sie in Triest an Bord eines italienischen Schiffes. Den Preis für die Passage nach Buenos Aires hatten Freunde der Familie, die bereits im Ausland lebten, vorgestreckt. Anfang November kamen Hans und seine Mutter in Argentinien an. Vater Max Rosengold war in Berlin zurückgeblieben. Ihm gelang der Sprung in die Freiheit nicht mehr. Durch den Verlust des Geschäftes deprimiert, war er entschlußlos und hoffte lange Zeit, das Hitler-Regime zu überleben. 1942 unternahm er dann einen verzweifelten Versuch, über Österreich und Rumänien nach Palästina zu gelangen. Seine Vorbereitungen für diesen Fluchtversuch wurden jedoch entdeckt, und er wurde verhaftet. Im Gefängnis Alexanderplatz in Berlin starb er nach etwa 14 Tagen Haft, wahr-

Max Rosengold mit seiner Frau während eines Italienurlaubs. Einige Jahre später trennte sich das Ehepaar. Max Rosengold starb im Gefängnis.

scheinlich an psychischer und physischer Erschöpfung. Sein Grab liegt im großen jüdischen Friedhof Berlin-Weißensee.

Hans Rosengold ist heute froh, daß er während seiner Lehrzeit in Berlin mit seinem Vater noch einige gemeinsame Jahre erleben durfte. Der Einfluß des selbstbewußten und gewandten Max Rosengold auf seinen Sohn war segensreich. Er führte ihn durch die Museen der Stadt und vermittelte ihm eine Menge an Bildung – die er sich selbst als Autodidakt angeeignet hatte. Dabei war Max Rosengold gar nicht der leibliche Vater von Hans. Dieser hieß Adolf Niedermeier, ein Regensburger Bankier, mit dem seine Mutter in erster Ehe verheiratet war. Als Hans zwei Jahre alt war, ließ sie sich jedoch scheiden und heiratete Max Rosengold, der Hans später an Kindesstatt annahm. Auch sein leibliche Vater war Jude, er wurde mit einem großen Transport am 2. April 1942 aus Regensburg in das KZ Piaski bei Lublin deportiert und kehrte nie zurück.

In Argentinien erwartete Mutter und Sohn anfangs eine harte Zeit des sozialen Abstiegs. Hans nahm seine Kochlehre wieder auf, bis er es schließlich zum stellvertretenden Küchenchef des Fünf-Sterne-Hotels „Lancaster" in Buenos Aires brachte. Aber das familiäre Erbe ließ ihn nicht los, und so wandte er sich schließlich dem Handel mit Textilfabrikation zu. Damit konnte er sich immer besser über Wasser halten. Doch die Gedanken schweiften immer wieder in die Heimat, nach Berlin, aber vor allem nach Regensburg.

Nach dem Ende der faschistischen Diktatur in Deutschland nahmen die Rosengolds wieder Kontakt mit der alten Heimat auf. Die Familie bekam nach langen Verhandlungen ihren Besitz wieder zurück. Noch von Südamerika aus suchte sich Hans einen deutschen Partner, mit dem er 1949 sein Geschäft in Regensburg wieder eröffnete. Bevor er sich jedoch ganz dort niederließ, pendelte Hans Rosengold einige Jahre zwischen Buenos Aires und Regensburg hin und her.

Erst Mitte der 50er Jahre kehrten er und seine Mutter für immer in die Donaustadt zurück. Doch der Neuanfang zu Hause war nicht ganz einfach. In ihrem alten Wohnviertel im Westen der Stadt wurden sie allmählich wieder heimisch – alte Bekannte halfen dabei. Mit der Firma ging es ebenfalls bald wieder aufwärts. Hans Rosengold gründete zusammen mit einigen Partnern eine Filiale nach der anderen. Er habe Glück gehabt, meint Hans Rosengold, und es sei alles relativ bequem gegangen, so bequem, daß ihn manchmal ein schlechtes Gewissen plage: Mit einem der letzten Schiffe war er aus Europa fortgekommen, in Argentinien hatte er leidlich Fuß gefaßt, dann bekam er seinen Besitz wieder zurück und konnte in seiner Geburtsstadt ganz von neuem anfangen!

In den Jahren des Wiederaufbaus heiratete Hans Rosengold eine Jüdin, die aus der Türkei stammt und deren Familie deshalb das Glück hatte, von der Vernichtungsmaschinerie des deutschen Faschismus verschont zu bleiben. Das Ehepaar hat eine Tochter, die heute in Israel lebt. Hans Rosengold hat jetzt vor allem den Ehrgeiz, das 100jährige Jubiläum der Firma zu erleben. Daneben ist er in zahlreichen Regensburger Vereinen, beispielsweise bei den Altstadtfreunden, tätig. Seit Anfang der 60er Jahre wirkt er als Sprecher der jüdischen Gemeinde, der ältesten in Süddeutschland. Sehr bewegend war es für ihn, als Archäologen am Neupfarrplatz im Zentrum der Stadt Regensburg Reste des mittelalterlichen jüdischen Viertels entdeckten, das während eines Pogroms im Jahre 1519 dem Erdboden gleichgemacht worden war. Jetzt setzt er sich für eine würdige Gestaltung des Areals ein. Er ist stolz darauf, mit Dani Karavan aus Israel einen Künstler von Weltruf für Regensburg interessiert zu haben, der auf den Fundamenten mittelalterlicher Synagogen einen Platz der Kommunikation schaffen wird, damit dieser für die Geschichte Bayerns sehr bedeutsame Platz nicht wieder in Vergessenheit gerät.

Wo der „Aventinus" geboren wurde

Die Familie Schneider und das „Weisse Bräuhaus" im Tal zu München

CHRISTOPH THOMA

Das *Weisse Bräuhaus* im Münchner Stadtzentrum zählt zweifellos zu den besten Wirtshäusern in der Landeshauptstadt. Die wenigsten Gäste wissen, daß der Hausherr eigentlich ein Kelheimer ist: Dr. Georg Schneider betreibt dort seine Weissbierbrauerei, die seit 1817 besteht. Der dazugehörende Biergarten wird mit der gleichen Wirtshaus-Kultur geführt wie die Münchner Gaststätte. Schneider ist in fünfter Generation Weissbier-Brauereibesitzer.

Der Bräu der berühmten *Schneider Weisse,* kam am 1. Februar 1928 unter den Klängen des Schäfflertanzes im Münchner Rotkreuz-Krankenhaus zur Welt, ist also geborener Münchner. Der eigentliche Begründer der Dynastie Schneider stammt dagegen aus Buchenhüll bei Eichstätt. Seine Eltern Sebastian und Maria-Anna waren Bauern, betrieben aber schon nebenbei eine Tavernwirtschaft. Sohn Georg (der Erste) lernte vor 125 Jahren den Beruf des Braumeisters und machte sich an traditionsreicher Stelle selbständig: Dort, wo heute das *Weisse Bräuhaus im* Tal in München steht, existierte damals der „Mader-Bräu". Da der Ur-Ur-Großvater des heutigen Brauerei-Chefs das „Weissbier-Regal" vom damaligen *Weissen Hofbräuhaus,* dessen Pächter er war, abgelöst hatte, konnte er damit das Braurecht für den stillgelegten „Mader-Bräu" erwerben. Damit war der Grundstein für das heutige Traditionslokal gelegt. Allerdings zu einer äußerst ungünstigen Zeit.

Als Georg Schneider der Erste ins Weißbiergeschäft einstieg, kamen obergärige Biere außer Mode. Die Königliche Hofkammer hatte ihre Weissen Bräuhäuser gerade verkauft oder geschlossen. Aber Georg Schneider glaubte an das Weißbier. Und er entwickelte ein eigenes Rezept für seine zunächst nicht besonders geschätzte Spezialität. Die Sorte setzte sich allmählich durch, und auch der Sohn, Georg Schneider der Zweite, blieb dieser Richtung treu. Er war ein kühl rechnender Kaufmann. Er erweiterte den Grundbesitz der Familie und gründete 1880, zusammen mit anderen Münchner Brauherren, den Bayerischen Brauerbund, dem – 118 Jahre später – Georg Schneider der Fünfte, als Präsident vorsteht. Die Tragik des Schicksals will es, daß Vater und Sohn im selben Jahr sterben. Zu diesem Zeitpunkt war Sohn Georg Schneider der Dritte erst 20 Jahre alt und mußte das Unternehmen weiterführen. An Elan hat es ihm nicht gefehlt. Unterstützt wurde er schon bald durch seine junge Frau Mathilde, die Tochter eines königlichen Beraters. Die beiden brachten den „Schneider Bräu" im Tal wieder in die Höhe.

Weisses Bräuhaus, München, Thal.

Das „Weisse Bräuhaus" in München, bis heute eine der beliebtesten Innenstadt-Wirtschaften, in der die beliebte „Schneider-Weisse" ausgeschenkt wird.

Die anderen Münchner Brauereien ließen das Weißbier zunächst einmal unbeachtet – für sie war es ein exotisches Gebräu. Erst als es mit der *Schneider Weissen* aufwärts ging, schenkten sie dem neuen Konkurrenten plötzlich wieder Aufmerksamkeit. Hinzu kam, daß es im *Weissen Bräuhaus* auf einmal das erste „Weizenstarkbier" gab – eine völlige Neuheit, die von den anderen Brauereien argwöhnisch beäugt wurde. Zunächst wollte man sogar den Ausschank verhindern. Als die Schneiders aber im Jahr 1907 auf den üblichen Starkbier-Zusatz „*-ator*" verzichteten, lenkten sie ein. Die heutige Senior-Chefin Margareta Schneider kann darüber nur noch schmunzeln: *Ob man es so nicht nennen durfte, weiß ich nicht. Es war ja ein obergäriges Starkbier – und deshalb nennen wir es „-us," nicht „-ator". „Aventinus" ist daraus entstanden. Der Hintergrund war wohl die Örtlichkeit: Die Flaschenabfüllerei der Brauerei lag in der Aventinstraße in München, und da hat man halt den Namen gleich dazu verwendet."*

Georg Schneider der Dritte war ein sozialer Mann: Er gründete den Kranken- und Unterstützungsverein der Brauer und Bräuburschen in München. Das war ein wesentlicher und für damalige Verhältnisse ungewöhnlicher Schritt zur sozialen Absicherung der Beschäftigten in der Brauerei.

Trotz florierender Geschäfte streckte sein Sohn, Georg Schneider der Vierte, seine Fühler nach Niederbayern aus. Es war mehr ein Zufall, daß im Jahr 1928 das *Weisse Bräuhaus* in Kelheim zum Verkauf stand. Da entschloß sich die Familie, diese traditionsreiche Braustätte dazuzukaufen. Es handelte sich nämlich um das ehemals *Kurfürstliche Weisse Bräuhaus,* die damals zweitgrößte Weißbierbrauerei Bayerns, die sich ursprünglich im Besitz des Herzogs von Bayern befunden hatte.

Die arrivierten Münchner Brauherren beobachteten noch zu Beginn dieses Jahrhunderts die Entwicklung des Weissen Brauhauses mit Argusaugen. Geradezu trotzig zog die Familie Georg Schneider aus der Stadt in die damals noch eigenständige Landgemeinde Bogenhausen. Das Haus befand sich in der vornehmen Möhlstraße. Die Nachbarn heißen Pschorr, von Finck oder Sedlmayr. Damals waren alle großen Münchner Brauer in dieser Straße zu Hause. Man war so richtig unter sich.

Das war die Zeit, in der das Weißbiergeschäft einen ungeahnten Aufschwung erlebte. Die *Schneider Weisse* war längst zum Qualitätsbegriff geworden. Immer mehr Stammtische alter Münchner siedelten sich im *Weissen Bräuhaus* im Tal an. Die Schneiders erweiterten Ihren Gärkeller und die Flaschenfüllerei in der Aventinstraße. Die Räumlichkeiten im Tal waren längst zu eng geworden. Doch wieder – mitten hinein in diese Blütezeit – wurde die Familie von einem tragischen Unglück heimgesucht. Bei einem Segelausflug auf dem Starnberger See erkältete sich Georg Schneider der Dritte so heftig, daß er ein paar Tage später an einer Lungenentzündung starb. Da war dann die junge Familie ohne Familienvorstand. Georg Schneider war damals erst 35 Jahre alt und seine Witwe gerade 28 Jahre. Die Kinder waren sehr klein, und Mathilde Schneider mußte das ganze Unternehmen durch die schwere Zeit lenken. Dazu hat sie die Kinder großgezogen, beide Kriege mitgemacht und alles zusammengehalten. In der Familie wird sie noch heute als eine ganz große Frau verehrt.

Georg Schneider der Vierte, geboren am 8. Mai 1900, heiratete mit 26 Jahren Anna Selmayr, das letzte von sechzehn Kindern des Kommerzienrates Josef Selmayr, Landrat und letzter Bürgermeister von Bogenhausen. Noch vor Beginn des Zweiten Weltkrieges gelang es den Schneiders, Brauereien in Augsburg, Berg am Laim und Straubing zu kaufen. Erstmals betrieb *Schneider Weisse* auch ein eigenes Bierzelt auf dem Oktoberfest. Dann war wieder Krieg in Deutschland. Im April 1944 fiel die erste Bombe in die Brauerei. Noch konnte das Feuer gelöscht werden, das fertige Bier wurde in Eimern in den Keller getragen. Zwei Tage später aber versank die traditionsreiche Braustätte im Tal in Schutt und Asche. Georg Schneider der Fünfte hat noch miterlebt, wie die Eltern vor den Trümmern standen und nicht mehr weiter wußten. Zum Glück war die Braustätte in Kelheim erhalten geblieben. Dorthin wollte man den gesamten Brauereibetrieb zunächst nur ersatzweise verlegen. Als sich aber herausstellte, daß der Wiederaufbau an der alten Stelle im Tal gar nicht mehr möglich war, weil der Platzbedarf für eine moderne Brauerei bei weitem nicht mehr ausreichte und auch der Verkehr angestiegen war, entschlossen sich die Schneiders, das Kelheimer Brauhaus auszubauen und zu modernisieren. Man hat dann in München nur noch ein Depot gelassen.

Reklametafel für die „Schneider-Weisse"

Durch die Verlagerung der Produktion von München nach Niederbayern verlor *Schneider Weisse zwar* das Recht auf ein eigenes Zelt auf dem Oktoberfest. Die Schneiders verschmerzten aber auch das und glichen den Verlust durch verstärkte Werbung aus. Das Produkt selbst war letztendlich die beste Empfehlung! Das frühe Firmenzeichen, die gekreuzten Ähren, ließen sich die Schneiders patentieren. Es wurde in die Patentrolle mit der Nummer 18 übernommen und ist eines der ersten eingetragenen Warenzeichen für Bier, das weltweit erste offizielle Warenzeichen für Weißbier überhaupt.

Der Bierexport über Bayern hinaus begann für die Brauerei Schneider erst im Jahr 1960. Es sollen treue Kunden gewesen sein, die immer wieder danach fragten, wo sie denn die *Schneider Weisse* während ihres Urlaubs im Ausland bekommen könnten, die das Unternehmen letztendlich dazu veranlaßten, Lieferungen über den „Weißwurstäquator" hinaus vorzunehmen. Und auch Feriengäste in München waren so begeistert von dem Gerstensaft, daß sie ihn zu Hause ebenfalls nicht missen wollten. Heute beschäftigt die Private Weissbierbrauerei Georg Schneider & Sohn GmbH & Co. KG mit Firmensitz in München und der einzigen Braustätte in Kelheim über 120 Mitarbeiter. Zum Vertriebsgebiet gehören neben der Bundesrepublik Deutschland ganz Europa, Nordamerika und Fernost. So kann man heute an den entferntesten Tourismus-Schauplätzen eine *Schneider-Weisse* „zischen".

Georg Schneider der Fünfte erinnert sich angesichts dieser Erfolge der letzten Jahrzehnte an das große Vertrauen, das seinerzeit sein Vater in ihn gesetzt hatte. Schon früh ließ er den Sohn im Geschäft schalten und walten. Allerdings bedurfte es manchmal schon eines strengen väterlichen Wortes, um den musisch begabten Georg auf den richtigen beruflichen Weg zu bringen. Sein Herz schlug eigentlich für die klassische Musik. Georg studierte drei Semester lang im damaligen Händel-Konservatorium. Als dann die Währungsreform kam und seine privaten Geldreserven zu Ende waren, hieß es: *Jetzt mußt was G'scheits lernen!* Seine Lehrzeit machte er im Münchner Hofbräuhaus, anschließend folgte das Studium in Weihenstephan.

Die 60er Jahre standen ganz im Zeichen des Aufbruchs. Das Weißbier wurde zu einer Art Kultgetränk – nicht nur zum Frühschoppen, auch abends und in der Disko. Und so kam schließlich auch die Konkurrenz auf den Geschmack. Plötzlich schossen die Anbieter für Weizenbier geradezu aus dem Boden. Georg Schneider der Fünfte stellte sich darauf ein. Die Brauerei in Kelheim wurde weiter ausgebaut und modernisiert. 1965 wurde Georg Schneider der Sechste geboren. Heute leitet er zusammen mit dem Vater das Unternehmen. Auch beide Ehefrauen arbeiten im Betrieb mit. Und es gibt keine Reibereien, sagt Senior-Chefin Margareta Schneider: *Das ist für uns überhaupt kein Problem. Wir haben immer harmonische Familienverhältnisse gehabt; sowohl ich mit meinen Schwiegereltern als auch meine Schwiegertochter wieder mit uns. Es ist ein Miteinander zu einem gemeinsamen Ziel. Wir verstehen uns menschlich persönlich sehr gut, und im Unternehmen gibt es auch kaum irgendwelche Meinungsverschiedenheiten. Wenn es einmal etwas gibt, dann diskutieren wir das aus und handeln danach.*

So ist der Slogan „Bestes Weissbier aus Familientradition" keine Heuchelei. Über fünf Generationen hinweg haben die Schneiders die Brautradition in bestem Zusammenhalt fortgeführt. Das Braurezept der

Die Schneiders – eine fidele Familie: (v.l.n.r.) Georg Schneider VI., Beate Schneider mit Georg Schneider VII., Margareta Schneider, Georg Schneider V., davor sitzend Christian Schneider.

Gründerzeit blieb übrigens bis heute unangetastet. Neben ihren geschäftlichen Verpflichtungen engagierten sich die Schneiders seit jeher für die Allgemeinheit. Georg Schneider der Fünfte ist seit Jahren Stadtrat in Kelheim. Seine Mitgliedschaft in 48 Vereinen nimmt er durchaus ernst. Vor allem mit Kultursponsoring wird er – auch als Ehrenbürger – der öffentlichen Verantwortung gerecht. Er selbst spricht von der Vorbildfunktion des Unternehmers. Von allen männlichen Mitgliedern der Familie Schneider zeigt er am meisten Engagement im Ehrenamt. Trotzdem nimmt er sich viel Zeit für die Familie. In Sohn Georg hat er bereits einen würdigen Nachfolger. Barbara Schneider studiert Medizin, Christian Schneider steht kurz vor dem Abitur. Die nötige Förderung bekommen alle Kinder gleichmäßig. Letztlich muß aber jeder aus seinem Leben selbst etwas machen. Das bisher durchgezogene Primogenitur-Gesetz soll weiter gelten: Der Ältere übernimmt das Geschäft, damit der Betrieb zusammen bleibt.

Dazu ist der Junior-Chef, Georg der Sechste, fest entschlossen. Er studierte Betriebswirtschaftslehre in Regensburg und Brauwesen in Weihenstephan. Wie bei seinem Vater waren die Berufswünsche anfänglich ganz andere. Wie fast jeder Bub träumte er davon, Lokführer, Pilot oder Kapitän zu werden. Aber auch er wurde von der Realität rasch eingeholt. Das begann schon, als das Brauereigelände sein Spielplatz war, und er seine Berufung sozusagen immer vor Augen hatte. Um die Zukunft ist ihm nicht bang. So, wie große Weine über Jahrhunderte hinweg ihre Abnehmer gefunden haben, glaubt er, daß auch eine Bierspezialität wie die *Schneider Weisse* immer ihre Kunden finden wird. Für die Nachfolge hat auch Georg Schneider der Sechste bereits gesorgt – mit Georg dem Siebten. Das erste Wort, das der Kleine herausgebracht hat, war: *Schneider-Weisse!*

Der „Mann auf der Brücke" ist eine Frau

Bei den Kelheimer Donauschiffern Schweiger
war die Schiffahrt noch nie reine Männersache

CHRISTOPH THOMA

Ein Ausflug nach Kelheim, wo die Altmühl in die Donau mündet, lohnt sich immer. Wie eine überdimensionale Keksdose überragt die Befreiungshalle als Wahrzeichen die Donaustadt. Ockerfarben spiegelt sich der Altbau des Landratsamtes im Fluß. Weiße Ausflugsschiffe dümpeln im Kehrwasser. Omnibusse spucken Touristen aus, die dann über den wippenden Steg an Bord gelangen. Dort, ganz oben auf der Kommandobrücke, steht nicht selten eine Frau: Renate Schweiger, die Inhaberin der *Personenschiffahrt Altmühltal*. Erst 1963 geboren, ist sie bereits Herrin über eine stattliche Flotte von Fahrgastschiffen auf der Donau und voll ausgebildete Kapitänin dazu.

Das Hauptthema bei uns in der Familie war schon immer Wasser, Schiffe, Boote, Kähne, Flößen, Fischen, also alles, was irgendwie mit dem Wasser zu tun hat, sagt sie und erweckt dabei den Eindruck, als ob es das Normalste auf der Welt wäre. Freilich: Flößer und Kahnfahrer waren die Schweigers schon immer, so weit die Familienchronik zurückreicht. Auch die mütterliche Linie von Renate Schweiger weist Flößer und Fischer auf. Sommerfrischler und Kulturwanderer besuchten schon vor 100 Jahren den Donaudurchbruch und kehrten im Biergarten von Weltenburg auf eine Halbe Bock ein. Allerdings gab es bis 1925 auf der Donau keinerlei Motorschiffe. Der ganze Verkehr, der damals bewältigt werden mußte, sei es Personenverkehr oder Güterverkehr, wurde mit Kähnen oder Flößen abgewickelt. Damals war es durchaus üblich, daß bis zu 60 Kähne in Weltenburg im Wasser lagen und die Passagiere von einem Ufer zum anderen beförderten.

Renate Schweigers Urgroßeltern bedienten den Touristenkahn noch zu zweit. Das war das Familienunternehmen Schweiger in seiner allerkleinsten Erscheinungsform. Hinten in der Zille – so nennt man die Kähne an der Donau – stand der Urgroßvater am Ruder und bestimmte die Richtung, vorn saß die Urgroßmutter am Schlagruder und war dafür zuständig, daß die Zille die notwendige Geschwindigkeit machte. Das war nicht ganz ohne Risiko. Der Donaudurchbruch ist ein gefährliches Fahrwasser. Immer wieder verändert sich die Strömung. Steile Felswände rücken eng zusammen und beschleunigen die wilden Wellen. Die reißenden Strudel haben schon so manche Zille zum Kentern gebracht.

Die Kahnfahrer hatten einen harten und gefährlichen Job: *Das Flußabwärtsfahren war gar nicht so schwer, weil man da die Strömung nutzen kann. Das Problem kam erst wieder, wenn man diese Zille, die ja keinen Motor hatte, zu Berg, also gegen den Strom, nach Weltenburg oder Stausacker befördern mußte,* erzählt Renate Schweiger. *Solange man einen Weg am Ufer hatte, funktionierte das auch noch, da war es halt so, daß die Frauen draußen mit der Leine entlang gegangen sind und diesen Kahn gezogen haben, während der Mann in der Zille stand und nachgeholfen hat mit den Rudern. Problematisch wurde es kurz vor Weltenburg beim Donaudurchbruch, da gibt es eben kein Ufer mehr, an dessen Rand man gehen kann. Da mußte man wieder in die Zille rein, und an dieser sogenannten langen Wand sind eiserne Ringe angebracht, also genau 65 an der Zahl. An diesen Ringen hat man sich dann mit dem Bootshaken hochgezogen. Das war natürlich ein sehr kraftaufwendiges Ziehen, und am schlimmsten war es am großen Ring, da ging es dann auch noch übers Eck – da ist die meiste Strömung – wenn man diesen Ring beim Hochziehen nicht erwischt hat, ist die Zille wieder abgetrieben, und das ganze Spiel hat von Neuem begonnen.* So hart war damals das Leben der Donauschiffer!

Auch Renate Schweigers Eltern hatten es nicht leicht. Sie stammen beide aus Orten, die von der Donau geprägt werden – bis heute. Josef Schweiger wurde in Stausacker geboren, Rosa Schweiger – eine geborene Stadler – ist die Tochter eines Fischers aus dem Kelheimer Ortsteil Fischerdörfl. Von Jugend an hatten die beiden mit der Schiffahrt zu tun – das Bootfahren war bei den „Schweigers" eben immer auch Frauensache. Da hieß es schon kräftig zupacken. So hat noch Renate Schweigers Mutter Rosa die Kähne bis nach Weltenburg gezogen. Auch den Fährbetrieb hat sie mitgemacht. Für eine Fahrt gab's lächerliche zehn Pfennige!

Die heutige Chefin des Unternehmens, Renate Schweiger, wurde in eine bequemere Zeit hineingeboren, allerdings auch in eine Zeit ohne Romantik. Sie kennt die Zillen nur noch aus Erzählungen und ist mit Motorschiffen aufgewachsen. An die ersten Motorschiffe der *Schweiger-Flotte* denkt die Kapitänin beinahe mit nostalgischen Gefühlen zurück. Mit den Fahrgastschiffen heutiger Ausstattung hatten diese Modelle allerdings noch nichts zu tun. Das waren Frachtkähne, die man zu Passa-

Mit solchen Schiffen fuhren die Schweigers 1954 Ausflügler durch die Donau-Enge bei Weltenburg. Entlang der schroffen Felsabstürze und bei reißendem Wasser waren diese Unternehmungen nicht zu unterschätzen.

gierschiffen umgebaut hat: *Der Laderaum wurde mit Brettern zugenagelt, und da hat man erst einmal Biertische und Bierbänke drauf gestellt und schon hatte man ein Personenschiff. Aus dieser primitiven Form des Personenschiffs haben sich dann später immer wieder größere, schönere, modernere Schiffe entwickelt,* weiß Renate Schweiger zu berichten.

In den langen Wintermonaten, wenn Eis auf der Donau trieb und die Touristen ausblieben, mußten die Eltern Schweiger nebenbei Geld verdienen. Der Vater arbeitete auf dem Bau, und die Mutter bediente in einem Hotel. Doch langsam wurden die Schiffe der weißen Flotte zahlreicher und die Stege zu klein. Heute gibt es in Kelheim zwei große Anlegestellen – eine an der Donau und die andere an der Altmühl bzw. am Rhein-Main-Donau-Kanal. Dort liegen die acht Passagierschiffe der Schweigers.

Der bis heute umstrittene Bau des Rhein-Main-Donau-Kanals brachte einen Tourismus-Aufschwung und ganz neue Möglichkeiten für die Personenschiffahrt und das Familienunternehmen Schweiger. Die Mäander der Altmühl sind verschwunden. Entstanden ist eine neue, mit dem Zirkel berechnete Landschaft, die allerdings auf ihre Weise auch schön und reizvoll ist – ein Dorado für Radler und Wanderer. Und Schiffe natürlich. Die Schweigers haben darauf mit dem Neubau eines speziellen Schiffes für den Kanal reagiert. Es ist das Flaggschiff des Unternehmens. Zwei 300 PS-Caterpillar-Dieselmotoren bringen die *Renate II* in Schwung. Sie ist 46 Meter lang und 9 Meter breit und verfügt über Stromgeneratoren und eine Bugstrahlruderanlage. Das schwimmende Restaurant bietet Platz für bis zu 500 Personen. Das hat mit den Zillen der Urgroßväter wirklich nichts mehr zu tun!

Ein Schiff dieser Größenordnung kostet rund fünf Millionen Mark. Dieses Geld muß erst einmal verdient sein. Renate Schweiger ärgert sich ein bißchen, wenn Passagiere oft leichtfertig rechnen: 300 verkaufte Karten mal sechs Fahrten am Tag ergibt ein tolles Geschäft. Der Alltag ist anders – da sind Schlechtwetterperioden zu berücksichtigen oder – bei zu viel Hitze im Hochsommer – das gefürchtete Niedrigwasser. Das verdammt die Kapitäne dann zum Däumchendrehen, und das Kapital liegt vor Anker. Dennoch sind mit den Wanderern und Radfahrern viele neue Kunden auf die Schiffe gekommen. Die Möglichkeiten sind vielfältig. Man kann eine halbe, aber auch sechs Stunden fahren. Mit den Schweiger-Schiffen erreichbare Ausflugsziele gibt es genug. Da ist einmal die Tropfsteinhöhle „Schulerloch" gleich bei Essing, dann das Schloß Prunn auf hohem Felsen, Riedenburg mit Kristallmuseum, Falknerei und Bauernhofmuseum, weiter entfernt das Schloß Eggersberg und das Hofmarksmuseum, in Dietfurt das Museum im Hollerhaus, Beilngries und Berching.

Freilich hat Renate Schweiger auch Konkurrenz. Mit Personenschiffahrt verdienen noch zwei weitere Familien mit fünf Einzelunternehmen in Kelheim ihr Geld. Aber man ist untereinander größtenteils verwandt und hat sich zu den „Vereinigten Schiffahrtsunternehmen Kelheim" zusammengeschlossen. Für Renate Schweiger hat es übrigens nie einen Zweifel gegeben, daß sie in die Fußstapfen der Eltern und Großeltern tritt und aufs Schiff geht: *Für mich hat es beruflich gesehen nie eine andere Überlegung gegeben, es war einfach so, daß ich das Hobby zu meinem Beruf gemacht habe. Als Kind war ich immer auf dem Schiff unterwegs in den Ferien und am Wochenende. Mir wäre als Berufswunsch gar nichts anderes eingefallen.* So ist Renate Schweiger die einzige Donaukapitänin geworden. Mit sicherer Hand hält sie die 46 Meter lange *Renate II* in der Fahrrinne. Die Ausbildung war langwierig und hart. Der Ausbildungsberuf war zunächst der Binnenschiffer, Ausbildungsdauer drei Jahre, davon zwei Jahre Praktikum. Danach mußte Renate Schweiger für eine bestimmte Strecke das Schifferpatent machen. Sie darf damit nicht – wie beim Autoführerschein – in der ganzen Welt herumgondeln, aber immerhin den gesamten Main und den Rhein-Main-Donau-Kanal bis hinunter zur bulgarischen Grenze befahren.

Aber die Passagiere kommen nicht von alleine. Zur Auslastung der Schiffe gehört inzwischen ein ausgeklügeltes Marketing. So verkaufen die Schweigers nicht nur Schiffbilletts, sondern ganze Pakete inklusive Besichtigungen, Stadtführungen, Radltouren und Hotelübernachtungen. Renate Schweiger mußte sich mit ihrer „Tourismusinitiative" in der Familie allerdings erst einmal durchsetzen. *Sind wir ein Reisebüro oder ein Schiffahrtsbetrieb?*, fragte

Kapitänin Renate Schweiger auf der Brücke des Motorschiffs „Renate II".

Vater Josef Schweiger nicht nur einmal und dachte an den Aufwand im Büro. Aber Renate setzte sich durch. Inzwischen sind auch die Eltern davon überzeugt, daß Pauschalangebote die einzige wirtschaftliche Perspektive für die Zukunft sind.

Aus den Zillen sind also moderne Großschiffe geworden. Und aus dem Kleinstbetrieb *Schweiger* ein Wirtschaftsfaktor. Die Kelheimer Schiffahrtsunternehmen halten heute miteinander rund 120 Arbeitsplätze vor. Sie befördern im Jahr etwa 600 000 Passagiere. Das ist ein x-faches von dem, was sich Josef Schweiger in seinen Anfängen hat träumen lassen. Aber noch heute poliert er das Messing an der Reling seiner *Renate* selbst. Er ist sich nicht zu schade dafür, auch die Decks zu schrubben: *Das Schiff paßt halt leider nicht in die Autowaschanlage*, sagt er schmunzelnd und denkt an früher, wo er immer selbst hinlangen und hart arbeiten mußte: *Ja, da hat es schöne und schlechte Zeiten gegeben. Im Sommer haben wir Personenschiffahrt gefahren, im Winter bin ich zur Schleppschiffahrt übergewechselt. Das war eine sehr anstrengende Arbeit im Winter, weil die Schiffe ja nicht beheizt waren. Man hat auch wenig zu essen gehabt.* Das merkt man ihm nicht mehr an, wenn er den modernen Ausflugsdampfer über eine Art Fernbedienung mit dem kleinen Finger zentimetergenau steuert.

Vom Kraftaufwand her könnte das auch schon Andreas Schweiger, der jüngste Sproß der Familie, der Enkel. *Kindergarten*, sagt er, *ist schon schön, aber richtig toll ist es, wenn die Mama mich mit aufs Schiff nimmt.* Das kommt leider viel zu selten vor, denn Mama muß aufpassen, daß der große Kahn nicht aus dem Ruder läuft. Eines Tages wird wahrscheinlich auch Andreas auf der Brücke stehen. Schon heute gibt es für ihn als Spielzeug fast nichts anderes als Schiffe. Wenn er malt, wird's ein Schiff. Mit den Legosteinen baut er Schiffe. Der Mama ist das schon fast unheimlich. Aber: Die nächste Kapitäns-Generation der Schweigers ist schon bald bereit, an Bord zu gehen.

Ein musikalisches Wunderkind
mit Geschäftssinn

*Die Familie Richard Strauss hält das Andenken an den
berühmten Komponisten in Ehren*

ARTHUR DITTLMANN

Hier wurde am 11. Juni 1864 Richard Strauss geboren, dieser Text steht
auf einer Gedenktafel an einem Haus in der Eisenmannstraße im
Münchner Zentrum. Den gebürtigen Münchner Richard Strauss hielt es
allerdings nicht allzu lange in seiner Vaterstadt: Er eroberte die musikalische Welt von Dresden, Berlin, Wien und New York aus. Schon zu Lebzeiten wurde er als Genie verehrt. Seine Nachkommen zehren noch
heute vom Ruhm und dem Erbe des großen Komponisten.

Schon der Vater des Richard Strauss, Franz Josef Strauss, war Musiker.
Wie so oft in Künstlerfamilien, hatte er für seinen Sohn einen „seriösen"
Beruf vorgesehen. *Lern, Bubi! Ob dein Talent standhält, wird sich zeigen. Auch ein guter Musiker ißt ein trauriges Brot; dann lieber Schuster
oder Schneider,* pflegte er zu Richard zu sagen. Dabei war Franz selbst
ein durchaus erfolgreicher Tonkünstler geworden. Bereits im Alter von
25 Jahren schaffte er den Sprung ins königliche Hoforchester als Hornist
und Bratscher. In diesem Orchester sollte er über 40 Jahre bleiben. Davor
lag allerdings eine schwere Jugend. Er wurde am 26. Februar 1822 als un-
eheliches Kind in ärmsten Verhältnissen in Parkstein in der Oberpfalz
geboren, da sein Vater Urban Strauss seine Freundin Maria Weber nicht
heiraten durfte. Franz wuchs bei seinem Onkel auf und mußte schon im
Alter von acht Jahren auf Dorffesten Hackbrett, Zither, Flöte und Klavier spielen. Allerdings arbeitete er sich mit unglaublichem Fleiß nach
oben. Schließlich zog er nach München und studierte Horn. Als Mitglied
des Staatsopernorchesters lernte Franz Josef auch Richard Wagner kennen, mit dem ihn von Anfang an eine „herzliche Feindschaft" verband.
Dennoch holte ihn Wagner jedes Jahr zu den Festspielen nach Bayreuth.
Bei einer der Uraufführungen sagte Wagner: *Strauss ist ein widerlicher
Kerl, aber wenn er bläst, kann man ihm nicht bös sein.* Franz Josef
Strauss' Abneigung gegenüber Wagner ging soweit, daß er bei einer Probe
zu den *Meistersingern* zum Trotz und zur allgemeinen Belustigung *Oh*

du lieber Augustin hineinblies. Und als während einer Probe des Orchesters die Nachricht vom Tode Wagners in München eintraf, erhoben sich alle Musiker von ihren Sitzen – nur Strauss rührte sich nicht. Als begabter Musiker kam Franz Strauss auch in das Haus der Familie Pschorr, wo immer wieder private Konzerte stattfanden. Bei dieser Gelegenheit verliebte er sich in das Brauerstöchterchen Josefine. Sieben Jahre lang verehrte er sie, traute sich aber nicht, bei den Eltern um ihre Hand anzuhalten. Erst als er „Erster Hornist" der Münchner Oper war, faßte er sich ein Herz und konnte dann in die bürgerliche Familie einheiraten.

Am 11. Juni 1864 kam Richard Strauss zur Welt. Zuvor hatten Franz und Josefine Strauss zwei Kinder durch Cholera verloren. Richard war ein musikalisches Wunderkind. Schon mit fünf Jahren komponierte er eine Kinderpolka und ein Weihnachtslied. Diese überragende Begabung gedieh in einer durch und durch musikalischen Umgebung. Wie Enkel Richard Strauss alten Briefen entnimmt, spielte die Hausmusik damals die Rolle, die heute das Fernsehen innehat. Wenn am Donnerstag oder Freitag bei der Musikalienhandlung Hieber in München ein neues Quartett herauskam, wurden sofort die Noten gekauft, und das Wochenende verbrachte man dann damit, die Stücke einzuüben. Richard Strauss erwies sich dabei immer mehr als Spitzentalent. Seine Musikerlaufbahn stand außer Frage. Erste Kompositionen aus seiner Feder wurden von der „Wilden Gung'l", einem Münchner Laienorchester, aufgeführt. Dirigent war der eigene Vater, Franz Josef Strauss. Der Münchner Hofkapellmeister Hans von Bülow machte ihn auch in Berlin bekannt – und Richard nahm auswärtige Engagements an, immer begleitet von väterlichen Ermahnungen. In einem der Briefe des Vaters heißt es: *Lieber Richard, das mußt Du Dir abgewöhnen, es ist unschön, beim Dirigieren solche Schlangenbewegungen zu machen, und namentlich bei einem so langen Menschen, wie Du einer bist. Derlei Dinge reizen den Zuhörer zum Lachen und beeinträchtigen den guten Eindruck des Werks. Ich bitte Dich daher, lieber Richard, folge meinem Rat und gewöhne Dir das Faxenmachen ab. Du brauchst es nicht. Also folge meinem Rat. Es meint ja doch niemand aufrichtiger als Dein Vater.*

Richard Strauss unternahm mehrere Anläufe, in München beruflich Fuß zu fassen. Doch mit der untergeordneten Position eines dritten Kapellmeisters wollte er sich partout nicht zufriedengeben. Zwei Engagements in der Residenzstadt verliefen unerfreulich, so daß er sich entschloß, nach Berlin zu gehen, wo ihm die Stelle des Generalmusikdirektors an der Oper angeboten worden war. Sein Brotherr war Kaiser Wilhelm II., der schon damals erkannte, daß ein Künstler wie Richard

Strauss die nötigen Urlaube zum Komponieren brauchte. So konnte er die Sommermonate in seinem Haus in Garmisch verleben und neue Werke zu Papier bringen. Trotz aller Enttäuschung über München: Ganz so vergiftet kann das Verhältnis zu seiner Heimatstadt nicht gewesen sein, sonst hätte der 85jährige Richard Strauss der Landeshauptstadt an seinem letzten Geburtstag im Jahr 1949 nicht das Geschenk gemacht, in einer Sendung des Bayerischen Rundfunks ans Mikrofon zu treten und folgende Worte zu sprechen: *Lassen sie mich den Wunsch aussprechen, daß die liebe Vaterstadt bald wie möglich wieder in ihrem alten Glanz erstehen möge. Und daß die Kunststätten im neuen Leben erblühen und wiederum von der ganzen gebildeten kunstfähigen Welt gesuchtes und geliebtes Kulturziel und Zentrum bilden möchten. Ich höre sogar, daß die kunstsinnige bayerische Regierung bereits den Anfang gemacht hat, hier wieder aufzubauen, was mir große Freude und Hoffnung gibt.* Als Erinnerung an diesen Tag überreichte Strauss dem Ministerpräsidenten Hans Ehard ein Manuskript für die bayerische Staatsbibliothek. Es handelte sich um die Partitur des Konzertwalzers *München*, den er für einen Film geschrieben hatte, der niemals aufgeführt wurde. Da hatte er noch nicht einmal mehr ein Vierteljahr zu leben.

Dennoch ist es ein Wunder, daß Richard Strauss ein solch hohes Alter erreichte, denn schon zu Beginn seiner Karriere hatte er Raubbau an seiner Gesundheit betrieben. Seine Stationen in Weimar, Berlin, Leipzig waren stets von harter Arbeit und großen Anstrengungen begleitet: Nachtzugfahrten, Dirigate, Proben und daneben auch noch Skatrunden. Im Mai 1891 holte er sich eine schwere Erkältung, die sich zu einer Lungenentzündung auswuchs. Der Familienrat trat zusammen, und der begüterte Münchner Braueronkel Georg Pschorr griff tief in seinen Geldbeutel, um dem aufstrebenden Komponisten eine Erholungsreise zu finanzieren. Enkel Richard Strauss ist überzeugt, daß Georg Pschorr ihm damit das Leben gerettet hat. Die kalten, feuchten Wintermonate verbrachte Richard Strauss in Sizilien und Ägypten und kurierte dort sein Lungenleiden aus. Als er zurückkehrte, war er gesund und gab wieder Musikunterricht.

Richard Strauss war 23 Jahre alt, als er die 24jährige Sängerin Pauline De Ahna als Schülerin schätzen und als Frau lieben lernte. Bis zur Hochzeit sollte es aber noch sieben Jahre dauern – mit allen Höhen und Tiefen, die ihm die nicht ganz unkomplizierte Frau mit ihren Stimmungsschwankungen bereitete. Dennoch wurde es eine innige Verbindung, die 55 Jahre, bis zu Richards Tod, währte. Dieser Ehe war ein Kind entsprungen, Sohn Franz, der nach dem Willen des Vaters einen bürger-

Weihnachtsfeier im Hause Strauss:
Für das Familienleben nahm sich der
vielbeschäftigte Komponist und
Dirigent soviel Zeit wie möglich.
Hier mit Frau Pauline und Sohn Franz
vor dem Gabentisch.

lichen Beruf ergreifen mußte und Rechtswissenschaften studierte. Als Jurist und Rechtsanwalt – er promovierte über das Urheberrecht – wurde er zum unentbehrlichen Mitarbeiter und Reisebegleiter des Komponisten. Der Preis dafür war, daß er ständig im Schatten des übermächtigen Vaters stand. Ein im vorgerückten Alter aufgenommenes Medizinstudium mußte Franz Strauss wieder aufgeben. Dafür ist der eine Sohn Christian Mediziner geworden. Bis 1995 arbeitete er als Geburtshelfer und Gynäkologe am Garmischer Krankenhaus. Etwa 30 000 Kinder dürfte er im Verlauf seines Berufslebens auf die Welt gebracht haben. Jetzt ist er in Pension und kümmert sich um die Strauss-Villa in Garmisch-Partenkirchen. Daß die medizinische Seite in der Familie nicht unterrepräsentiert bleibt, dafür sorgt sein Sohn – auch er strebt eine Mediziner-Karriere an.

Das Anwesen, das sich Richard Strauss vom Erlös seiner Oper *Salome* in Garmisch gekauft hatte und auf dem er vom Architekten Emanuel von Seidl ein stattliches Haus bauen ließ, ist heute noch in Familienbesitz. Die Nobelvilla – umgeben von einem weitläufigen Park – wirkt immer noch höchst beeindruckend auf den Betrachter.

Richard Strauss war überdies ein geschickter Geschäftsmann, der dafür kämpfte, daß sich seine zündenden musikalischen Ideen auch bereichernd für den Geldbeutel auswirkten. Er war Mitbegründer der „Gesellschaft deutscher Tonsetzer", einer Organisation, die mit der heutigen Gema zu vergleichen ist. Ihn ärgerte, daß zum Beispiel selbst ein Mozart für seine „Zauberflöte" nur 50 Dukaten bekommen hatte und seine letzte Ruhestätte ein Armengrab war. Dabei, so seine Überlegung, würden durch die Kompositionen von Künstlern Werke geschaffen, die über Jahrzehnte hinweg Millionen von Menschen ernähren, vom Bühnenarbeiter bis zur Toilettenfrau, vom Kartendrucker bis zum Textbuch-

Verleger. Nur der Urheber des geistigen Werkes sollte mit einem einmaligen Honorar abgespeist werden! – Das wollte Richard Strauss nicht länger hinnehmen. Dieses Engagement für die Rechte der Komponisten hat auch für seine Erben den durchaus nicht unangenehmen Nebeneffekt, daß immer dann noch Gelder sprudeln, wenn irgendwo auf der Welt Strauss'sche Melodien erklingen. Die Urheberrechte laufen bis 70 Jahre nach dem Tod. Die Enkel verwenden jedoch einen Großteil dieser Mittel für die Instandhaltung des Garmischer Besitzes und die Pflege des Archivs.

In Familienbesitz befindet sich noch ein zweites Haus in Wien, wo die Enkel Richard und Christian aufgewachsen sind. Den Baugrund hierfür bekam Richard Strauss gegen die Originalpartituren des *Rosenkavaliers*, der *Ägyptischen Helena* und für 100 Abende ohne Honorar in fünf Jahren. Den Bau des schloßartigen Gebäudes hat er selbst finanziert. Heute ist das Palais, das in den Kriegsjahren von bulgarischen Truppen, von der SS und von den Russen besetzt war und auch den Engländern als Offizierskasino gedient hatte, an die holländische Botschaft verpachtet. Auf die Miete wäre die Familie Strauss nicht angewiesen, denn durch die Heirat mit der Großindustriellen-Tochter Alice von Grab hatte Richard

Beim Kaffeetrinken in der Villa in Garmisch-Partenkirchen: Richard Strauss mit Sohn Franz und seinen Enkeln Christian und Richard.

Strauss' einziger Sohn Franz neues Kapital in die Familie gebracht. 1927 kam der erste Enkel auf die Welt. Er heißt wieder Richard – nach dem Großvater. Der zweite Enkel, 1932 geboren, ist der bereits erwähnte Christian Strauss.

Als 1933 die Nationalsozialisten an die Macht kamen, wollten sie sich gern der Dienste des nun fast 70jährigen Richard Strauss versichern. Ihm wurde noch im Jahr 1933 das Amt des Präsidenten der Reichsmusikkammer angeboten. Richard Strauss nahm zunächst an, doch als sein Textdichter Stefan Zweig 1935 bei der Uraufführung der *Schweigsamen Frau* auf dem Plakat nicht genannt werden sollte, weil er kein „Arier" war, platzte Richard Strauss der Kragen. Als Zweig ihn brieflich darum bat, ihn von der weiteren Zusammenarbeit zu entbinden, schrieb Strauss einen Brief zurück, der prompt der Geheimen Staatspolizei in die Hände fiel und den Empfänger nie erreichte. Hätte Zweig das Schreiben bekommen, wäre darin folgendes zu lesen gewesen: *Glauben Sie, daß ich jemals bei dem Gedanken, daß ich Germane bin, bei irgendeiner Handlung mich habe leiten lassen? Glauben Sie, daß Mozart bewußt arisch komponiert hat? Für mich gibt es nur zwei Kategorien Menschen; solche, die Talent haben und solche, die keins haben. Wer hat Ihnen denn gesagt, daß ich politisch so weit vorgetreten bin? Daß ich den Präsidenten der Reichsmusikkammer mime? Um Gutes zu tun und größeres Unglück zu verhindern, einfach aus künstlerischem Pflichtbewußtsein!*

Die Tatsache, daß die Briefe eines Richard Strauss von der GESTAPO geöffnet wurden, veranlaßte den 75jährigen Komponisten, an Hitler persönlich zu schreiben und um ein Gespräch zu bitten. Sein Brief blieb unbeantwortet. Im Juli 1935 trat er von der Präsidentschaft der Reichsmusikkammer zurück. Damit war er freilich bei den Nazis völlig in Ungnade gefallen und wurde fortan argwöhnisch beobachtet. Gleichwohl blieb Strauss das Aushängeschild der Musik des Dritten Reichs. Er durfte nach wie vor ausgedehnte Gastspielreisen im In- und Ausland unternehmen. In seinen privaten Aufzeichnungen rechnete er jedoch mit der Nazi-Kulturpolitik ab und schrieb unter anderem: *Ich bekenne offen, daß ich von Juden so viele Förderung, so viel aufopfernde Freundschaft, großmütige Hilfe und auch geistige Anregung genossen habe, daß es ein Verbrechen wäre, dies nicht in aller Dankbarkeit anzuerkennen. Gewiß hatte ich auch in der jüdischen Presse Gegner. Meine schlimmsten und bösartigsten Feinde aber waren „Arier".*

Der Krieg und die damit verbundenen Zerstörungen versetzten Richard Strauss in tiefe Depressionen. Die gesamte Kultur schien für ihn zugrunde zu gehen. Opernhäuser fielen in Schutt und Asche. Nicht einmal das Komponieren konnte ihm mehr Ablenkung und Genuß verschaffen. Er bezeichnete seine Kompositionen aus dieser Zeit als *Fingerübungen eines Invaliden.* Er wollte komponieren, aber was sollte er schon komponieren, wenn er nicht absehen konnte, ob seine Werke jemals aufgeführt würden? Auch das Dirigieren vermißte er schmerzlich, doch damit sollte es nichts mehr werden. Nach Kriegsende stand erst einmal die Daseinsvorsorge auf dem Programm – die Kultur mußte warten. Aber schon bald tauchten die Werke von Richard Strauss wieder auf den Spielplänen der Opernhäuser in aller Welt auf. Bis heute ist er einer der meistgespielten Komponisten des 20. Jahrhunderts.

Ein Fürstenhaus mit Glanz und Gloria

*Seit 250 Jahren residiert das Haus Thurn und Taxis
in Regensburg*

ANGELIKA SCHÜDEL

Die Familie Thurn und Taxis gehört nicht nur zu den noblen, sie gehört auch zu den alteingesessenen Familien in Regensburg. 1998 konnte das Fürstenhaus das 250jährige Jubiläum seiner Anwesenheit in der Donaustadt feiern. Als Fürst Alexander Ferdinand von Thurn und Taxis 1748 nach Regensburg kam, da tat er dies im kaiserlichen Auftrag. Er hatte soviel Macht angehäuft, daß man ihn bei Hofe für würdig erachtete, bei den Regensburger Reichstagen den Kaiser als sogenannter Prinzipalkommissar zu vertreten. Aufgrund der historischen Verdienste der Familie traute man ihm wohl Organisationstalent im ganz großen Stil zu, Diplomatie, Durchsetzungskraft, Flexibilität und vor allem auch Schnelligkeit. Schließlich hatten seine Vorfahren europaweit ein einzigartiges Postübermittlungssystem aufgebaut. Dieses hatte eine ungeheure Vereinfachung der Kommunikationswege zur Folge, vergleichbar der Entwicklung des Internet in unserem Jahrhundert.

Das ursprünglich oberitalienische Geschlecht der Thurn und Taxis also war es, welches das riesige Heilige Römische Reich Deutscher Nation nach und nach mit Postverbindungen versorgte. 1615 durfte ein Vertreter des Hauses Thurn und Taxis zum erstenmal den Titel „Erbgeneralpostmeister" führen. Zum Grafenstand brachte man es 1624, zum Reichsfürstenstand wurde das Adelsgeschlecht 1695 erhoben. Die Thurn und Taxis hatten sich über ganz Europa verbreitet, und geradezu ein Netz von Stützpunkten aufgebaut, mit dem sie sich gegenseitig abfederten und unterstützten. Die Dreh- und Angelpunkte waren Brüssel und Frankfurt, später dann auch Regensburg.

Mit der französischen Revolution und der späteren Auflösung des Reiches begann freilich auch der Abstieg der Familie in Bayern. 1812 wurde ihr das Postmonopol entzogen und – sozusagen als Entschädigung – der riesige säkularisierte Klosterkomplex von St. Emmeram in Regensburg überlassen. Die Thurn und Taxis hatten eine neue Heimat, in der sie trotz des schmerzlichen Funktionsverlustes ein Hofleben in Glanz und

Gloria fortsetzten. Doch auch Kunst und Wissenschaft haben in St. Emmeram einen hohen Stellenwert. Ein Beleg dafür ist zum Beispiel die von Cosmas Damian Asam einzigartig ausgestaltete Hofbibliothek mit ihren zigtausend unersetzlichen Bänden. Dieses Kleinod bleibt heute dem normalen Besucher allerdings verschlossen. Er darf lediglich den Kreuzgang des ehemaligen Klosters Sankt Emmeram sowie bestimmte Prunkräume des Schlosses oder den ehemaligen Marstall bewundern, in dem seit neuestem auch das Bayerische Zweigmuseum mit einem großen Teil des Thurn und Taxisschen Familienschatzes untergebracht ist. All das vermittelt dem Besucher freilich nur eine Ahnung vom kulturellen Glanz, den das Haus Thurn und Taxis der Stadt und der Region Regensburg im 18. und 19. Jahrhundert bescherte, und zwar nicht nur durch die fürstlichen Hofarchitekten, die Hofoper, die Hofkapellmeister oder die Hofkomponisten, wie etwa den Freiherrn von Schacht, sondern auch durch die Mitglieder der fürstlichen Familie selbst.

Meist waren es Frauen, die in der Ahnenreihe als besonders schillernde Gestalten hervortraten. Nehmen wir nur die Fürstin Therese (1773–1839), die, aus dem europäischen Hochadel stammend, durchaus auch den Prinzen von Wales statt eines Thurn und Taxis hätte ehelichen können. Ihrem Gatten Fürst Karl Alexander war sie in den schweren Zeiten seit dem Ende des deutschen Kaiserreiches 1806 eine Partnerin, die kämpferisch für die Interessen des Hauses eintrat. In ihrem Salon trafen sich Dichter wie Jean Paul oder Klopstock, in Krisenzeiten auch die Mächtigen Europas, unter anderem Talleyrand und Zar Alexander I. Freilich entfernte sich die Frau, der man später „forsche Emantipationsbestrebungen" nachsagte, im Laufe der Zeit immer mehr von ihrem jagdbegeisterten, aber politisch

Fürstin Therese von Thurn und Taxis (1773–1839), geb. Herzogin von Mecklenburg-Strelitz, verheiratet mit Fürst Karl Alexander, gehörte zu den schillernden Frauengestalten im Hause Thurn und Taxis.

schwachen fürstlichen Gemahl. Das Ergebnis: eine sogenannte „natürliche" Tochter Thereses, die so bezaubernd war, daß ihr Porträt noch heute in der Nymphenburger Schönheitengalerie bewundert werden kann.

Helene von Thurn und Taxis (1834–1890) wiederum, als „Herzogin in Bayern" glücklich in Possenhofen aufgewachsen, führte in Regensburg am Taxisschen Fürstenhof ein ebenso tragisches wie beispielgebendes Leben. Eigentlich hätte sie Kaiserin in Wien werden sollen, doch Franz Joseph zog bekanntlich Helenes jüngere Schwester Sisi vor. So ehelichte Helene im Jahr 1858 „ersatzweise" Erbprinz Maximilian Anton von Thurn und Taxis. Nicht einmal zehn Jahre nach dieser Hochzeit wurde Helene Witwe. Doch sie machte das Beste aus diesem neuerlichen Schicksalsschlag und konzentrierte sich als Mutter von vier unmündigen Kindern auf die wirtschaftliche Sicherung des Hauses, vergrößerte den Grundbesitz entscheidend und sorgte für die mildtätigen Einrichtungen der Stadt Regensburg – und zwar nicht nur mit ihrem Geld, sondern sie eilte auch persönlich regelmäßig zu den Kranken.

Die nächste in der Reihe der schillernden Frauengestalten war Helenes Schwiegertochter Margarete (1870–1955), Erzherzogin von Österreich, geboren und aufgewachsen in Ungarn. Sie läutete 1890 durch ihre Hochzeit mit dem hochherzigen Albert I. von Thurn und Taxis ein neuerliches glanzvolles Zeitalter und eine Ahnung von Wiener Kaiserherrlichkeit in Regensburg ein. Das Fürstenpaar reiste im eigenen Salonwagen nach Cannes, Margarete liebte Luxus und schönes Geschmeide. Gleichzeitig aber engagierte sie sich für Kranke und Notleidende. Während des Ersten Weltkrieges pflegte sie als Rotkreuzschwester Verwundete in den Regensburger Lazaretten, und noch bis ins hohe Alter assistierte sie bei Operationen im Krankenhaus der Barmherzigen Brüder oder in der Kinderklinik. Auch als bildende Künstlerin machte sich Margarete einen Namen, schuf Skulpturen und Büsten von anerkanntem künstlerischem Rang.

Die bislang letzte in der Reihe ungewöhnlicher Frauengestalten der Familie Thurn und Taxis ist Fürstin Gloria, geborene Gräfin und Herrin von Schönburg-Glauchau. Vor dem frühen Tod ihres Mannes Fürst Johannes im Jahr 1990 liebte sie den Jet-Set und Auftritte in schrillen Fernsehshows. Danach zog sie sich jahrelang fast völlig von der Öffentlichkeit zurück, kümmerte sich, wie es allgemein heißt, sehr liebevoll um ihre drei Kinder Maria Theresia (*1980), Elisabeth (*1982) und Erbprinz Albert (*1983), und versuchte mit großem Tatendrang das inzwischen durch Mißmanagement bedenklich ins Schlingern geratene Thurn- und

Fürstin Gloria von Thurn und Taxis mit ihren Kindern
(v.l.) Maria Theresia, Elisabeth und Albert anläßlich der
Europapremiere des Magiers David Copperfield 1993 in München.

Taxissche Wirtschaftsschiff wieder auf Kurs zu bringen. Daß dabei aus dem einst so strahlenden Luxusdampfer ein nüchterner Frachter werden könnte, befürchteten so manche Kritiker. Immerhin: Das Boot wurde offensichtlich vor dem Kentern bewahrt.

Die Opfer sind freilich beträchtlich: So mußten nicht nur Personal entlassen und ganze Wirtschaftszweige verkauft werden, die dem Unternehmen Thurn und Taxis in den vergangenen Jahrzehnten Profil verliehen hatten, wie etwa die Brauerei. Sehr umstritten in der Öffentlichkeit war auch die große Familienschatz-Versteigerung durch das Auktionshaus Sotheby's im Jahr 1993, bei der die unersetzliche Einrichtung des Südflügels von Schloß Emmeram unter den Hammer kam. Darunter waren Geschirr, Besteck, Sofas, Stühle, Vasen und Kandelaber, Geschenke der Regensburger Bürger und Erinnerungsstücke wie etwa Kunstwerke der oben erwähnten Fürstin Margarete. Der Kunsthistoriker Dr. Wolfgang Baumann kritisierte diese Veräußerungen in seiner Dissertation über den Südflügel des Schlosses als Bruch mit der kulturellen Verantwortung des Fürstenhauses. Man dürfe andererseits aber nicht vergessen, daß nach dem Tod des Fürsten Johannes von Thurn und Taxis eine Schulden- und Erbschaftssteuerlast von mehreren hundert Mil-

Bis zur Volljährigkeit ihres 1983 geborenen Sohnes Fürst Albert II. lenkt Fürstin Gloria die Geschicke des Hauses Thurn und Taxis.

lionen aufgetaucht war, die getilgt werden mußte.

Eine Tradition, mit der das Fürstenhaus nicht gebrochen hat, ist sein soziales Engagement: Noch immer existiert die 1923 gegründete sogenannte „Notstandsküche". Jeden Mittag strömen Menschenmengen in den Schloßhof, Rentner, die knapp bei Kasse sind, Ostdeutsche, die den Anschluß noch nicht so recht gefunden haben, hungrige Aussiedler und Studenten. Alljährlich vor Weihnachten besucht Fürstin Gloria, oft in Begleitung ihrer Kinder, Regensburger Altenheime und Krankenhäuser oder stellt sich als Schirmherrin für Wohltätigkeitsaktionen zur Verfügung. In diesem Rahmen gibt es ihn noch, den Kontakt zwischen dem Fürstenhaus und der Bevölkerung, diese traditionsreiche Symbiose.

Der Satz, den Gloria von Thurn und Taxis im Zuge der Jubiläumsfeierlichkeiten „250 Jahre Fürstliches Haus in Regensburg" äußerte, dieser Satz gibt Anlaß zu der Hoffnung, daß dieser Kontakt in Zukunft wieder intensiviert wird. Gloria sagte nämlich: *Ich liebe diese Stadt.*

Der Mensch lebt nicht von Kunst allein

*Wie sich der Schriftsteller und Journalist Karl Ude
in München verliebte*

ARTHUR DITTLMANN

Beim ersten Anruf wirkte er noch zögerlich. Er habe doch schon alles erzählt, sagt er. Auf die drängende Frage, ob er noch Termine frei habe in
der nächsten Zeit, meint er: Doch, er habe schon Zeit, er sei sowieso
dabei, die Arbeit abzubauen. Dann will er sich aber doch noch vergewis-
sern, schaut in seinen Terminkalender. Und nach längerem Hin und Her
kommt eine Verabredung zustande. Karl Ude war eben 90 Jahre alt geworden, als es zum Gespräch mit dem damals ältesten aktiven Pressemann Deutschlands kam. Das war im April 1996. Ein Jahr später ist Karl
Ude gestorben.

Nicht erst in seinen letzten Lebensjahren war Karl Ude eine begehrte
Quelle historisch-künstlerischen Wissens. Immer wieder wurde er von
Vereinen und Verbänden gebeten, aus dem Schatz seiner Erinnerungen
einiges preiszugeben. Kaum ein anderer hatte zeit seines Lebens so umfangreichen Zugang zu zeitgeschichtlichen Ereignissen – kaum ein anderer hatte aber auch ein so gutes Gedächtnis. Und vor allem verstand
es Karl Ude, die Ereignisse zu archivieren und sie in den richtigen Zusammenhang zu stellen. Rund 70 Jahre lang war er Beobachter und Mit-
gestalter des kulturellen und geistigen Lebens in München gewesen:
Journalist, Schriftsteller, Schwabinger. Die Wohnung im vierten Stock
in der Bauerstraße gelegen, quoll über vor Büchern. *Um die 12 000 sind
es,* sagt Karl Ude, *und sie vermehren sich immer noch.* Trotzdem ist
System in dieser Bücherwelt. Als das Gespräch zufällig kurz auf den
oberbayerischen Schriftsteller Josef Martin Bauer kommt, erhebt sich
Karl Ude aus seinem bequemen Lesesessel, steuert zielstrebig eine bestimmte Stelle der Bücherwand an und entnimmt daraus einen Band –
Simon und die Pferde – Autor: Josef Martin Bauer, München 1934, mit
handschriftlicher Widmung.

Genauigkeit zeichnete Karl Ude aus in seiner journalistischen wie in
seiner Erinnerungsarbeit. Er mühte sich immer, so exakt wie möglich zu
sein. Und wenn in allen Biographien über ihn zu lesen ist, er sei 1926 als

Karl Ude mit seiner Frau René, einer geborenen Schweizerin.
Die gemeinsame Liebe zur Kunst und Literatur hatte sie
zusammengebracht.

Zwanzigjähriger nach München gekommen, vergaß Karl Ude nie hin-
zuzufügen, daß er schon vorher einmal da war. Kennengelernt hat der
Rheinländer seine spätere Wahl-Heimatstadt auf der Abitur-Klassen-
fahrt 1923. Er war von der Isarstadt dermaßen begeistert, daß er sich entschloß, dort sein Studium zu absolvieren.

Karl Ude tauchte ein in ein Schwabing, das die Hochzeit der Bohême
bereits hinter sich hatte. 1926, da waren die Begeisterung und der Pul-
verdampf der Rätezeit bereits verflogen, da lag der Hitlerputsch schon
drei Jahre lang zurück. Das Studium der Theologie ließ Karl Ude bleiben,
er verlegte sich stattdessen mit großem Eifer auf Germanistik, Musik,
Kunst und Theaterwissenschaft. Fast zwangsläufig fand er zum Kut-
scher-Kreis, der ihm wiederum Bekanntschaft mit allerlei Geistesgrößen
verschaffte. In dieser Zeit lernte er auch René Guggisberg kennen, eine
Studentin aus der französisch-sprachigen Westschweiz, die nach München gekommen war, um bei Karl Voßler zu studieren. Die beiden gingen zusammen in Konzerte, Vorlesungen und Dichterlesungen. Es war
eine unschuldige Liebe der 20er Jahre. Wenn Karl Ude René heimbeglei-
tete und am Hauseingang verabschiedete, dann gab es einen scheuen

Kuß, mehr nicht. Sie wohnte in einem Studentinnenheim in der Gisela-straße, und da durfte nie ein Student hinein!

Neben dieser zarten Studentenbeziehung lockte immer wieder Schwa-bing mit seinen kulturellen Verführungen. Zum Beispiel das Lokal des legendären, beleibten Buchhändlers und Verlegers Carl Georg Steinicke, der sich von seinen Kunden wohl nicht ungern „Papa Steinicke" nennen ließ. Als der Buchladen nicht mehr so lief, machte Steinicke daraus ein literarisches Clubheim. Besonders haben sich dort Karl Ude Wesen und Gestalt Oskar Maria Grafs eingeprägt. Der Bäckerssohn vom Starnberger See, der nach München gekommen war, um Schriftsteller zu werden, muß eine wuchtige Erscheinung gewesen sein – sowohl physisch als auch akustisch. Es war das „geistige München", das Karl Ude angezogen hat. Bedeutende Geisteswissenschaftler, die an der Universität lehrten, Künstler, die bei Lesungen und im Theater auftraten, der Mythos der „Traumstadt Schwabing" – es waren weniger die real existierende Stadt, ihre Architektur, ihre Bewohner, die Politik, die ihn interessierte.

Zwei Jahre nach seiner Ankunft in München begann Karl Ude zu schreiben. Wie andere Kutscher-Schüler auch, drängte es ihn zur Praxis, war er es leid, in der Theorie verharren zu müssen. Sein erster Beitrag für die „Münchner Neuesten Nachrichten" war eine Glosse über die Stu-denten in der Mensa, die vom Essen nicht genug bekamen. Der Redak-teur, der ihm den Artikel fürs Feuilleton abnahm, war Eugen Roth, den er als grantelnden, unwirschen Menschen kennenlernte. Später sind die beiden dann sehr befreundet gewesen. Aus dieser ersten Glosse erwuchs eine jahrzehntelange Mitarbeit bei den „Münchner Neuesten Nachrich-ten" und anderen Blättern im gesamten Reichsgebiet. Karl Ude begann ein Leben als freier Mitarbeiter. Die Kritik einer aktuellen Theaterins-zenierung konnte er nur einmal verkaufen, eine zeitlose Kurzgeschichte oder eine Novelle mehrfach. Es waren ganz handfeste finanzielle Grün-de, die Karl Ude neben dem Journalismus auch noch schriftstellern ließen. Das Studium bei Arthur Kutscher lief bald nur noch nebenher. Die Möglichkeit, aus dem aktuellen kulturellen Leben Münchens in den hochangesehenen „Münchner Neuesten Nachrichten" und auch für aus-wärtige Blätter zu berichten, war so reizvoll, daß ihm der Doktortitel schon bald nicht mehr wichtig war. Er, wie seine spätere Frau René Guggisberg, hatten ihre Studien nicht formell mit einer Abschlußarbeit beendet.

1933 waren die Nationalsozialisten an die Macht gekommen. Das Terrorregime unter Adolf Hitler beschnitt die Freiheit der Menschen, der Presse, der Kultur. Doch Karl Ude, der ja in München jahrelang Gelegenheit gehabt hätte, die Ideologie der Nazis kennenzulernen, kümmerte sich nicht um die politischen Auseinandersetzungen zwischen Nationalsozialisten und Kommunisten, Sozialdemokraten und Gewerkschaftlern. Er schaute weder nach links noch nach rechts. Daß es im Untergrund brodelte, davon hat er nichts bemerkt. Das klingt vielleicht nicht ganz glaubhaft. Aber wer Ude kannte, wird bestätigen, daß ihn, der sich am liebsten im kulturellen Elfenbeinturm aufhielt, die tagespolitischen Ereignisse nicht beschäftigten. Deswegen ist es wohl so gekommen, daß sein Sohn Christian, der Münchner Oberbürgermeister, geradezu ein „homo politicus" wurde.

1931 war der Münchner Glaspalast niedergebrannt. München hatte keinen repräsentativen Ausstellungsort für zeitgenössische Kunst mehr. 1933 erklärte Hitler München zur „Hauptstadt der Deutschen Kunst" und versprach, Ersatz für den Glaspalast zu schaffen. Grundsteinlegung für das „Haus der Kunst" war am 15. Oktober 1933. Als Berichterstatter war Karl Ude ganz vorn dabei. In seinem Rückblick hat er festgehalten: *Damals waren natürlich die Straßen rechts und links von der SA und von Polizisten in weißen Handschuhen gesperrt. Als Pressemann hatte man eine Einladungskarte. Da stand drauf: Anfahrt Ludwigsstraße / Prinzregentenstraße; und die hatte ich auch, um über diese Grundsteinlegung – bei der dann später Hitler der Hammer zerbrach, zu berichten und dort hinzufahren. Als ich die Ludwig- und Prinzregentenstraße passieren wollte, hielten mich die Polizisten auf. Ich sagte, ich hätte eine Einladung. Dann haben sie lang konferiert und mich schließlich fahren lassen müssen. So bin ich wahrscheinlich der einzige oder einer der ganz wenigen gewesen, die zur Grundsteinlegung vom „Haus der Kunst" mit dem Fahrrad bis zur Gründungsstelle haben fahren dürfen. Das fand ich immer als ein nettes Kuriosum!*

Und so arrangierte sich Karl Ude mit dem Dritten Reich, versuchte durchzukommen, nicht aufzufallen, schrieb weiter, heiratete 1938, beobachtete vorwiegend das kulturelle Leben. Sohn Christian Ude bestätigt, daß sein Vater immer offen darüber gesprochen habe, er sei kein Autor des Widerstandes gewesen, auch kein Systemkritiker. Selbstverständlich war Karl Ude auch kein Nationalsozialist, niemand, der von SA-Horden hätte begeistert werden können. Christian Ude: *Da hat er sicherlich eine instinktive Abwehr dagegen gehabt. Aber er war eben auch kein Mensch, der sich politisch verhalten hat, weder am Ende der Weimarer Republik, noch nach der Machtergreifung. Er hat wohl – würde man heute sagen – versucht, sich durchzuschlagen, ohne schuldig zu werden, aber auch, ohne heroisch aufzufallen.*

Trotz seiner instinktiven Abneigung gegen alles Militärische wurde Karl Ude kurz nach Beginn des Zweiten Weltkrieges eingezogen. Seinen Militärdienst leistete er bei der Einheit „I. c" im Generalkommando ab. Seine Aufgabe: Truppenbetreuung. Der Dienstort: München. Da hatte er großes Glück gehabt. Oft durfte er auch Zivil tragen. Sein höchster Dienstgrad war „Obergefreiter". Das zeugt nicht gerade von einer glänzenden militärischen Karriere. Karl Ude führte ein – wie er es selbst nannte – *Zivilleben mit dem Soldbuch in der Tasche.* Am Abend besprach er für die Zeitungen Theateraufführungen, tagsüber verfaßte er für die Abteilung „I.c" Heiteres, Vergnügliches, das dann etwa als *Bunkerschmuck* verteilt wurde und die Truppe bei Laune halten sollte. Das wurde immer schwieriger, denn der Luftkrieg setzte der Stadt München immer mehr zu. In einem seiner Aufsätze schrieb Karl Ude später: *Das war auch die unvergeßliche Zeit, in der die Stadt von Tag zu Tag mehr verkarstete. Sie hatte nicht nur ihr Gesicht verloren, sondern auch ihren Geruch. Der Westwind brachte keinen Duft von Heu mehr mit, wie früher so oft an Sommerabenden, die Linden in unserer Schwabinger Straße angesengt und zerzaust, widerlegten Ina Seidls schöne Verse, die ihnen Unsterbliches nachrühmten. Im Herbststurm witterte man nicht mehr den kommenden Schnee und im Föhn nicht mehr den nahen Frühling. Es roch, wo immer man ging, nach schwelenden Balken, nach stickigem Bauschutt, nach schimmelnden Kellern, in die durch die Trümmer immer neues Regenwasser nachsickerte. Es roch nach Fäulnis, nach Naß und Kalk, vermoderndem Papier und verrostetem Metall. Der beißende Brandgeruch – ekelerregend und widerlich. Man schleppte ihn unablässig mit sich herum, Höllisches war zum Alltag geworden.*

Die schlimmsten Angriffe machte er im Generalkommando mit. Da wurde er zur Brandwache eingeteilt. Das schwerste Bombardement brach im Januar 1945 über den Standort herein, als die Schönfeldstraße in Flammen stand. Damals rettete er viele Kranke aus der gegenüberliegenden Klinik, indem er sie in nasse Tücher wickelte und durch die brennende und von Rauch erfüllte Straße in den Keller des „Haus der Kunst" trug, der damals noch als sicher galt. Für diese Tat, darauf war Karl Ude ganz stolz, erhielt er das Kriegsverdienstkreuz. Das war der einzige Orden, den er im Krieg bekam. Daraufhin wurde er zur Dolmetscher-Kompanie des Hauptmannes Rupprecht Gerngross versetzt. Aus dieser Truppe entstand die „Freiheitsaktion Bayern", die München vor schlimmen Endgefechten bewahrt hat. München kapitulierte und blieb vor weiteren Schäden bewahrt.

Mit des Vaters Rolle im Dritten Reich hatte Christian Ude stets

Der Münchner Oberbürgermeister Christian Ude, einziger Sohn von Karl Ude und seiner Frau René.

Probleme: *Gerade die Frage, wie sich diese Generation politisch verhalten hat, führte mich eigentlich zur Politik hin. Denn mein Vater hat eigentlich nur ein einziges politisches Thema gehabt: Das war die Ablehnung des Militärischen, der Haß auf den Krieg, auch das Leiden unter der sehr schnellen Wiederbewaffnung Deutschlands. Und da habe ich mich gefragt: Was hat er denn getan, um Konsequenzen zu ziehen aus dem Gang seiner Generation? Er persönlich hat politische Konsequenzen nicht gezogen, aber mich hat das zu der Frage geführt: Wo kann man denn eine politische Heimat entdecken, wenn man etwas gegen autoritäre Gesellschaftstrukturen, gegen Barrasköpfe, gegen Militarisierung der Gesellschaft, gegen kriegstreiberische Sprüche tun will? Das hat er immer mit Verständnis und Wohlwollen begleitet, aber es war nie sein Weg.*

Voller Tatendrang machte sich Karl Ude nach dem Krieg wieder an die Arbeit. Jetzt galt es zwei Kinder zu versorgen. Die Tochter Karin war 1941 auf die Welt gekommen, der Sohn Christian 1947. Jetzt war der Ernährer gefragt! Damit er seine Familie versorgen konnte, widmete sich Karl Ude auch weniger gebildeten Arbeiten. Schließlich gab er eine Schriftenreihe heraus mit dem Titel *Geistiges München*. Außerdem erschien unter seiner Verantwortung die Monatszeitschrift *Welt und Wort*. 28 Jahre lang, bis 1973, stellte sie Monat für Monat Buchneuerscheinungen vor. Als Brotarbeiten schrieb er für die „Süddeutsche Zeitung" Woche für Woche den *Kulturbummel* und portraitierte für den „Gong" bekannte Rundfunk-, Film- und Fernsehgrößen in Reimform. Darin waren so glanzvolle Namen enthalten wie Heinz Rühmann, Peter Iglhoff, Johannes Heesters oder Hans Albers.

In seinen letzten Jahren griff Karl Ude etwas seltener zur Feder – wegen der Augen. Aber bis kurz vor seinem Tod besprach er noch Ausstellungen, hielt die eine oder andere Laudatio oder machte sich auf zum Kulturbummel. Die Stadt München verlieh ihm noch zu Lebzeiten zahlreiche Auszeichnungen, darunter den Ernst-Hoferichter-Preis (1976) und die Medaille „München leuchtet" in Gold (1986).

Hinter trutzigen Mauern

Seit vier Jahrhunderten leben die Freiherren von Vequel-Westernach auf der Kronburg bei Memmingen

RICHARD SCHLOSSER

Die mächtige Vierflügel-Anlage steht auf einem Hügel südwestlich von Memmingen, hoch über dem Dorf Kronburg. Von dort kann man an Föhntagen das Panorama der Allgäuer Alpen sehen, manchmal sogar den Bodensee. Ein lohnendes Ausflugziel, denn – nach Voranmeldung – kann man die Kronburg auch von innen besichtigen.

Blicken wir zurück in die Geschichte der mächtigen Anlage und ihrer Bewohner: Der Kalender zeigt den 8. August 1616. Rund zwei Fußstunden südwestlich von Memmingen zieht ein schwer bewaffneter Haufen den steilen Weg hinauf zum Schloß Kronburg. Erzherzog Maximilian fordert das Lehen von den Rechbergern zurück, der Markgraf Carl von Burgau möchte es übernehmen. Doch am Ziel stehen die grimmig Entschlossenen mit ihren Spießen oder Schießprügeln vor einem verrammelten Tor und hohen, dicken Mauern. Die Bevollmächtigten des Burgherrn strecken ihre Köpfe vorsichtshalber nur aus dem Fenster im Obergeschoß und verweigern die Übergabe. Die Landsknechte draußen drohen mit gewaltsamer Exekution, gerichtet gegen alle Untertanen, Weib und Kind, Hab und Gut. Ein militärischer Kampf findet nicht statt, die Truppe zieht sich zunächst zurück.

Am nächsten Tag fordern 300 Bewaffnete Einlaß. Unter ihnen befanden sich vermutlich viele Untertanen aus dem Kronburger Herrschaftsgebiet, die am Abend vorher über den bevorstehenden Machtwechsel instruiert worden waren. Ein Zugang zur Stallung wird eingeschlagen, die Belagerer öffnen das hintere Tor von innen. Die gewaltsame Besetzung beendet die Herrschaft der Rechberger. Bereits zwei Jahre später stirbt der neue Herr, der Markgraf von Burgau, kinderlos. Die Kronburg fällt an Österreich zurück, und damit schlägt die Stunde des Johann Eustachius von Westernach. Der Deutschordensritter hat bereits zum Zeitpunkt der bewaffneten Besitzergreifung einen Expektanzbrief, eine Anwartschaft auf die Kronburg, in der Tasche. Am 27. Dezember 1619 wird der neue Herr in sein Lehen eingewiesen.

Johann Eustachius war Deutscher Ordensritter, ein sehr cleverer Mann seiner Zeit, der nicht nur in seinem Orden Beachtliches vollbrachte, sondern auch in der Weltpolitik einiges bewegte. Die Kirche sah das zwar nicht so gerne, doch er war ein sehr geschickter Verhandlungspartner – deshalb hatte man ihn auch gewähren lassen.

Knapp vier Jahrhunderte nach der spektakulären Schloßbesetzung ist heute Theodor Freiherr von Vequel-Westernach der Herr auf der Kronburg. Im Innenhof der mächtigen Renaissanceanlage zeigt der Baron seinen Besuchergruppen gern die im Mauerwerk versteckten Reste eines quadratischen Burgus. Von dort aus hielten römische Wachsoldaten bereits vor 1600 Jahren Ausschau über das Allgäuer Voralpenland. Auf der strategisch günstig gelegenen Anhöhe entwickelte sich zwischen dem 9. und dem 13. Jahrhundert eine wehrhafte Burganlage, wie sie die Welfen und Stauffer zu bauen pflegten. Zwischen 1490 und 1536 ist die wehrhafte Burg zur Renaissanceanlage in ihrer heutigen Größe umgestaltet worden.

Selbst bei schlechtem Wetter vermittelt der Blick von dort oben auf die Illerniederung hinunter den Eindruck, als habe man ein holländisches Gemälde vor sich. Von unten aus gesehen, stellt die Burg das Wahrzeichen des Illerwinkels dar, das trotz der Auseinandersetzungen während der Reformation und der Bauernkriege entstanden ist, nahe der Freien Reichsstadt Memmingen. Dies ist um so erstaunlicher, als die Städter offen mit den Lehren Luthers und Zwinglis sympathisierten und protestantisches und freiheitliches Gedankengut auch die Bauernschädel auf dem flachen Land bewegte.

Als 1524 ein Haufen von Landsknechten aus der Nachbarschaft gegen Memmingen zog – die Kronburger hatten sich aus Protest gegen die Frondienste beim Schloßbau angeschlossen – vermerkte ein Verwalter: *Ist gewesen der Paurenkrieg, die habendt daz schloß ingehabt. Item das ander jar darnach hat man auch nichtz verkauft.* Dennoch konnten die reichen Rechberger den Prachtbau bis zum Jahre 1536 fertigstellen. Sie ließen sogar einen riesigen Rittersaal im Südflügel installieren. Und der heutige Schloßherr, Baron Vequel-Westernach, erzählt: *Man spricht ja auch heute noch vom sogenannten Silberjörg. Als die Rechberg* dann *hier auszogen, hieß es: man habe Silber in Scheffeln hinausgetragen.* Zum Namen Kronburg ist vielleicht folgendes zu sagen: Man könnte ableiten, dieses Haus sitzt wie eine Krone auf diesem Hügel, aber die tiefere Bedeutung kommt eher von der Lage der Burg im Grünen. Durch die Wortveränderungen im Laufe der Jahrhunderte dürfte aus der Burg im Grünen die Grünen-Burg und letztendlich die Kronburg geworden sein.

Erstmals urkundlich erwähnt wird ein Rudolf von Cronburg im Jahre 1227. Die Herrschaft wechselte mehrfach den Besitzer, im 14. Jahrhundert erlangten die Herren von Ratzenried die niedere Gerichtsbarkeit, 1515 folgte die höhere. In einer alten Schrift heißt es: *Kaiser Maximilian verleiht Gaudenz von Rechberg Halsgericht, Stock und Galgen zu seinem Schlosse Kronburg und dem Dorf Ylerbeurn* (Illerbeuren). Dies bedeutete, daß der Deutschordensmann Eustachius von Westernach 1619 ein kleines Staatsgebilde übernahm. Das Renaissanceschloß zeigte sich aber 80 Jahre nach dem Bau schon in schlechtem Zustand. Zudem begann 1618 der 30jährige Krieg: Die Pest wütet, 1632 blutet die Bevölkerung im Illerwinkel unter den Schweden, brennend und mordend rücken die Kaiserlichen nach. Auch sie treiben das Vieh aus dem herrschaftlichen Guts-

Das Familienwappen der schwäbischen Freiherren mit dem Westernacher Wolf.

hof – selbstverständlich ohne zu bezahlen. Soldaten, Bürger aus Memmingen und Bauern aus Dickenreishausen plündern das Schloß. Caspar Heckel, der Pfarrer zu Kronburg, jammert 1633: *Umsonst ist der Tod, ich habe weder Salz noch Schmalz. Je mehr ich bitte, desto weniger wird mir geholfen.*

Drei Jahre später fallen die Schweden über Illerbeuren, Greuth und Kardorf her. Hunde, Katzen und Mäuse kommen auf den Mittagstisch. Der Schulmeister verhungert samt Weib, eine Mäuseplage vernichtet die Ernte, dazu kommen immer wieder marodierende Soldaten. Die Schloßakten verzeichnen für das Jahr 1638: *107 Fensterkreuze zerstört, 12 Öfen kaputt, ebenso 10 Kästen und 12 Türen. Böden müssen erneuert, fünf Türme neu gedeckt werden, Brunnenrad fehlt, der Sennhof liegt darnieder, Brunnen ist ohne Wasser, Städel und Kornhaus niedergebrannt.* Damit waren noch nicht alle Verwüstungen benannt. Doch Besatzungen und Kriege erduldet und übersteht die Kronburg auch in folgenden Jahrhunderten: Im spanischen Erbfolgekrieg 1701–1714 und in den napoleonischen Kriegen Anfang des 19. Jahrhunderts. Unbeeindruckt davon recken sich die vier Ecktürme bis heute in den Allgäuer Himmel. An ihren Spitzen tragen die Türme Wetterfahnen. Sie symbolisieren die vier Elemente: der stolze Pfau die Luft, das Wappentier der Westernachs – der Westernachsche Wolf – die Erde, der Walfisch das Wasser und der feuerspeiende Drachen das Feuer. Baron Vequel-Westernach ist stolz auf diese Symbole, die für ihn auch das Schicksal der Burg und ihrer wechselnden Bewohner darstellen.

Anfang des 19. Jahrhunderts fand erneut eine Wende auf dem Allgäuer Hügel statt: Die kleine Herrschaft verliert ihre Selbständigkeit. Johann Ignaz Freiherr von Westernach übergibt die Kronburg einer bayerischen Besitzergreifungskommission. Er weicht, wie er verbittert niedergeschrieben hat, *den Zeitzuständen und der höheren Gewalt.* 1848 verlieren die Herren von Kronburg auch die Gerichtsbarkeit. Die Bauern werden zudem von Abgaben, Frondiensten und Zehnten befreit. Rund anderthalb Jahrhunderte später, also heutzutage, erinnert nur noch die Dimension der Kronburg an die einstige hochherrschaftliche Herrlichkeit. Dabei ist der Bau nicht unbedingt nach statischen Vorgaben errichtet, wie Baron Vequel-Westernach aus den historischen Bauskizzen und architektonischen Untersuchungen weiß: *Dieses Haus steht auf gewachsenem Boden und hat praktisch keine Fundamente. Die vier Türme halten im Grunde genommen dieses Geviert zusammen. Es ist wirklich ein Kuriosum, wenn sie heute einem Architekten sagen, er soll ein Haus ohne Fundamente bauen. Der sagt, das geht einfach nicht. Aber dieses Haus steht jetzt ungefähr 500 Jahre und weist so gut wie keine Setzrisse auf.*

Neben dem Baron und der Baronin sowie deren zwei kleinen Kindern lebt heute nur noch ein Hausmeisterehepaar hinter den geschichtsträchtigen Mauern. Die gepflegten hölzernen Läden an den Fenstern tragen nicht das Wappentier der Westernachs, den Wolf, oder das schwarze Kreuz auf weißem Grund der Deutschherren, das Eustachius führte, der Begründer der Westernach'schen Herrschaft auf der Kronburg. Die Fensterläden sind vielmehr mit breiten Streifen in Gold und Rot verziert. Die Farben und der Name der französischen Edelleute Vequel kamen durch Heirat auf die Kronburg, da 1841 der männliche Erbe starb. Die Vequels stammen aus der Linie Karls IV. von Lothringen, der eine Liaison hatte mit der Edeldame Catherine de St. Remy. Aus dieser Liaison entsprang 1633 Lothar de Vequel. Vier Generationen danach heiratete ein Nachkomme Maria Theresia von Westernach. Seit 1852 führen die Schloßherren der Kronburg den Doppelnamen Vequel-Westernach nachdem Max II. von Bayern die königliche Genehmigung erteilt hatte.

Der heutige Schloßherr, Theodor Freiherr von Vequel-Westernach, wurde 1941 geboren. Er verlebte seine Jugend in einem umgebauten Bauernhof am Fuße des Schloßbergs. Sein Vater, der kurz vor Ende des Zweiten Weltkriegs von Partisanen umgebracht wurde, war der ältere von zwei Söhnen. Deshalb trat der jüngere die Nachfolge des Großvaters auf der Kronburg an. Da der Onkel keine Kinder hatte, folgte schließlich doch Neffe Theodor als Oberhaupt des Adelsgeschlechts nach.

Durch den frühen Tod des Vaters war seine Kindheit nicht ganz einfach gewesen. Die verfügbaren Finanzmittel waren knapp. Und schließlich mußte die Mutter allein für Theodor sorgen. Es reichte gerade noch, um den Buben aufs Internat schicken zu können. Danach zog es den jungen Vequel-Westernach ins praktische Handwerk: Er wurde Schreinergeselle, bevor er an der Fachhochschule in Rosenheim ein Ingenieurstudium für Holztechnik absolvierte und schließlich noch eine weitere Ausbildung zum technischen Betriebswirt anschloß. Diese Voraussetzungen halfen dem Schloßherrn in den Jahren 1993 bis 1997, eine um-

Ulrike und Theodor Freiherr von Vequel-Westernach mit den beiden Kindern Maximilian und Carolin.

fassende Renovierung des Daches und der Außenfassade durchzuziehen. Gerade mal vier Jahrzehnte nach der letzten Sanierung unter seinem Onkel mußte er zwei Millionen Mark investieren, um wenigstens die Substanz zu erhalten. An nicht weniger als 40 Stellen hatte es durchs Dach geregnet, und die Burg wäre verrottet, wenn Theodor Vequel-Westernach nicht zur gründlichen Renovierung entschlossen gewesen wäre: *Ja, wenn man ein solches Haus übernimmt, meint man, es ist eitel Sonnenschein, aber die Realität sieht dann doch sehr viel anders aus. Es sind Unsummen nötig, um ein solches Gebäude zu erhalten und vor dem Verfall zu bewahren.* 3000 Quadratmeter Dachflächen gilt es langfristig dicht zu halten, vier Türme brauchen eine Kupferhaut, riesige Mauerflächen sind vor dem Verfall zu schützen, Fenster in Ordnung zu bringen oder auszutauschen.

Mit den traditionellen Einnahmen aus Landwirtschaft und Verpachtung der Wiesen sowie dem Wald lassen sich solche Investitionen heute nicht mehr erwirtschaften. Trotz der Zuschüsse aus den Töpfen der Denkmalschützer müssen die Sanierungsarbeiten zum Teil aus der Substanz bezahlt werden. Immerhin, die Gemeinde weist wenigstens einige Wiesen als Bauland aus, die der Baron aber verkaufen muß. Den Erlös steckt er in die Erhaltung des Denkmals. Das Motiv ist Traditionsbewußtsein. Manchmal würde er viel lieber in einem bescheidenen Einfamilienhaus leben als in den hochherrschaftlichen Fluchten, dafür aber von keinerlei Sorgen geplagt werden. Aber er und seine Frau denken eben auch an ihre Kinder, für die sie das Familienerbe erhalten wollen. Dabei soll ihnen nicht alles nur in den Schoß fallen. Sie mußten früh lernen, daß ohne eigene Leistung der Besitz nicht gehalten werden kann. Baron Theodor und Baronin Ulrike sind sich dabei nicht zu vornehm, bei allen Arbeiten in Haushalt, Garten oder Wald selbst mit Hand anzulegen.

Wie schnell sich die Zeiten doch ändern, vergleicht man sie mit denen zu Lebzeiten des Großvaters des jetzigen Schloßinhabers. Damals waren die Westernachs – ganz Kinder ihrer Zeit – noch die Herrschaften, die sich allein aufs Anschaffen zu beschränken hatten. Der Unterallgäuer Heimatpfleger Hermann Zeller weiß noch gut aus seiner Kindheit in den 20er Jahren, wie der Großvater des jetzigen Schloßherrn einmal seine beiden Söhne erwischte, als sie voller Elan den Bauern im Wald bei der Arbeit halfen. Da hat es ein fürchterliches Donnerwetter gegeben, denn *knechtische* Arbeiten waren unter der Würde von Edelleuten. Damals beschäftigte der Baron noch 25 Bedienstete allein für das Hauswesen auf der Kronburg. Ein Diener servierte bei Gesellschaften, eine Köchin führte das Regiment in der Küche. Wenn der Herr ausfahren wollte, mußte ein Bauer anspannen.

Heute kämpft die adelige Familie um eine neue wirtschaftliche Existenz, versucht mit Knochenarbeit sich neben der Land- und Forstwirtschaft weitere Einnahmequellen zu erschließen, um den Familienbesitz zu erhalten. Höchstpersönlich begrüßt und versorgt der Baron seit dem Frühjahr 1997 die Gäste in den neu gebauten Ferienwohnungen am Fuße des Schloßbergs. Die Rolle des Hoteliers und Vermieters soll ein drittes wirtschaftliches Standbein werden. Die Repräsentationsräume im Schloß schaffen gelegentlich ein nobles Ambiente für Familienfeste, Firmenempfänge oder Seminare. Theodor Freiherr von Vequel-Westernach empfängt im Innenhof oft auch Gruppen von Schloßbesuchern neben der alten Esche, die ihre Zweige über die Fassade des Westflügels ausgebreitet hat. Dahinter liegen die Privaträume der Familie. Gleich daneben in der Ecke zum Südflügel führt eine schwere Eichentüre in die kunstvoll mit Blattwerkstuck verzierte Hauskapelle, vermutlich ein Werk von Franz-Xaver Feichtmayr. Ein weiteres Kunstwerk von Bedeutung ist der Ulmer Barockschrank mit den gedrechselten Säulen, im Ostflügel des Gebäudes. Engelsköpfe und Teufelsfratzen stimmen die Besucher auf die Hinterlassenschaften der Schloßvergangenheit ein. An den Wänden der Museumsräume hängen Jagdtrophäen oder alte Ölbilder. Raumhohe Kachelöfen oder polierte Tabernakelschränkchen zeugen von den handwerklichen Fähigkeiten der Vorfahren, ebenso Uhren oder Augsburger Silber in Vitrinen. Daneben liegen Kuriositäten wie der Magenstein eines Kamels, das Mitbringsel eines Kreuzfahrers, auch dünnwandige Porzellanstücke aus Meissen. Staunen darf man über 300 Jahre alte, handbedruckte Stofftapeten, über Kristallüster, Meßkleider für Kinder oder über ein tragbares Zimmerklo in Form einer Kommode. Unbehagen erzeugt der Schloßherr bei so manchen Besuchern, wenn er im ehemaligen Rittersaal einen zerbrochenen schwarzen Holzstab in die Hand nimmt. An ihm sieht man noch deutlich, daß die Bruchstelle in der Mitte mit einem Messer ringsum ausgekerbt worden war. Der Stab wurde über den unverheirateten Bruder des Dorflehrers gebrochen, weil dieser sich an Schulbuben sexuell vergangen hatte. Der Delinquent starb am 22. November 1738 durch das Schwert. Wäre der Stab nicht gebrochen, dann wäre dies als Gottesurteil gedeutet worden, und der Täter hätte nicht mehr zum Tode verurteilt werden dürfen.

Die Justizgeschichte der Burg vermerkt noch weitere Begebenheiten wie etwa die der Sieben Schwaben, die einmal in das Verlies im Südwestturm geworfen worden waren. Die wackeren Gesellen befanden sich auf dem Weg von Ulm zum Bodensee und wurden in der Nähe der Burg als Landstreicher aufgegriffen, aber schon nach kurzer Zeit wieder freigelassen. Der Grund dafür war ganz banal: Sie entwickelten einen so großen Hunger, daß sie den Schloßherren arm gegessen hätten, wenn er sie länger dabehalten hätte. Heutzutage wird niemand mehr eingesperrt auf der Kronburg. Die Besucher kommen freiwillig und gerne. Entweder betrachten sie neugierig die vielen Kunstschätze oder sie lauschen einem der Konzerte, die hier regelmäßig veranstaltet werden. Die „Eingesperrten" sind da eher schon die Schloßherren selbst, die als Hoteliers, Gärtner, Köche, Konzertorganisatoren und Arbeitgeber für Waldarbeiter, Handwerker oder Hausmeister zu funktionieren haben. Aber letztlich macht es ihnen Spaß. Für ihre beiden kleinen Kinder Carolin und Maximilian hoffen Theodor und Ulrike von Vequel-Westernach, daß diese den Besitz erhalten und ihn wiederum ihren Nachfahren übergeben können.

Bildnachweis

Die Abbildungen stammen fast ausschließlich aus den Privatarchiven der in diesem Buch beschriebenen Familien. Die AutorInnen, der Bayerische Rundfunk und der Verlag Friedrich Pustet bedanken sich dafür besonders.

S. 23: Fotostudio Redenbacher, München
S. 42: Aus: Katharina Eisch, Die Eisch-Hütte. Porträt einer Bayerwald-Glashütte im 20. Jahrhundert, Grafenau 1988
S. 62: Aus der Serie „Löwengrube" (Foto: ARD-Pressedienst)
S. 63: Foto: Sessner/BR
S. 64: Aus der Serie „Aus heiterem Himmel" (Foto: ARD/Kurt Bauer)
S. 65: und Umschlagvorderseite: Foto: Sessner/BR
S. 69: Foto: Stadtarchiv Nürnberg
S. 100 und 103: Foto: Hans Thoma, Landshut
S. 108 und 109: Aus: Dieter Appel/Dieter Hanitzsch/Josef Rampl, Ayinger G'schichtn. Der Gasthof, das Bier, die Leut' und 72 Originalrezepte, München 1996 (Foto: Jan Roeder)
S. 112: Foto: Heilmann GmbH, München
S. 124 und 125: Foto: Studio Meile, Diedorf
S. 127: Foto: C. D. Geissler, Köln
S. 131 und Umschlagvorderseite: Aus der Dokumentation „Deutsches Museum – Jahrhundert der Technik" (Foto: BR-Ressedienst)
S. 134: Aus: Rudolf Pörtner, Oskar von Miller. Der Münchner, der das Deutsche Museum „erfand", Düsseldorf–Wien–New York 1987
S. 143: Foto: Fremdenverkehrsverband Ostbayern e. V., Regensburg
S. 147: Fotoarchiv Bezirk Niederbayern (Foto: Nuhn)
S. 157 und 158: Fotostudio Jahn, Zwiesel
S. 163 und 168: Aus: Die Pschorrs – meine Familie in München, Tutzing 1986
S. 171: Foto: Thomas Fedra
S. 179: Foto: Hanno Maier, Regensburg
S. 187: Foto: Rolf Poss, Siegsdorf
S. 215: Fürst Thurn und Taxis Hofbibliothek-Zentralarchiv (Foto: Josef Zink, Regensburg)
S. 217: Foto: dpa, Frankfurt
S. 218 und Umschlagrückseite: Foto: Clemens Mayr
S. 220: Foto: Moses
S. 224: Foto: Robert Mayer
S. 229: Foto: Silvio Wyszengrad, Augsburg

Mitarbeiterverzeichnis

DIE HERAUSGEBER

HOGL, KURT, geb. 1935 in Mährisch-Schönberg, Studium der Zeitungswissenschaften, Germanistik und Bayerischen Geschichte in Wien und München. Journalistische Ausbildung bei der „Augsburger Allgemeinen" in Augsburg und „Mittelbayerischen Zeitung" in Regensburg und beim Bayerischen Rundfunk. Seit 1986 Leiter der Abteilung „Bayern" beim BR-Hörfunk.

WOHLHÜTER, KARL JÖRG, geb. 1944 in Passau, Ausbildung zum Verlags- und Werbekaufmann. Danach Redaktionsleiter des Magazins „Hörfunk und Fernsehen" und Pressesprecher des Bayerischen Jugendrings. 1966 Ausbildung beim Bayerischen Rundfunk. Seit 1991 Leiter der Hauptabteilung „Bayern, Wirtschaft, Service" beim BR-Hörfunk und seit 1997 Koordinator des Programmes *Bayern 1.*

REDAKTION

WEINZIERL, GÜNTER, geb. 1948 in München, Ausbildung am Werner-Friedmann-Institut in München, danach Lokalredakteur, Pressereferent im Bayerischen Landtag. Seit 1980 Fester Freier Mitarbeiter beim BR-Hörfunk.

IDEE UND ORGANISATION

BREIER, ANGELA, geb. 1952 in München. Langjährige Tätigkeit als Programmgestalterin im BR.

AUTORINNEN UND AUTOREN

BADER, WERNER, M.A., geb. 1963 in Augsburg, Studium der Germanistik, Mediävistik und Volkskunde in München. Freier Mitarbeiter beim BR-Hörfunk.

DITTLMANN, ARTHUR, Dipl.-Theol., geb. 1958 in Burghausen, Journalist beim BR-Hörfunk.

ERHARD, RUDOLF, M.A., geb. 1951 in Oberaudorf. Studium der Politikwissenschaften, Germanistik und Bayerischen Geschichte. Rundfunkjournalist, selbständig. Arbeitet für den BR und die ARD.

FENN, REGINE, geb. 1963 in Nürnberg, Studium der Politik- und Kommunikationswissenschaften in München. Redakteurin beim BR.

FREUDENSTEIN, ASTRID, geb. 1973 in Griesbach im Rottal. Volontariat bei „Unser Radio Passau" und bei der „Passauer Neuen Presse". Studium der Germanistik und Geographie an der Universität Passau. Feste Freie Mitarbeiterin beim BR, freie Autorin für die „Neue Zürcher Zeitung".

GLOGGER, CONNY, M.A., geb. in Günzburg/Donau, Studium der Theaterwissenschaften, Schauspielerausbildung an der Otto-Falckenberg-Schule München Moderatorin beim BR und Schauspielerin.

HOLLMANN, FRANK, geb. 1965 in Bamberg, Studium der Geschichte und Politischen Wissenschaften. Journalist beim BR.

KELLERMANN, BERND, Dipl.-Journalist, geb. 1959 in Passau, Studium an der Universität München und der Deutschen Journalistenschule, ab 1985 beim BR-Zeitfunk, 1986–1991 BR-Korrespondent in Passau. Seit 1992 Redakteur im BR-Regionalstudio Ostbayern in Regensburg.

MUGGENTHALER, THOMAS, geb. 1956 in Windischbergerdorf, Studium der Politikwissenschaft und Soziologie in Regensburg. Freier Mitarbeiter beim BR.

RAUSCHER, MARIA, geb. 1947 in Jägershof/Wiesenfelden, Studium der Neueren Geschichte, Zeitungswissenschaften und Pädagogik. Seit 1971 Journalistin beim BR.

SCHLOSSER, RICHARD, geb. 1952 in Memmingen, Ausbildung zum Journalisten. Korrespondent des BR für Memmingen/Unterallgäu.

SCHNEIDERAT, ANGELIKA, geb. 1965 in Obergünzburg/Ostallgäu, Studium der Volkskunde, Musikwissenschaft und Politikwissenschaft in Augsburg. Feste Freie Mitarbeiterin beim BR, Bayernabteilung.

SCHÜDEL, ANGELIKA, geb. 1968 in München, Studium der Germanistik und Romanistik für das Lehramt an Gymnasien, 1. und 2. Staatsexamen, daneben Schauspielunterricht und Engagements am Regensburger Stadttheater. Journalistin beim BR.

SEMOFF, STEFAN, geb. 1964 in München, Studium der deutschen und vergleichenden Volkskunde, Bayerischen Geschichte, neueren deutschen Literatur und Kunstgeschichte in München. Freier Mitarbeiter der BR-Hörfunkredaktion Oberbayern/Bergsteiger- und Volksmusiksendungen. Leiter der „Schwabinger Blechmusi".

THOMA, CHRISTOPH, geb. 1954 in Landshut. Volontariat bei der „Passauer Neuen Presse", Redakteur und Reisejournalist beim Süddeutschen Verlag München. Korrespondent des BR-Hörfunks in Landshut.

WOLF, HEIDI, Dipl.-sc. pol., geb. 1952 in Arnschwang, Studium der Politikwissenschaft und Geschichte in Regensburg und München. 1979–1983 Redaktionsleiterin der „Chamer Zeitung". Seit 1983 beim BR als Korrespondentin für den Bayerischen Wald.

ZINNECKER, ANDREA, Dr. phil., geb. 1963 in Marktoberdorf, Studium der Volkskunde, Kunstgeschichte und Germanistik in Augsburg. Allgäu-Korrespondentin des BR. Journalistin und Autorin kulturhistorischer Features.

ZÖDI, NATASCHA, Dipl.-Kulturwirtin, geb. 1970 in München, Studium der Sprachen, Wirtschafts- und Kulturraumstudien in Passau, Volontariate und journalistische Praktika bei verschiedenen Radiosendern. Verantwortlich für die Presse- und Öffentlichkeitsarbeit im Oberhausmuseum Passau. Seit 1996 Freie Mitarbeiterin beim BR-Hörfunk.

BAYERISCHE GESCHICHTE

Peter Claus Hartmann
Bayerns Weg in die Gegenwart
Vom Stammesherzogtum
zum Freistaat heute
666 Seiten, 280 s/w-Abbildungen, Tabellen, Grafiken,
Stiche, Karten, Leinen
DM 78,- / sFr 74.- / öS 569,-
ISBN 3-7917-1183-0

„Bayerns Weg in die Gegenwart ist ein zuverlässiges Handbuch, eine in
jeder Beziehung gelungene Alternative, weil ein derart breit angelegtes
einbändiges landesgeschichtliches Werk bisher gefehlt hat. Ein Buch, das
dank seiner klaren Struktur, seiner knappen Diktion, auch seiner Beigaben
wie Bebilderung, Literaturverzeichnis und Register zur raschen und ver–
ständlichen Information über Grundzüge und Ereignisse der bayerischen
Geschichte vorzüglich geeignet ist." *Reinhard Wittmann, Charivari*

Maximilian Lanzinner
Zwischen Sternenbanner
und Bundesadler
Bayern im Wiederaufbau 1945-1958
439 Seiten, 46 s/w-Abbildungen auf Kunstdruck, zahlr. Grafiken,
Übersichten und Tabellen, Leinen
DM 68,- / sFr 64.50 / öS 496,-
ISBN 3-7917-1531-3

Erstmals beschreibt hier ein Historiker in einem eigenständigen Werk die
Geschichte Bayerns in der Nachkriegszeit: die Not der Trümmerzeit, die
Gründerjahre der Demokratie, die Parteien und Verbände, die Anfänge von
Presse und Rundfunk, die Umbrüche in Landwirtschaft und Industrie, den
politischen Eigenwillen des Freistaates..."**Ein Standardwerk zu Bayerns
Nachkriegsgeschichte.** Der gut zu lesende Band ist allen Geschichtsinter–
essierten nachhaltig zu empfehlen." *Buchprofile, München*

Preisänderungen vorbehalten.

Verlag Friedrich Pustet – Regensburg

HISTORISCHE BIOGRAFIEN

Marita A. Panzer / Elisabeth Plößl
Bavarias Töchter
Frauenporträts aus fünf Jahrhunderten
320 Seiten, 76 s/w-Abbildungen, Leinen
DM 58,- / sFr 55.- / öS 420,-
ISBN 3-7917-1564-x

Sylvia Krauss-Meyl
Das „Enfant terrible" des Königshauses
Maria Leopoldine, Bayerns letzte Kurfürstin
439 Seiten, 12 s/w- und 4 farbige Bildseiten,
Stamm- und Zeittafel, Leinen
DM 58,- / sFr 55.- / öS 420,-
ISBN 3-7917-1558-5

Marita A. Panzer
Barbara Blomberg
Bürgerstocher und Kaisergeliebte
252 Seiten, 47 s/w-Abbildungen auf Kunstdruck,
zahlr. Textillustrationen, Leinen
DM 49,80 / sFr 47.- / öS 364,-
ISBN 3-7917-1477-5

Martha Schad
Ludwig Thoma und die Frauen
283 Seiten, 35 s/w- und 5 farbige Abbildungen, Leinen
DM 54,- / sFr 51.- / öS 394,-
ISBN 3-7917-1481-3

Preisänderungen vorbehalten.

Verlag Friedrich Pustet – Regensburg